Michaelis Laitmanas
Laimės pažadas

Michaelis Laitmanas

Laimės pažadas

Kaip jaustis laimingam globaliame pasaulyje

Iš rusų kalbos vertė
Asta Čepukaitė

Michaelis Laitmanas
LAIMĖS PAŽADAS:
kaip jaustis laimingam globaliame pasaulyje

Iš rusų kalbos vertė
Asta Čepukaitė

Redaktorė *Ramutė Pinkevičienė*
Viršelio dailininkas *Romas Dubonis*
Maketuotoja *Danutė Navickienė*

© ARI Publishers, 2023
ISBN 978-1-77228-134-7

Turinys

Skaitytojui 9
Įvadas 10
   Istorijos pabaiga 10
   Naujai epochai – naujas žmogus 12
   Kai variklis springčioja 13
   Visuomenė – ant naujų bėgių 14
   Už egoizmo ribų 16

Pirmasis skyrius 19
   Džiaugsmingos gimimo kančios 19
   Visuotinis persitvarkymas 21
   Prieš gimstant 23
   Žmogaus pareiga – sutvarkyti visuomenę 24
   Žmonijos raidos pabaiga ar nauja pradžia? 26
   Nutrūkęs ryšys tarp kartų 28
   Skyrybos su visu pasauliu 30
   Apie būtinybę laikytis gamtos dėsnių 31
   Ką pasiimti su savimi į naująjį pasaulį? 33
   Žmonijos raidos dinamika 35
   Beribės išminties Visata 37

Antrasis skyrius 39
   Ne viskas blogai, kas kartu 39
   Gyvenimu virstanti pjesė 42
   Tobulumas – tai, kas priešinga krizei 45
   Mokomės žvelgti naujai 46
   Apsisupk gėriu 47

Trečiasis skyrius 49
   Evoliucijos lūžio taškas 49
   Gimęs su mobiliuoju rankoje 51
   Ugdyti gėriu 52
   Paversti svetimą savu 54
   Svarbiausias užsiėmimas naujame amžiuje 56
   Pasaulis, žvelgiant per visos žmonijos prizmę 57
   Gyvenimas „ne kūne" 58
   Įsilieti į pasaulinį protą 60
   Gyvenimas, perduodamas kartų estafetėje 62
   Maksimaliai išreikšti save per integralius ryšius 63

Ketvirtasis skyrius 64
Kaip gyvenimą paversti „saldainiu"? 64
Gamta – aukštesnioji dėsnių instancija 66
Atsakingi visi 67
Pripratimas veikia 69
Neigiami dalykai – tai tiesiog neišbaigti teigiami 70
Žaidžiame, kad priprastume 71

Penktasis skyrius 74
Būtinybė atsižvelgti į visą pasaulį 74
Susieti darbo pasidalijimu 77
Viename tarptautiniame voratinklyje 78
Visas pasaulis po vienu stogu 79
Žmonija kaip integrali sistema 81
Visus prasižengimus uždengs meilė 82
Žmogus ateina kaip šeimininkas 83
Pasaulis, žvelgiant pro abipusio laidavimo akinius 84
Mokytis nusileisti 85

Šeštasis skyrius 87
Su gerais žmonėmis ir palapinėje rojus 87
Mūsų gyvenimas virto verslu 89
Kaip ištirpinti šaltus išskaičiavimus 91
Beždžionės moka mylėti, žmogus – ne? 92
Septyni milijardai arbatos puodelių 94
Kiek daug gerų dalykų galima atlikti kartu 95
Neverta taip sunkiai dirbti! 96
Protestai prieš atsiskyrimą 97
Gerų santykių lobynas 99
Ne per prievartą, o iš visos širdies 100
Stebuklinga paskutinio egoisto metamorfozė 101
Laiminga pusiausvyra – „mes ir pasaulis" 102
Vidinis internetas – nuo širdies prie širdies 103
Meskite lauk tą žalingą įprotį būti nelaimingam 104

Septintasis skyrius 107
Nedarbas – pasaulinio masto grėsmė 107
Pramoninės vergystės kokone 109
Nusipurtyti dulkes 111
Sveikatos apsauga ar išnaudojimas? 113
Ant parako statinės 115
Grėsmingoje kryžkelėje 116

Aštuntasis skyrius 119
  Apsupti save gėriu 119
  Vieninga žmonija – daugiau nei svaja 121
  Naujasis švietimas 123
  Egoizmas: didėjimo ribos 124
  Kaip dykuma virsta žydinčiu slėniu 126
  Aplinka – instruktorė 128
  Pokyčių paveikslas 129

Devintasis skyrius 131
  Kodėl manęs nebemyli? 131
  Egoizmas – pažaboti, bet ne sunaikinti 133
  Naujo gyvenimo teatras 134
  Egoizmas – bedugnė statinė 136
  Visata su žydru apvadėliu 137
  Be tikslo nepagyvensi 138

Dešimtasis skyrius 140
  Sunki branda 140
  Neprekiauk išmintimi 141
  Apie blogio naudą 142
  Žiūrėti pirmyn, o ne po kojomis 143
  Norų mozaika 144
  Pusiausvyra su visais 145
  Lygybė, nuo kurios koktu 146
  Egomobilis – kas prie vairo? 147
  Lenktynės virš bedugnės 148
  Geros konkurencijos staigmenos 149

Vienuoliktasis skyrius 152
  Draugystė draugyste, o boksas nepakenktų 152
  Susivienyti, kad išgyventume 154
  Neišvengiamas meilės poreikis 155
  Pusiausvyra meilės kely 156
  Mintis – Kalba – Veiksmas 157
  Kuriame aplinką visiems 158
  Visa apimantis požiūris 159
  Prasibrauti iki esmės 160
  Maitinimasis: natūralus racionas 160
  Aplinka kaip mokytoja 161

Dvyliktasis skyrius 163
   Mes – vaikai, nepanašūs į savo motiną Gamtą 163
   Dvi Visatą pagimdžiusios jėgos 164
   Aplinka ugdo kiekvieną 166
   Skaidrus jėgų pasaulis 167
   Kertinis naujo gyvenimo skirtumas 168
   Žmonės, kas mes? 168
   Iš vartotojiško pasaulio į davimo pasaulį 169
   Davimo jėgą vertinantis egoistas 170
   Gramas malonumo 172
   Pusiausvyra minčių lygmeniu 172

Tryliktasis skyrius 174
   Kuo mažiau kančių, tuo daugiau malonumo 174
   Neskandink kitų šiandien, kad rytoj nenuskęstum pats 176
   Skurdūs Vakarai 177
   Kai pinigai valdo 178
   Suvokti betikslingumą, kad įgytum tikslą 180
   Preliudija į Žmogų 181

Keturioliktasis skyrius 183
   Moteris ir XXI a. šeima 183
   Pirmosios demografinės žiemos snaigės 183
   Didžiulė šeima už apskrito stalo 184
   Ilgas kelias namo 185
   Žvilgsnis į šeimą iš globalios gamtos aukštumų 187
   Sąjunga, grindžiama sielų panašumu 188
   Santuoka iš dvasinio išskaičiavimo 189
   Neįprastas būties lengvumas 189
   Koja kojon su Gamta 191

Penkioliktasis skyrius 192
   Tai kurgi suklydome? 192
   Kalta būtent visuomenė 193
   Tinkamas ugdymas saugo nuo įstatymų laužymo 194
   Kam statome kalėjimus? 195
   Amerika kaip pavyzdys 197

PRIEDAI
Apie ARI 199
Apie knygos autorių 199

Skaitytojui

Visi suprantame, kad išaušo nauji laikai, baigiasi ankstesnis gyvenimas su jo rėmais, sampratomis, vertybėmis. Mes dar nesuprantame, kas iš tikrųjų vyksta. Bet jau aišku, kad tai lūžio momentas, apimantis visas žmogaus gyvenimo sritis, tarp jų visuomenę ir gamtą.

Siūlau tai, kas dabar vyksta, laikyti ne krize, o naujo gyvenimo pradžia. Šios knygos tikslas – palengvinti mūsų laukiantį neišvengiamą perėjimą ir mūsų gyvenimą padaryti lengvesnį, suprantamesnį, draugiškesnį.

Išmoksite gyventi naujos epochos, netikėtai žmonijai atlapojusios savo duris, sąlygomis, kai atsiskleidžia kitoks santykis su gamta, visuomene, šeima ir kiekvieno žmogaus vidiniu pasauliu. Visą savo pasaulį sukursite iš naujo, pagal deramą tvarką, atvesiančią jus į naują, nepakartojamą gyvenimą, kur kas geresnį nei buvęs iki šiol.

Labai džiaugiuosi, kad atsivertėte šią knygą. Kartu dirbsime, kad pasikeistume; pajausime, suprasime, įgyvendinsime šiuos pokyčius grupėse, namuose, susitikę su artimais ir tolimais žmonėmis.

Nuostabu, jog šiandien leidžiamės į pažintį su nauju, geru, džiaugsmingu gyvenimu.

Įvadas

Istorijos pabaiga

Šiandien atsidūrėme itin įdomioje, savitoje situacijoje. Žmonija ne kartą klausė: Kur einame? Į kur nukreiptas mūsų vystymasis? Kas mūsų laukia ateityje? Ką galime pakeisti, kad viskas pagerėtų?

Tūkstantmečiais mąstėme apie tai. Mums be paliovos kilo šie klausimai: Kokia kryptimi pasukti? Ko iš žmogaus reikalauja jo prigimtis? Kur link veda?

Per visą istoriją rasdavome skirtingus kelius, nuolatos gaudami postūmius judėti viena ar kita kryptimi. Tačiau šiandien, po tūkstantmečio žmonijos vystymosi, susiklostė neįprasta situacija. Žmogų visada vystė egoistinė jėga – noras geriau gyventi, patirti malonesnius pojūčius, daugiau žinoti, suprasti, išmanyti, būti turtingam, garsiam, laimingam ir t. t. Tačiau netikėtai ši jėga išsisėmė, pranyko, ir mes pajutome ypatingą, anksčiau nepatirtą nuovargį, visuotinę depresiją, nusivylimą. Siaubiame planetos išteklius, nenorime daugiau tobulėti ir tarsi pasisukome prieš visą istorijos tėkmę. Praradome tikėjimą ateitimi: ji artėja, tačiau mūsų akyse yra nepageidautina. Net ir nežinome, ką su ja daryti.

Šiuo ypatingu metu tirdami gamtą ir visuomenę aptinkame visuotinę krizę, apimančią visas žmogaus veiklos sritis. Tai iš tiesų globali krizė. Ji nesusieta su atskira valstybe, visuomene ar žmogumi. Ji kilo ne dėl to, kad, kaip įprasta, pereiname prie naujos socialinės sanklodos, ir tai ne tik nauja tendencija ar naujas požiūris į kultūrą, švietimą, mokslą, visuomeninę santvarką, šeimą... Ji pasireiškia visur. Žmogus, galų gale realizavęs visas savo jėgas ir galimybes, pradeda kelti amžinus klausimus. Ir ne tik filosofai ir mąstytojai – patys paprasčiausi žmonės klausia savęs: kas gi čia iš ties vyksta?

Pažanga suteikė mums didžiulę galią. Paspaudę vos vieną mygtuką galime sunaikinti visą gyvybę Žemėje. Skrendame į kosmosą, panyrame į jūros gelmes. Ir tuo pat metu gamta, klimatas, supanti aplinka negailestingai valdo mus, o mes, sakytum, paklydome. Nebuvo taip, kad ankstesnis mūsų kursas buvo geras, tačiau jis vedė pirmyn, skatino tobulėti. O dabar – nebe.

Dar daugiau – viskas tuo neapsiriboja. Tarkim, mes sustotume, liktume tokie, kokie esą, tačiau ir to nesugebame. Priešingai, viskas, ką užgyvenome, išsprūsta iš rankų. Per keletą paskutiniųjų dešimtmečių sukurta pramonė staiga lėtėja. Mokslas atsidūrė aklavietėje. Kultūra ir visuomeninis gyvenimas nusirito tiek, kad gėda prisipažinti, kokių „vertybių" siekiame, ko prigrūsta televizija ir internetas, kokio lygmens ir kokio pobūdžio turinys ten, kuo mus kemša. Žiniasklaida savo tinklais apraizgė visa pasaulį, ir techniniu požiūriu esame aukštai, tačiau mūsų gyvenimo turinys smunka vis žemiau, tampa niekšiškas, apgailėtinas. Jis visiškai neatitinka mūsų potencialo naudoti šiuolaikines komunikacijos priemones.

Susidūrėme su didžiule šeimos krize. Viena vertus, žmonės jaučiasi vieniši, kita vertus, jie tarsi akli: gyvena viename bute, bet nebendrauja – slampinėja iš kampo į kampą, negali gražiai ir šiltai susitikti, susipažinti, iš tikrųjų suartėti vieni su kitais. Negalime sukurti šeimos, nenorime gimdyti vaikų, netgi nesame tikri, kad gyvenimas tekės kaip tekėjęs. Juk mūsų prigimtis, mūsų egoizmas, bendras blogis valdo mus ir veda nežinia kur.

11

Įvadas

Pusė Žemės gyventojų dar gali normaliai gyventi šeimoje, gimdyti naująją kartą, ją auklėti. Tačiau ir jie tuo nepatenkinti.

Išgyvename stiprėjančią vidinę krizę, nusivylimą. Depresija išsiveržia į pirmąją vietą ligų sąraše ir sukelia kone visas kitas. Mes nuolatos baiminamės dėl to, kas yra, ir dėl to, kas bus. Mus talžo klimato katastrofos ir negandos, kurias sukelia mūsų pačių egoistinė prigimtis, deja, žmogus to visiškai negali valdyti.

Mums visa tai aišku. Tūkstančiai mokslininkų iš viso pasaulio mato šias tendencijas. Atlikta daugybė šios srities tyrimų, su kuriais iš esmės visi sutinka. Mokslininkai, sociologai, politologai, švietimo specialistai gana gerai išanalizavo šią situaciją. Tačiau konstatuodami faktus atskleidžiame savo bejėgiškumą, negebėjimą susidoroti su tuo, kas vyksta. O sprendimo neturime.

Žmonija serga ir apie jos ligą liudija daugybė požymių. Esant bendram organizmo sutrikimui nė vienas testas nerodo teigiamų rezultatų. Pati sistemos struktūra neveikia reikiamu būdu, nepalaiko visų posistemių darnos ir pusiausvyros.

Diagnozę jau galime nustatyti – tai žmogaus egoizmas, žmogaus blogis: mus valdantis pavydas, neapykanta, geismai, garbės troškimas. Tačiau apibrėžę dabartinės situacijos priežastį nieko su tuo negalime padaryti. Žmogus tarsi paklydusi būtybė, jis pasirengęs pražudyti save ir visą savo civilizaciją. Iš anksto žinodamas, kas vyksta, jis neįstengia savęs sustabdyti ir vis tiek eina į pražūtį, artėja prie liūdnos baigties.

Naujai epochai – naujas žmogus

Šiuo metu viena esminių problemų – tai ekonomikos krizės sukeltas spartus nedarbo didėjimas. Juk visuomenę sutvarkėme taip, kad ji gamintų kuo daugiau prekių ir kiekvienam bruktų ką tik įmanoma. Šitaip piktnaudžiaujame savo galimybėmis, be atvangos gamindami daiktus – kad žmogus kuo greičiau išmestų senuosius ir įsigytų naujus, o turtėja gamintojai...

Bet štai prasidėjo krizė ir poreikis jau ne toks, koks turėtų būti didžiulėje, besivystančioje vartotojų visuomenėje. Priešingai, žmonės vartoja mažiau ir dėl to viskas lėtėja ir griūva. Pramonė silpsta, įmonės bankrutuoja, tempdamos paskui save finansines sistemas: bankus, draudimo ir investicijų bendroves. Galiausiai, remiantis specialistų vertimais, daugiausia 10 proc. pasaulio gyventojų dirbs, aprūpindami mus viskuo, kas būtina gyvenimui, ir visai nereikės, kad likusieji dirbtų. Štai taip nelauktai paaiškėja, kad milijonai žmonių liks be veiklos. Tačiau yra metodika, kurios padedami milijonai darbo rinką palikusių ir nebeturinčių užsiėmimo pramonės biurų darbuotojų galės verstis nauja veikla. Nuo šiol jų užduotis – formuoti mūsų pusiausvyrą su gamta, skatinti visuomeninę ir individualią kaitą. Naujai erai, į kurią įžengiame, būtina sukurti naują žmogų.

Kai variklis springčioja

Nūnai pastebime, kad visa problema – mūsų egoizmas. Tikėtina, jog jį pakeitę, pagerinę pakilsime į kitą lygmenį.

Žmonijos raida visuomet iš esmės vyksta taip: iš pradžių kiekvienas naujas etapas mums atrodo nuostabus, šviesus, patogus, labiau pažengęs. Kiekvienas visuomeninės sanklodos pasikeitimas žada mums naują, nuostabų gyvenimą. O vėliau, perėmę naująją tvarką, kurį laiką pagyvenę, pastebime, kad ne taip jau viskas ir stebuklinga. Tolesnė raida apnuogina negatyvius pojūčius, faktus, būsenas. Nors ir judame pirmyn, tačiau neigiami dalykai kaupiasi ir kažkuriuo metu jau nebeįstengsime jų pakęsti.

Tuomet neturint kitos išeities keliamos revoliucijos, įsiplieskia karai, arba mums pavyksta suprasti, įsisąmoninti ir įgyvendinti didžiulius pokyčius bifurkacijos, t. y. perversmo, taške. Taip persitvarkome, pereiname prie naujų vertybių, prie naujos gyvenimo filosofijos ir pradedame tobulėti kitame etape.

Panašu, kad šiandien mūsų ir laukia toks perėjimas. Ankstesnioji būsena – negatyvi, mes įžvelgiame jos problemą – mūsų egoizmą, griaunantį visus pamatus. Nė vienas ankstesnio gyvenimo elementų daugiau neveikia. O tai reiškia, kad tikriausiai šiandien teks keisti mūsų prigimtį.

Būtent tai ir yra ypatinga naujosios būsenos akimirka. Juk niekada anksčiau nekeitėme žmogiškosios prigimties. Kaskart tik pereidavome į aukštesnę raidos pakopą, tarsi perjunginėdavome pavaras, kad mašina įsibėgėtų. Bet, pasiekus penktąją pavarą, iki galo išspaudus greičio pedalą, variklis netikėtai paspringo ir išsiderino. Daugiau jau nebepavažiuosi – jis nebetraukia.

Įvadas

Vadinasi, turime pakeisti paradigmą, vertybes, tikslą, degalus, patį variklį. Tuo ir ypatinga dabartinė situacija, naujasis laikotarpis.

Reikia pakeisti žmogiškąją prigimtį, tą egoistinį variklį, kuris nuolatos mus skatino ruošti, vartoti, jausti, suprasti, atskleisti kažką naujo. Šiandien jis jau nebeveikia, nebetraukia, nebestumia mūsų pirmyn. Ir todėl turime pakeisti prigimtinę vystymosi jėgą.

Visuomenė – ant naujų bėgių

Gamtoje yra dvi jėgos: gavimo jėga, mūsų egoizmas, ir davimo jėga. Šios jėgos iš esmės ir sukuria gyvenimą, kuo harmoningiau jos susiderina, kuo labiau jos susijungia ir pasiekia pusiausvyrą tarpusavyje, tuo geresnis, ramesnis, pažangesnis ir teisingesnis mūsų gyvenimas.

Nūnai gavimo, mūsų egoizmo jėga liaujasi veikusi, dėl to visose gyvenimo srityse jaučiame nusivylimą, esame viskam abejingi.

Ir čia mokslinių tyrimų sprendimas tampa vis aiškesnis: pakeisti kurą, įdėti naują variklį, kuris dirbs remdamasis antrąja jėga – davimo jėga. Tegu būtent ji būna išaukštinta mūsų akyse, kad vestų ir stumtų mus pirmyn. O gavimo jėga bus antrinė, padedanti.

Kadaise žmonių visuomenė nuo paprasto noro gauti pakilo iki noro duoti, kad gautų. Dėl to plėtojome švietimą, kultūrą, o ypač prekybą ir pramonę. Šis principas apibūdinamas taip: „Eikite ir užsidirbkite vieni iš kitų."[1] Aš duodu kitam, o kitas – man, ir kiekvienas vis daugiau užsidirba. Štai taip davimo jėga pasireiškė kaip priemonė gauti dar daugiau.

Akivaizdu, kad dabar pereiname prie kitos paradigmos. Davimo jėga taps mums nebe priemone, bet gyvenimo pagrindu, o gavimo jėga, priešingai, virs priemone. Anksčiau gaudavome, kad gautume, arba duodavome, kad gautume, o dabar pereiname prie naujos tendencijos, prie naujų santykių, prie naujų mūsų tarpusavio ryšių: duoti, kad duotum, ir gauti, kad duotum. Mes tiesiog keičiame dviejų gamtos jėgų vaidmenis: pagrindinį ir pagalbinį.

---

[1] Babilono talmudas, Sanedrinas, 16:1, *vert. pastaba*.

Atitinkamai turime sukurti naują variklį, kuris dirbs remdamasis davimo jėga. Ir šiuo varikliu bus žmonių visuomenė, kuriai teks pasirūpinti, kaip pakeisti kiekvieną žmogų ir visą sociumą apskritai. Norint to pasiekti, nereikės pertvarkyti pramonės ir mokslo – keisti reikia būtent žmogų ir santykius tarp mūsų. Ir tada viskas pavyks.

Siekdami pakeisti žmogų, pirmiausia turime jam suteikti naują išsilavinimą, paaiškinti, kas mes, kaip vyko mūsų raida ankstesniaisiais dešimtmečiais ir kaip turime vystytis dabar, kaip ir kokius pokyčius įgyvendinti, kol pamažu ši kaita apims visus ir kiekvieną asmeniniu, regioniniu, valstybiniu ir galiausiai globaliu visos civilizacijos mastu. Šis švietimas remsis daugybės mokslininkų ir gamtos (supančios ir žmonių) tyrinėtojų darbais.

Be to, taip pat turime plėtoti auklėjimo sritį. Reikia suprasti, kas skatina mus keistis, kaip pasieksime to, kad davimo, o ne gavimo jėga valdytų ir stumtų mus pirmyn. Kaip įgyvendinti šiuos pokyčius žmogaus ir visuomenės atžvilgiu? Kokiomis lėšomis? Kokiu eiliškumu? Kaip tinkamai įtraukti vaikus ir suaugusiuosius, vyrus ir moteris, atsižvelgiant į mentaliteto, religijos, tradicijų ir kitus skirtumus? Mūsų laukia didžiulis darbas.

Neatsitiktinai šiandien žmonės išsižada ankstesnio katorgiško, visiškai bergždžio darbo. Jie atsilaisvina naujam, tikram darbui, kad pakeistų visuomenę. Žinoma, visų savo rūpesčių nesukrausime tiems 10 nuošimčių turinčiųjų darbą, kaip tai vyksta skruzdėlyne ar avilyje, kur visi padalyti į griežtas „kastas". Ne, tikėtina, kad tarpusavyje pasidalysime visą darbą, kuris būtinas, norint normaliai gyventi. Visi valandą ar dvi, gal net ne kiekvieną dieną dirbsime. Šis darbas būtinas, stengiantis palaikyti racionalų, sveiką visuomeninį gyvenimą, kai kiekvienas oriai gauna tai, kas būtina jo kūnui ir šeimai. O visas likusias valandas būsime užsiėmę keisdami save – visus ir kiekvieną.

Taip ir priartėsime prie naujojo auklėjimo, naujos kultūros, naujo turinio žiniasklaidoje, naujos vaizdo ir garso pramonės, naujos kinematografijos ir televizijos, naujos muzikos, knygų, laikraščių. Visa tai bus pagalbinė medžiaga, padėsianti žmogui ir visuomenei pasikeisti. Juk iš esmės tokia pirmoji užduotis: šiandien svarbiau už viską pakeisti žmogų ir sutvarkyti gyvenimą.

Turint šį tikslą, jau buvo pradėta kurti nauja knygų serija, taip pat vaizdo medžiaga (klipai, filmukai, filmai, įvairi medžiaga vaikams ir suaugusiesiems). Jų paskirtis – priartinti žmones prie pokyčių, kuriuos teks išgyventi.

Įvadas

Už egoizmo ribų

Mūsų laukiantis procesas susideda iš keleto dalių.

Pirmoji dalis – padedant mokslininkams reikia paaiškinti žmonėms susiklosčiusią situaciją.

Kiekvienas asmeniniu lygmeniu jaučia, kad reikalai nesiklosto. Iš žiniasklaidos šiek tiek sužino apie kasdienius įvykius, esamą padėtį. Tačiau nematome viso vaizdo, bendros tendencijos. Viskas prasidėjo dar Romos klubo laikais, kai jis prieš 40 metų perspėjo apie vartotojiškos visuomenės raidos pabaigą. O dar anksčiau, praėjusio šimtmečio antrajame dešimtmetyje, apie tai kalbėjo didis mokslininkas, akademikas V. Vernadskis. Mūsų laikais praktiškai kiekvienas mokslininkas iš savo pozicijų, remdamasis savo moksline disciplina pasakoja apie visuotinės krizės, kurią išgyvename, ribas.

Žmonėms, pradedantiems pažintį su integralaus švietimo ir auklėjimo sistema, kurios paskirtis pakeisti visuomenę ir atvesti ją į naują, tobulą gyvenimą, pirmiausia turėtų būti paaiškintas bendras vaizdas, remiantis moksliniais tyrimais ir jų išvadomis.

Antroji dalis – tai bendras švietimas, kai apskritai paaiškinama žmogiškoji esmė, visuomenės prigimtis, bendra tendencija ir priežastys, atvedusios į šį ypatingą mūsų raidos tašką, slypintį Gamtos programoje. Be kita ko, jis žymi nuostabią naujo, ypatingo gyvenimo pradžią. Krizės nereikia laikyti problema, kliuviniu, priešingai, ji simbolizuoja naują žmogaus ir visuomenės raidos lygmenį.

Dvi pirmosios dalys priklauso bendram švietimui, o **trečioji dalis** – tai jau praktinis žmogaus pasikeitimas pasitinkant naująjį gyvenimą. Juk dabar keičiasi degalai ir būtent dėl to sustojome, nebegalime jų naudoti. Mes tarsi spaudžiame greičio pedalą, bet mūsų variklis, noras mėgautis, daugiau nebegauna egoistinio malonumo. Dabar jį maitina malonumas, patiriamas duodant, deja, su juo šis variklis neveikia, kad ir kiek spaustum. Vadinasi, turime pakeisti variklį, idant kiekvienas žmogus ir visuomenė apskritai pajaustų svarbą, didžiulę vertybę to, kad artėjame prie tarpusavio pagalbos, kad duodame vieni kitiems, kad vienijamės – ir tai priešinga ankstesniam vystymuisi paradigma.

Kalbama apie žmogaus požiūrį į aplinką, į kitus žmones, į save, į gamtos virsmą. Tai nepaprasta, ir vienas to neatliksi. Juk galutinis tikslas – kad žmogus susijungtų su visais taip, kaip mes visi esame susiję šiandien mums atsiveriančioje globalioje, vientisoje sistemoje. Šviečiamoji dalis taip pat skirta ryšiui tarp mūsų, tačiau čia, ugdomojoje dalyje, bus kalbama apie tai, kaip šį ryšį užtikrinti, kaip suartinti žmones, kad jie taptų visaverte visuomenės dalimi ir būtų jai atsidavę. Visuomenė žmogui bus namais, gimtąja aplinka, kurioje jis „ištirps" pajutęs, kad sociumas ir yra jis pats.

Ši praktinė dalis su paaiškinimais bus įgyvendinama kolektyvuose, per socialinius renginius. Pirmosios ir antrosios dalies galima mokytis asmeniškai, vienam, o trečiosios dalies būtų mokoma specialiose grupėse, stebint specialistams. Galima prisijungti virtualiai per internetą, bet geriausia susirinkti fiziškai: kultūros namuose, klubuose ir pan., dalyvaujant kompetentingam ugdytojui.

Taip žmogus pradės savo pirmąją vidinę transformaciją, kad taptų integralia naujojo socialinio variklio, pakeisiančio senąjį, dalimi. Šiandien degalai – davimo jėga, ir variklis, t. y. visa žmonių visuomenė, dirba remdamasi naujais deramo tarpusavio sąveikos, pagalbos principais, atitinkančiais davimo jėgą.

Savaime suprantama, reikia paaiškinti žmonėms, į kokį lygmenį taip elgdamiesi pakilsime, ko pasieksime naujame gyvenime tiek asmeniškai, tiek bendrai, visuotiniu mastu, kokius jausmus išgyvensime, kai kiekvienas iš mūsų pajaus tokį integralumą. Juk tuomet visa žmonija taps kiekvieno žmogaus turtu. Kildamas žmogus atskleidžia beribes erdves, išsiveržia iš egoistinių laiko, judėjimų, erdvės apribojimų ir įtvirtina savyje amžiną, tobulą pagrindą...

Galbūt šiandien mums tai atrodo ne itin tikroviška, bet tai dėl to, kad vis dar paklūstame senam, egoistiniam tikrovės suvokimui, kurį riboja asmeniniai žmogaus norai. Tačiau mokslininkai, psichologai, sociologai ir kt. pateikia mums empirinius įrodymus, kad, jeigu kiekvienas žmogus susijungs su artimu, tai iš tikrųjų naujai suvoks tikrovę.

Pavadinčiau tai kvantiniu šuoliu, juk tai slypi ne medžiagoje, o virš mūsų dabartinės prigimties. Kvantinė fizika, astronomija ir kiti mokslai, prasiskverbiantys į materijos gelmes, įžvelgia ten tam tikrą ribą, pro kurią negalime išsprukti. Tačiau už jos kažkas egzistuoja – nauja tikrovė, kitas, naujas gyvenimas. Ir mes vis dėlto galime prasiveržti pro tą ribą, pro tą barjerą – pasitelkę naujus pojūčius.

Greta viso to neišsiskiriame su tuo, kas jau yra. Visuomenė, šeima, pramonė – viskas lieka. Mes tik išplečiame savo suvokimą, darydami jį beribį, pakildami virš

Įvadas

kiekvieno individualių, asmeninių apribojimų į bekraštę būtį. Kai žmogus „išeina iš savęs" per bendrumą, jis tampa bedugniu indu...

Tokia tad trečioji dalis, kurioje svarbiausia – renginiai žmonių grupėse.

Juose yra psichologinis elementas: pasitelkus daugybę aiškinamosios medžiagos, žmogus mokomas praktiškai sąveikauti su aplinka, visuomene.

Tačiau tai dar ne viskas: čia slypi dar vienas, dar pažangesnis elementas, o gal net ir **ketvirtoji dalis**. Jeigu žmogus jau pasirengęs išlaikyti naująjį ryšį su visuomene, kai visas dalis sieja darna ir jos tarpusavyje susijungusios, tai jam yra paaiškinama, kaip vystyti savo paties naujus norus, kad atliktų „kvantinį šuolį" sąmonėje, jausmuose, suvokime – tai šuolis į naują matmenį, atsiveriantį už egoistinio pasaulio ribų. Toks žmogaus vidinis darbas aplinkos ir universalios, gamtą valdančios jėgos atžvilgiu. Ši jėga viską valdo, viską ruošia ir planuoja. Nuo Visatos pradžios (ir dar prieš tai) iki Visatos pabaigos (ir po jos) ji mus valdo ir kontroliuoja.

Už mūsų Visatos ribų, iki jos ir toliau, driekiasi davimo jėgos „teritorija". O pati Visata sudaryta iš gavimo jėgos. Ir todėl, kai pasitelkę visuomenę ir tinkamą sąveiką su artimaisiais kuriame savo asmeninę davimo jėgą, išsiveržiame iš mūsų Visatos ribų, atsiduriame anapus Didžiojo Sprogimo taško, kuris buvo Visatos pradžia, ir pasineriame į kitą materiją, kur valdome ir norą gauti, ir norą duoti. Tada iš tikrųjų galėsime tapti tobuli, amžini kaip ir pati, visa apimanti Gamta.

Todėl šioje akimirkoje vertėtų įžvelgti ypatingą pokyčių pradžios tašką. Vertėtų džiaugtis tuo, kad galiausiai atėjome į tai ir daugiau nebeturime vaikytis įvairiausių laikinų tikslų. Dabar iš tikrųjų stovime priešais įėjimą į amžiną, beribę dimensiją, visai čia pat priartėjusią prie mūsų.

Linkiu jums sėkmingai įgyvendinti pirmuosius du etapus: švietimą ir ugdymą, t. y. viduje persitvarkyti. Mūsų sėkmė priklauso tik nuo to, ar būsime tarpusavyje vieni su kitais susitelkę, ar į didžiulį kolektyvą subursime visą žmoniją, visas ją sudarančias grupes ir ar sukursime gerus, draugiškus tarpusavio santykius, pradėsime judėti pirmyn, atskleisdami tą nuostabų, mūsų laukiantį etapą.

Esu tikras, kad diena iš dienos vis aiškiau matysime, koks spalvingas mūsų gyvenimas, kokie nepakartojami pokyčiai mūsų laukia. Ir tik nuo mūsų priklauso, kaip sparčiai juos pereisime, kiek lengvi ir malonūs bus šio kelio etapai, kai gimsta naujas pasaulis, papildysiantis tai, ką turime čia ir dabar.

Pirmasis skyrius

Džiaugsmingos gimimo kančios

Netrukus ateis toks metas, kai dauguma žmonių neteks darbo. Jau šiandien pasaulyje yra 200 milijonų bedarbių, o per kitus metus jų katastrofiškai daugės. Šie žmonės kelia problemas patys sau, visuomenei, valdžiai: pradedant depresija ir baigiant kruvinomis revoliucijomis ir karais.

Todėl ARI institutas, gvildenantis integralaus ugdymo klausimus, parengė kursą, skirtą darbo netekusiems žmonėms. Šis kursas padės tokiems žmonėms atsiverti pasikeitusiam pasauliui, pajausti ir suprasti savo vietą jame: tarp artimiausių žmonių, visuomenėje, valstybėje, šiuolaikiniame pasaulyje. Tokie pokalbiai, kursai yra būtini, nes be jų pasaulį ištiks katastrofa.

Pirmasis skyrius

Tarkime, kad pavyko įtikinti skirtingų šalių vyriausybes dėl tokio žingsnio būtinumo – pradėti visuotinius integralaus auklėjimo kursus. Ir štai valdžia patvirtina tokį projektą, suprasdama jo naudą ir tai, kad kitos išeities nėra. Susirenka pirmoji 30–40 bedarbių, kuriems mokytis vyriausybė skyrė stipendiją, grupė.

Atėjęs į pirmą susitikimą, kuriame bus mėginama padėti žmonėms įsisąmoninti vykstančius pokyčius ir suprasti, kaip susitvarkyti gyvenimą, pirmiausia norėčiau pasakyti, kad labai juo džiaugiuosi. Galbūt jūs į tai žiūrite kaip į kažkokį tragišką, neigiamų priežasčių sukeltą įvykį ir net nebūtumėte atėję mokytis, jeigu nebūtumėte priversti. Tačiau pamėginkime į šią situaciją pažvelgti kaip į džiaugsmingą, o ne krizinę.

Ne sunkios problemos mus čia atvedė, priešingai, stovime ant naujo – džiaugsmingo ir laimingo – gyvenimo slenksčio. Ir kad jį peržengtume, tereikia suprasti, kas su mumis vyksta: su visu pasauliu apskritai ir su kiekvienu iš mūsų atskirai, ir kodėl taip.

Ar tai, kas vyksta, tėra nemalonus atsitiktinumas, su kuriuo susidūrėme gyvenime dėl padarytų klaidų, ar tai dėsningas procesas, kurio negalėjome išvengti ir privalome jį pereiti, paisydami dėsnių ir bendros vystymosi tendencijos, kad galiausiai gautume gerą rezultatą?

Dabartinę savo būseną vadiname krizine, tai visuotinė, integrali krizė ekonomikoje, švietimo sistemoje, kultūroje, moksle, finansų ir visose kitose žmonių veiklos srityse. Iš tikrųjų žodis „krizė" ne toks jau ir blogas, jis reiškia naują pradžią, tarsi gimimą.

Iš savo patirties žinome, kad pereinant iš vienos būsenos į kitą visada būna sunku atsisveikinti su įprasta būsena – netgi pakeisti darbą ar kažkokiu būdu gyvenimą. Esame prisirišę prie savo įpročių, ir, jeigu sistema jau veikia, tai ją palaikyti nereikia daug jėgų, o mes iš prigimties tingūs.

Mūsų egoizmas linksta prie patikimos, stabilios ir jau egzistuojančios tvarkos. Todėl pereiti prie kažko naujo visada nemalonu, nebent būtume visiškai įsitikinę, kad jis mums siūlo gerą ateitį ir jos lengva pasiekti. Tačiau jeigu tai sunkus ir pavojingas perėjimas, o ateitis neaiški, nenuspėjama, tai šitai – tragiška būsena.

Tad pirmiausia pažiūrėkime, ar tikrai mūsų padėtis bloga, tragiška ir ar stovime ant didžiulių problemų slenksčio: stiprūs potvyniai, žemės drebėjimai, cunamiai, ugnikalnių išsiveržimai (kuo mus gąsdina gamta), taip pat didžiuliai neramumai, karai, revoliuciniai perversmai, besiliejantis kraujas gatvėse ir visiška sumaištis.

Ar tiesiog nustatyti naują tvarką, ir viskas, kas vyksta su mumis dabar, – tai tarsi šios naujos tvarkos, kurios dar neįžvelgiame, gimimas. Ir viskas, kas šiandien taip įtemptai, beatodairiškai vyksta ir neturi sprendimo, tiesiog turi atsirasti nauja forma. Todėl šis procesas – tai tarsi beužgimstantis, sunkias būsenas patiriantis kūdikis.

Iki tol jis vystėsi mamos įsčiose – saugioje, patikimoje vietoje. Bet prieš gimstant vyksta itin nemalonus procesas. Motina jaučia įtampą ir stiprius sąrėmius. Kūdikis taip pat patiria įtampą. Jie ima spausti vienas kitą taip, tartum nebegalėtų vienas kito ištverti.

Kūdikis jaučia, kad turi išeiti iš motinos. Jeigu tai apibūdinsime mūsų jausmais, tai jis tiesiog nebeapsikenčia būti joje. Ji taip pat nenori ir negali jo išlaikyti. Dėl tokio abipusio atstūmimo vyksta gimimo procesas ir kūdikis gimsta šviesiame, gražiame pasaulyje, kuriame jis sutinkamas su didžiule meile. Taip jis pradeda gyventi naujoje pakopoje.

Užuot buvęs keleto kilogramų mėsos gabalu – gyvūnu, besivystančiu kito gyvūno kūne, jis tampa žmogumi! Kas kad jis vis dar labai mažas ir nesupranta, kas vyksta, bet jau bepradedąs naują gyvenimą.

Tai labai panašu į tai, kas nūnai vyksta su mumis. Mūsų būsenos – tai gimimo naujame pasaulyje kančios.

Visuotinis persitvarkymas

Per istoriją jau patyrėme panašias būsenas, tik galbūt jos nebuvo tokios tragiškos ir revoliucinės, kad tai būtų galima įvardyti gimimu. Visos ankstesnės pakopos – tai mūsų raidos etapai, ir jų per žmonijos istoriją buvo daug.

Tačiau dabartinė būsena skiriasi nuo visų ankstesniųjų. Iki šiol visada patys siekėme atskleisti naująją būseną, troškome jos, iš anksto matėme, kad turime atlikti tam tikrą revoliucinę pertvarką savo gyvenime. Tai galėjo būti visuomeninė, vyriausybinė, socialinė ar technologinė revoliucija. Revoliucija taip pat galėjo vykti

Pirmasis skyrius

dėl naujai atrastų žemių, išrasto ginklo ar sukurtų naujų technologijų, pavyzdžiui, interneto, atvėrusio naują mūsų tarpusavio ryšio lygmenį.

Bet visa tai nebuvo globalus persitvarkymas, paliečiantis visus mūsų gyvenimo lygius ir sritis. Jis taip pat neapimdavo visos žmonijos – visų šalių, žemynų, kiekvienos šeimos, kiekvieno žmogaus, o šiandien jis visuotinis.

Šiandien dar tik artėjame prie šio gimimo ir negalime užtikrintai pasakyti, kad šis procesas jau vyksta, nors ir matome, kad prie jo artėjame. Ši prieš gimimą vykstanti „krizė" ima mus vis labiau spausti: visus kartu ir kiekvieną atskirai. Matome, kad žmonės negali pasiekti santarvės šeimoje, skiriasi, nenori tuoktis, negali sugyventi vieni su kitais ir juolab neišmano, kaip auklėti vaikus, kaip išvengti problemų darbe ir ekonomikoje.

Visur trūksta supratimo ir tvarkos. Tai vadinama visa apimančia revoliucija, bendru visos žmonijos, o ne atskiros šalies ar visuomenės gimimo procesu, nes tai vyksta pasaulio mastu ir neaplenkia nė vieno. To dar niekuomet nebuvo istorijoje.

Ir svarbiausia – mes nematome ateities! Anksčiau visuomet kiekviena kita santvarka mums atrodydavo pažangesnė už buvusiąją, pavyzdžiui, vergovės pabaiga, po jos dar pažangesnė visuomenė. Nors šiuos pokyčius lydėjo protrūkiai, revoliucijos, religiniai ir visuomeniniai karai, bet žmonės vylėsi sulauksią šviesios ateities.

Dalis visuomenės su tuo sutikdavo, dalis – ne, vienoje šalyje tokie pokyčiai vyko, kitoje – ne, tačiau šiuo metu vyksta visuotinis procesas, ir to niekada anksčiau nebuvo.

Be to, visame pasaulyje vyksta globalūs klimato ir ekologijos pokyčiai. Anksčiau taip pat būdavo rimtų klimato pasikeitimų, kaip antai ledynmečiai, atšilimo ir atvėsimo periodai, ir tai visuomet sukeldavo pokyčius žmonijai.

Kažkada atšalimas privertė šiaurines tautas nusileisti į pietus ar iš Sibiro ir Azijos pereiti arčiau Europos. Tačiau vienu laikotarpiu revoliucija vykdavo dėl klimato, o kitu – dėl naujų technologijų ar dėl kokios nors besivystančios valstybės, daugiau nebegalėjusios pakęsti savo valdovo.

O šiandien visi pokyčiai vyksta vienu metu: ir supančios gamtos ekologijos atžvilgiu, ir vidinės žmogaus (jis nelinkęs su niekuo taikstytis) prigimties atžvilgiu. Išsiderina netgi tokios sistemos, nuo kurių visiškai priklausome: maistas, darbas, šeima, išsilavinimas, saugumas – viskas, kas būtina žmogui, norint užtikrinti kartų tęstinumą.

Visose srityse, visame pasaulyje pasiekėme visuotinę būseną, kai kažkas liaujasi veikęs. Ir svarbiausia, kad nematome, prie kokios formos pereiname.

Siekiant padėti žmogui pamatyti ateitį, rengiami integralaus ugdymo kursai.

Ar įmanoma ateitį išvysti ir ją pasitikti suprantant, įsisąmoninus, būnant reginčiu, žvelgiančiu į priekį žmogumi, tikrinant, išbandant skirtingus būdus ir iš anksto atliekant skaičiavimus? Taip mes palengvintume sau kelią ir nebraidžiotume aklai, klysdami, patekdami į nemalonias situacijas.

Juk jeigu veiksime aklai ir klysime globaliu mastu, tai tiesiog siaubinga. Šiandien jau nebeįmanoma eiti bandant ir klystant.

Todėl šis kursas skirtas tam, kad atsimerktume ir išvystyme mūsų dabartinę būseną ir, svarbiausia, – ateitį. Jis taip pat išmokys, kaip mums pereiti iš dabartinės būsenos į būsimą.

Prieš gimstant

Norint suvokti sparčiai besikeičiantį šiandienos pasaulį ir įsikurti jame, mums reikia suprasti:
– kokius pokyčius turime pereiti ir kodėl būtent juos;
– savo nesėkmės priežastis visose veiklos srityse;
– kokias priemones pasitelkus įmanoma pereiti prie naujos būsenos.

Ar galime į dabartinę būklę žiūrėti kaip į priešgimdyminę, kai mus gimdanti motina (gamta) spaudžia mus ir įpareigoja pasiekti naują būseną?

Ar šis procesas natūralus žmonijos raidoje? Juk jeigu tai žinotume, iš anksto jo lauktume.

Vergovės laikais gyvenę žmonės nežinojo, kad bus nauja visuomenė ir jie turės tam tikrą laisvę. Jie manė, kad vergovė – pats patogiausias dalykas, nes nereikia galvoti apie save. Aš pasirengęs dirbti, žinodamas, kad kas nors pasirūpins, kuo mane pamaitinti ir kur man permiegoti. Be viso šito, man nieko nereikia.

Taip tapdamas vergu mąstė žmogus. Jis vylėsi, kad šeimininkas juo pasirūpins, ir buvo pasiruošęs jam dirbti. Šeimininkas buvo suinteresuotas, kad vergas turėtų maisto, vietą miegoti ir normalias sąlygas, rūpinosi, kad šis būtų sveikas, juk iš jo gaudavo kur kas daugiau, nei įdėdavo. Taip jie ir gyveno abiem naudingomis sąlygomis.

Pirmasis skyrius

Tačiau netikėtai paaiškėjo, kad šeimininkui nebenaudinga laikyti vergo, reikalaujančio didesnių išlaidų nei iš jo gaunamas pelnas. Suteikus jam laisvę ir susitarus, kad jis toliau dirbs man, o aš gausiu procentus, bus geriau, nei galvoti, kaip jį išlaikyti.

Taip visuomenė pakilo į kitą pakopą. Ir jeigu taip, tai mes ir šiandien esame kažkokiame racionalaus vystymosi etape ir turime pereiti į kitą būseną. Bet kodėl nematome tos naujos būsenos ir negalime jos planuoti?

Turime pakankamai daug protingų galvų, per visą istoriją sukaupta milžiniška patirtis, yra mokslas, mokslininkai, toli pažengęs pasaulis. Kodėl staiga atrodome maži, niekingi, apakę, nieko negebame atlikti turėdami įvairiausių tarptautinių komitetų ir komisijų, mokslo tyrimų institutų ir universitetų, ištisą psichologų, sociologų, ekonomistų ir finansininkų armiją.

Tačiau nieko negalime padaryti. Tad ko gi trūksta mūsų mokslininkams, kad jie atrastų sprendimą? Ir viskas taip rimta, kad reikia eiti į kursus, išmokysiančius mus gyventi. Nebepakanka remtis vien praktika, reikia dirbtinai, specialiai mokytis apie šį naują, artėjantį gyvenimą.

Žmogaus pareiga – sutvarkyti visuomenę

Kiekvienas kažkada praeityje yra pajautęs, kad pakaks, atsibodo, laikas imtis permainų – pakeisti aplinką, visuomenę. Bet dabar ne taip. Mes suprantame, kad viską reikia pakeisti, bet nežinome, už ko stvertis. Neaiškios nei priemonės, nei tikslas – visiškas bejėgiškumas.

Todėl iš pradžių pažiūrėkime, kas vadinama žmonių visuomenės raida, kuria remiasi visos valstybės, šeimos, ekonomikos, namų ūkio, vaikų auklėjimo, kultūros, technologijų ir mokslo vystymasis.

Žmogus visuomenėje gyvena jau šimtus tūkstančių metų ir bent jau paskutiniuosius dešimt tūkstančių metų yra atsidavęs visuomeniniam gyvenimui, juk vienumoje negali apsirūpinti tuo, kas būtina. Mes negalime it gyvūnai gyventi būriais. Nors ir kilome iš gyvūninės pakopos, tačiau prigimtis skatina mus tobulinti save, savo aplinką ir pažinti tai, kas yra gyvenimas ir kaip jį galima pagerinti.

Tai vidinis žmogaus siekis ir, žinoma, jis egoistinis, juk kiekvienas nori sau geresnio gyvenimo – užtikrintesnio, ramesnio. Pavydas, geismai, ambicijos valdo žmones, mes matome, kad šios savybės suvešėjo, pražydo dar seniausiose kultūrose. Būtent jos ir skatina mus tobulėti.

Todėl žmogui būtina gyventi visuomenėje. Jis išgyventų ir miške, bet liktų tiesiog gyvūnu kaip visi žvėrys. Yra žinoma, kad pasiklydę miške vaikai išauga kaip gyvūnai. Žvėrys priima juos į savo būrį ir žmogus su jais supanašėja – tiek, kad jau nebegali grįžti į žmonių visuomenę, nes neteko savo žmogiškojo pavidalo.

Visas mūsų vystymasis iš kartos į kartą buvo nukreiptas į visuomenės, aplinkos raidą. Ir kuo labiau tobulėjome, tuo aiškiau matėme, kad pats žmogus ne itin smarkiai keitėsi. Pagrindiniai pokyčiai vyko visuomenėje ir visas tobulėjimas priklausė nuo jos.

Žmogus plėtoja visuomenę, todėl keičiasi jo asmeninis gyvenimas. Vienas priklauso nuo kito. Šiandien priklausau nuo tūkstančio žmonių visame pasaulyje, juk jeigu pasižiūrėtume, kuo esu apsirengęs, ką valgau, iš ko pastatyti mano namai, kuo jie šildomi, kaip vėsinami, tai nerastume tokios šalies, kuri nedalyvautų parūpinant man tai, ką turiu.

Jeigu tai vyksta netiesiogiai, tai per keletą šalių – viena parūpina kuro, kita – detalių mašinoms, kuriomis atvežamos kokios nors prekės, o jau iš jų pasiuvami mano drabužiai. Tyrimai rodo, kad visas pasaulis tarpusavyje susijęs.

Ir kuo labiau pasaulis panyra į tokią specializaciją, kai kiekvienas turi darbą, darniai susijusį su visais kitais žmonėmis, tuo labiau galime apsirūpinti prekėmis, kurios ankstesnėms kartoms buvo neprieinamos.

Anksčiau žmogus parūpindavo sau šiek tiek duonos, acto, vyno, mėsos, ir viskas. Vėliau atsirado kiek daugiau maisto, drabužių, apavo, daugiau įvairių gaminių. Dar vėliau pasirodė automobiliai. Kaip atsakas į tai buvo ruošiami ekonomikos, žemės ūkio, mašinų gamybos ir kt. specialistai. Plėtojosi kultūra, literatūra, muzika, dainos.

Susiformavo sritys, kurios net nebūtinos gyvybei užtikrinti, tačiau be jų žmogus irgi negali. Muzikantai eina į sceną, koncertuoja tūkstančiams žmonių, mokančių jiems už vieną pasirodymą daugiau nei darbininkas savo prakaitu uždirba per mėnesį, o gal net ir metus. Kitaip tariant, labai vertiname tuos dalykus, kurie mums nėra būtini: sportą, turizmą, meną.

Pirmasis skyrius

Jeigu pažiūrėsime, kokią gaminių dalį sudaro gyvybiškai būtini dalykai, tai 90 proc. pasirodys visiškai nereikalingi. Ir visgi jie mums tarsi būtini. Jaučiame, kad jie priklauso žmogaus pakopai, dėl to mums jų ir reikia.

Jei nebus išeities, žinoma, kad išgyvensiu ir oloje, tačiau raida įpareigoja mane visus tuos produktus gaminti.

Tad atsiskyręs nuo visuomenės žmogus bus priverstas gyventi itin skurdžiai. Daugių daugiausia jis įstengs apsirūpinti pačiais būtiniausiais dalykais, kad nenumirtų iš bado. O jeigu norės visų kitų civilizacijos laimėjimų, privalės tapti visuomenės dalimi, gaminti jai būtinas prekes ir tada kiek įmanoma iš jos gaus tai, ko norįs.

Kitaip tariant, visų pirma priklausome nuo visuomenės. Tai neišvengiama. O jei taip, tai ką netinkamai padarėme, jei negalime dabar normaliai joje gyventi ir jaučiame krizę savo visuomenėje, savo gyvenime? Ir šią krizę jaučiame kaip negerą, tai dar ne gimimas, o prieš jį patiriamos gimimo kančios, todėl norime išsiaiškinti, kas negerai.

Žmonijos raidos pabaiga ar nauja pradžia?

Jeigu patyrinėtume savo raidą, tai pamatytume, kad ją nulėmė mūsų didėjantys norai. Žmogus kaskart norėjo vis daugiau. Kažkada turėjome nedidelius troškimus, kaip paprasti kaimo gyventojai: turiu keletą karvių, derlių duodantį žemės lopinėlį, žmoną, vaikų, ir daugiau man nieko nereikia. Noras buvo mažas.

Vėliau noras ėmė didėti. Jis skatino mus prekiauti produktais – turguje, mieste, o paskui už gautus pinigus pirkti gražius apdarus, kokius nors ypatingus daiktus, kurių anksčiau neturėjome. Žmogus išvyksta į miestą, mato ten stebuklingą žemės arimo mašiną ir pradeda uoliai dirbti, kad ją įsigytų.

Arba jis iš kieno nors pasiskolina pinigų, kad pirmiau įsigytų tą mašiną, o paskui grąžins skolą pardavęs derlių, juk su šia mašina galės užauginti daugiau. Taip vystomės ir užmezgame vis glaudesnius tarpusavio ryšius. Mūsų ego auga ir verčia mus tobulėti.

Tai įprastinė žmonijos istorija, visiškai pagrįsta žmogaus norų raida: mes trokštame vis daugiau. Tik kodėl? Mūsų noras didėja. Nežinau, kodėl, bet man staiga norisi dar ko nors, o paskui dar. Žiūriu į kitus, matau, kad visi kažko siekia, ir imu iš jų pavyzdį – juk jaučiu pavydą, geismą, turiu ambicijų, trokštu valdyti.

Esu suinteresuotas nusipirkti iš jų sau naudingų daiktų, bet nenoriu būti žemiau jų – juk mano egoizmas neleidžia pralaimėti. Noriu laimėti!

Jeigu taip pažvelgsime į žmonijos istoriją, pamatysime, kad tai ir traukė mus pirmyn. Visada dairėmės aplink ir mokėmės iš kitų. Tarp mūsų buvo lakios vaizduotės žmonių, jie gebėjo išrasti įvairias technikos, ekonomikos, medicinos ir kitų sričių naujoves, kurios būtų naudingos mums ir tenkintų mūsų norus. Taip ir vystėmės.

Laikas bėgo, mes kariavome, užkariaudavome naujas teritorijas, pavergdavome tautas. Vėliau atėjo laikas atrasti naujus žemynus, vystyti technologijas, plėtoti prekybą. Galop išėjome į kosmosą, vis labiau tobulėjome, kol atsidūrėme akligatvyje. Tai prasidėjo prieš 50–60 metų.

XX a. septintajame dešimtmetyje protingi žmonės, tyrinėjantys supančią aplinką ir visuomenę, žmonijos raidą, pradėjo duoti mums įspėjimus, kad sustojome ir žingsniuojame vienoje vietoje. Su mumis nutiko štai kas – liovėmės matyti, kur eiti toliau.

Tada mums padėjo užsimiršti kosmoso plėtotės programa. Bet ir ji greitai baigėsi. Darsyk apskristi Žemę, darsyk nutūpti Mėnulyje?.. Visa tai jau buvo, ir kas toliau? Pamatėme, kad mums tai ne itin padeda – visa tai negyva, netgi ne augalai ar gyvūnai. Be to, neradome jokių nežemiškų civilizacijų, kad ir kaip fantazavome ir tikėjomės dar kur nors rasti gyvybę.

Ir čia prieiname tuštumą. Išsivystėme tiek, kad daugiau nėra kur – nematyti jokios perspektyvos. Mūsų vidinė prigimtis ir išorė, t. y. mūsų jaučiamas aplinkinis pasaulis, daugiau mums nebeatsiveria. Yra kas yra, bet ne daugiau. Ir tada tai pastebėję žmonės (sociologai, filosofai, pavyzdžiui, F. Fukujama ir kt.) perspėjo mus, parašė apie tai daugybę knygų, vadindami tai žmonijos vystymosi pabaiga.

Kita vertus, atsirado mokslininkų, kurie tvirtino, kad mūsų pasaulis vystosi ciklais.

Pirmasis skyrius

Nutrūkęs ryšys tarp kartų

Kažkada mums atrodė, kad žmogaus egoistinis vystymas yra begalinis, kad mes išradinėsime vis naujesnes, puikesnes mašinas, kiekvienas gaus savo lėktuvą ir nepaprastas ryšio priemones. Bet galiausiai šiais daiktais besinaudojantis žmogus staiga pastebi, kad visa tai neturi prasmės. Jis jaučia tuštumą ir nepasitenkinimą. Kodėl gi tai mūsų nebedžiugina? Esmė ta, kad vystymosi pagrindas – nuolatinis norų augimas. Ir staiga jie liaujasi didėję! Priešingai, daugumos norų atžvilgiu jaučiame tam tikrą riedėjimą atgal.

Kadaise norėta turėti kuo didesnę šeimą: daug vaikų, netgi daug žmonų. Vėliau tai tapo nebereikalinga – pakako vienos žmonos ir dviejų ar net vieno vaiko. O šiandien žmonės nenori netgi šito. Gyvenimas tampa toks sunkus ir sudėtingas, kad būtent išsivysčiusiose šalyse žmonės iki 30–40 metų nenori palikti tėvų namų.

Žmogus dirba ir leidžia pinigus sau – kam jam šeima ir vaikai? Juk galima keliauti, ilsėtis, pramogauti, jaustis laisvam. Dar ir mama rūpinasi – jam gera.

Sukūrėme visuomenę su tokia išplėtota infrastruktūra, kad prekybos centre galima nusipirkti gatavo maisto, telieka pasišildyti mikrobangų krosnelėje ir vakarienė paruošta. Nėra būtinybės su kuo nors dalytis būstu, galima turėti savo, ir žmogus jaučiasi laisvas. O pasenus numatyta pensija, medicininis draudimas, priežiūra ligoninėje ir vieta kapinėse – kas gi dar manęs laukia? Ar verta dėl to plėšytis visą gyvenimą?

Mūsų ego tampa toks didelis, kad nejaučiame galį susivienyti su kitais – skirti jiems savo jėgas, rūpintis jais, kad jie paskui rūpintųsi mumis. Nejaučiu, kad galiu su kuo nors taip artimai suartėti.

Gal tik galime susidėti abiem pusėms naudingomis sąlygomis ir gyventume kaip du draugai, partneriai. Mūsų santykiai labiau primena ne tikrą šeimą, kokia ji anksčiau buvo, o gyvenimą drauge. Mes abu dirbame. Abu kažką darome namuose. Abu mokame.

Visur dalyvaujame lygiomis teisėmis. Tai ne ta šeima, kai vyras buvo šeimininkas, šeimos galva – uždirbdavo pinigus ir aprūpindavo žmoną, kuri sėdėjo namie ir auklėjo vaikus. Dabar jie abu iš ryto išeina iš namų, palieka vaikus lopšeliuose ar darželiuose, vakarais grįždami pasiima atžalas. O kas namie? Jie praktiškai nesimato. Jis žiūri televizorių arba sėdi prie kompiuterio, ji greitai ką nors pašluos, išplaus indus, sumes nešvarius drabužius į skalbyklę – ir viskas, diena baigėsi.

Jie visiškai lygūs – ne taip, kaip anksčiau, kai vienas buvo aukščiau, o kitas žemiau, ir tai vadinosi šeima, turinti šeimos galvą, šeimininką. Kitaip tariant, šeima neteko savo nuo amžių buvusios struktūros ir tapo tiesiog partneryste. O jeigu tai tik partneriškas susitarimas, tai visada žiūrėsiu: ar man tai naudinga, ar nelabai. Naudinga – eisiu, nenaudinga – neisiu. Todėl žmonės ir skiriasi, netgi nenori sudaryti santuokos.

Tai faktas. Ir mes su jumis šiek tiek mokomės suprasti šito priežastis. Mūsų egoizmas tiek išsikerojo, kad rodo mums, jog neverta užmegzti tokių partneriškų ryšių, vadinamosios santuokos.

Dėl savo egoizmo žmogus nebejaučia, kad vaikai tokie artimi, lyg būtų jo sielos dalys. Vaikai turi savo gyvenimą, jie mokosi tolimose nuo mūsų vietovėse. Kartų skirtumas – didžiulis, vaikai visiškai atitrūkę nuo tėvų. Jie gavo kitokį išsilavinimą, turi kitus interesus, jie tokie tolimi, kad tėvai vargiai supranta, apie ką vaikai kalba, kuo užsiima, kuo gyvena.

Nutrūko ryšys tarp kartų. Išeitų, kad net neaišku, kam tokie vaikai apskritai reikalingi. Koks man iš jų malonumas? Jie tenori, kad duočiau pinigų ir tylėčiau. Kol jie maži, dar galime džiaugtis, o sulaukus 12 metų ir vėliau prarandamas bet koks ryšys.

Ankstesniaisiais laikais žmonės augino vaikus, paskui laukė, kol atsiras anūkų, ir augindavo juos, patirdami malonumą. Tačiau šiandien ir to nėra. Nes vaikai nenori tuoktis ir gimdyti man anūkų.

Žmogus taip mąsto ir elgiasi ne sąmoningai, o dėl padidėjusio egoizmo taip savaime susiklosto, kad neverta kurti šeimos.

Mes labai audringai demografiškai vystėmės pagal eksponentę, ir staiga ji pradėjo lygintis. Tyrinėjantys demografiją ir sudarinėjantys žmonijos raidos prognozes specialistai pranašauja, kad artimiausiu laiku žmonių gerokai sumažės. Kol kas vis dar pastebimas prieaugis kai kuriuose regionuose, ypač arabų šalyse, kuriose gyvos stiprios tradicijos ir religinės normos, skelbiančios, kad reikia toliau vystytis ir gimdyti daugiau vaikų.

Tačiau netgi išsivysčiusiose arabų valstybėse vietoj 10–15 vaikų kaip anksčiau – šiandien tik du trys. Kitaip tariant, akivaizdu, kad jie taip labai greitai susilygina su visu pasauliu.

Pirmasis skyrius

Skyrybos su visu pasauliu

Labai įdomus ir visiškai naujas reiškinys – mūsų visuomenė tampa vientisa. Ne tik bankai, pramonė, gamyklos yra tarpusavyje susiję visame pasaulyje ir dalijasi žaliava, gaminamomis prekėmis, maisto produktais, bet ir kultūra, auklėjimas tampa universalūs, tarpusavyje susiję ir priklausomi vienas nuo kito.

Mes ne šiaip iš žiniasklaidos sužinome viską, kas vyksta pasaulyje. Pačios žinios dar nieko nesuteikia. Bet tai daro mus priklausomus vienus nuo kitų. Jei ši priklausomybė gera, kaip draugiškoje šeimoje, tai ji atneša gėrį ir suteikia tikrumą, pasitenkinimą. Bet jeigu ši priklausomybė nėra gera, tai šeima griūva. Kitaip kyla agresija.

Negalime atsiskirti vieni nuo kitų, būdami sujungti visos Žemės mastu – nekenčiame kits kito, atstumiame kits kitą ir tuo pat metu esame tarpusavyje priklausomi. Gyvename vienoje planetoje ir niekur nepabėgsime vieni nuo kitų.

Kasdien tampame vis labiau priklausomi. Jeigu kažkada pykomės, tai daugių daugiausia galėjome vienas kitą užmušti. Bet šiandien – ne, mat pradėję peštis sunaikinsime visą pasaulį, šiuolaikiniais ginklais nušluosime visa, kas gyva. Išeitų, kad visi ir visur, tiek susiklosčius geroms, tiek blogoms situacijoms, visiškai priklausome vieni nuo kitų.

Tai didžiulė problema, nes mūsų ego kol kas nejaučia baimės ir nesileidžia į jokius kompromisus. Ego vystosi, auga, tačiau dėl to netampame protingesni. Turime galingiausius ginklus, bet tuo pat metu jaučiame ir pavydą, geismą, trokštame valdžios, esame žiaurūs. Tarpusavio pavydas temdo mums protą, ir negalime leisti, kad tiesiog imsime žudyti save globaliu mastu.

Matome, kad gamta atvedė mus prie bendrumo, tarpusavio priklausomybės, ir to negalime išvengti – kitaip nei šeimoje, kuri gali išsiskirti. Ką gi tada daryti? Privalome rasti sprendimą. O sprendimas vienas: pasiekti taiką „šeimoje", mūsų namuose – tarp visų tautų, visų šalių, ir nespausti vieniems kitų, bet tik įpareigoti kiekvieną ieškoti, kaip papildyti savąją pusę.

Įgyvendindami šį vienintelį bendrą sprendimą, nuo kurio priklauso išgyvenimas, pamatysime, kaip turėtume organizuoti visa kita šiame pasaulyje: visuomenės gyvenimą, tartum tai būtų viena šeima, santykius tarp mūsų. Išsiaiškinsime, ko kiekvienam reikia, norint papildyti kitus. Kokio auklėjimo reikia mums patiems, suaugusiems žmonėms, ir vaikams, kitai kartai, kad jiems būtų paprasčiau įeiti į gerą, švelnų pasaulį. Kaip mums apsisaugoti nuo to, kad niekas nemėgintų kurstyti žmonių vienų prieš kitus.

Dauguma mokslininkų kalba apie tai, kad mūsų pasaulis tapo apvalus dėl tarpusavio priklausomybės ir kad mes negalime pabėgti vieni nuo kitų, priešingai, mūsų tarpusavio ryšys nuolatos stiprėja – akimirka po akimirkos, diena iš dienos. Jie perspėja, kaip pavojinga tokioje situacijoje užsiimti protekcionizmu, bandymais izoliuotis, vieną šalį atskirti nuo kitos.

Juk tai prieštarauja mūsų raidos procesui – nuo mūsų tapsmo žmonėmis pradžios iki šių dienų. Mėginimai eiti prieš gamtos dėsnius, mūsų istorijos tendencijos niekada neatnešdavo sėkmės.

Tai tas pats, kas žinant nesilaikyti fizikos dėsnių – taip elgdamiesi iš karto kenkiame sau. Visa technika, technologijos, mokslas, mūsų išmintis – išmokti laikytis gamtos dėsnių. Mes tobuliname savo tyrimų instrumentus, kad atskleistume, kokių dar dėsningumų esama gamtoje, ir kad juos panaudotume savo labui.

Kuo geriau išmanysime gamtos dėsnius, ypač tuos, kurie susiję su supančia aplinka, visuomene, žmogumi, jo ir visuomenės psichologija, ir tinkamai juos įgyvendinsime santykiuose tarp mūsų, tuo daugiau laimėsimę. Kitaip mums teks pradėti „skyrybų procesą", o tai reiškia pasaulinį karą, kuris taps viso žmonijos vystymosi Žemėje pabaiga.

Apie būtinybę laikytis gamtos dėsnių

Iki šiol kalbėjome apie mūsų vystymosi procesą, aiškindamiesi, iš kur kilome ir kokios galimybės mums atskleistos. Čia galima pateikti daugybę įrodymų, literatūros, galima tai plačiai aptarinėti, ir pamažu prie to grįšime.

Tačiau pirmoji, įvadinė kurso dalis skirta tam, kad bendrai pažvelgtume į per visą mūsų norų vystymosi istoriją nueitą kelią, kad suprastume, kur atėjome ir kada šie norai tapo globalūs. Jie uždarė mus kartu, įpareigojo tarpusavio priklausomybe, ir mes tapome viena šeima, stovinčia ant griūties slenksčio.

Pirmasis skyrius

Iš esmės krizė vyksta toje šeimoje, kuri vadinasi žmonija. O jeigu susitvarkysime tarpusavio santykius, tai visas gyvenimas susitvarkys. Yra nuostabių tyrimų, rodančių, kad jeigu žmonija pradės bendrauti tarpusavyje kaip šeimoje, tai netgi gamta, klimatas ir kiti gamtos reiškiniai irgi normalizuosis.

Dauguma mokslininkų mūsų dienomis randa ryšį tarp visuomenės ir kitų gamtos lygmenų (negyvosios gamtos, augalijos ir gyvūnijos). Ir gyvūnų, ir augalų pasauliui tai turėtų suteikti didžiulę teigiamą jėgą.

Reikia paaiškinti sau, kad neturime pasirinkimo ir privalome derėtis, suprasti vieni kitus globaliu, pasauliniu mastu. Tai pirmas dalykas, kurį turime atlikti.

Veikia gamtos dėsniai žmogaus ir visuomenės psichologijoje, kurių laikydamiesi gyvensime gerai. Tai vidinės žmogaus prigimties dėsniai: žmogaus, visuomenės, šeimos, santykių tarp tėvų ir vaikų, santykių tarp vaikų psichologija. Būtina išmanyti visą šią žmogiškųjų santykių psichologiją, kitaip tariant, gyvūninę žmogaus prigimtį, tiek mažų, tiek didelių, tėvų ir vaikų, jaunų ir senų, visų žmonijos lygmenų – ir aukštyn, ir platyn. Jeigu išmanau žmogaus prigimtį ir žinau, kaip užmegzti tarpusavio ryšius, tai galiu sukurti tokią žmonių visuomenę, kad joje visiems būtų patogu ir gera.

Kiekvienam teks nusileisti kitiems, juk kiekvienas nori būti karaliumi ir kad visi kiti jam lenktųsi. Kita vertus, jeigu auklėsime žmogų taip, jog jį gerbia ir jis laimi dėl to, kad su kitais yra lygus, o jie jam padeda ir palaiko, tai žmogus su malonumu tai priims. Jis pamatys, kad sistemoje, kur visi nuo visų priklauso, kitaip ir būti negali. Mums teks perimti tokius įsitikinimus.

Suprantama, kad žmogaus visąlaik mėgins tam priešintis ir norės valdyti kitus. Tačiau yra ir visuomenės nuomonė. Juk aplinka labai stipriai veikia žmogų, jį auklėja. Jeigu visuomenė norės, tai galės apriboti žmogų, saugos jį, kad jo ego neprasiveržtų, o žmogus jaus, kad tinkamai naudodamas savo ego sulauks teigiamo atsako iš aplinkos.

Visuomenės nuomonė ir poveikis turi vyrauti, įpareigoti, nulemti.

Ką pasiimti su savimi į naująjį pasaulį?

Norint laikytis gamtos dėsnių, pirmiausia reiškia mokytis, kas yra žmogus, kokia jo aplinka ir kaip šie du veiksniai daro įtaką vienas kitam. Tai taip pat priskiriama gamtos dėsniams, juk mes patys – gamtos dalis. Pirmiausia reikia išstudijuoti žmogų. Kiekvienas turi būti psichologas sau ir visuomenei, kad žinotų, kaip sugyventi su kitais, ir kad tiesiog šiaip kieno nors neužsipultų nesusimąstęs apie pasekmes.

Pirmiausia reikia suprasti, kas yra žmogus, kodėl vystomės tokia forma ir ar galime pasipriešinti tokiam kriziniam vystymuisi. Ar mums bus naudinga, jei pavyks tai sustabdyti? Juk tikriausiai gamta veda mus į kažką nauja, geresnio? Mums tereikia suprasti, kur einame, ir artėti to tikslo link.

Taip pat verta suprasti, kodėl dabar nematome šio būsimo vaizdo. Juk visąlaik matėme perspektyvą ir vystėmės, siekėme atskleisti kažką naujo, pakilti aukščiau. O šiandien – atvirkščiai, nusiviliame, suglembame ir nieko daugiau nenorime.

Turbūt tokia forma taip pat naudinga ir pageidautina kitam vystymosi etapui, kai mums tenka atsisakyti savo esamos būsenos ir pakilti į visiškai kitą. Todėl šiandien jaučiamės tokie nusivylę, pavargę, bejėgiai, nenorime to toliau tęsti ir su tuo likti.

Greičiausiai kita būsena bus visai kitokia. Mes tarsi paliekame praeitį, pasineriame į ritualinį, tyrinantį baseiną, nusiprausiame, apsirengiame naujais drabužiais ir išeiname į naują pasaulį! Daugiau nenorime būti susiję su šiuo pasauliu, mes jau pakankamai jį užteršėme – išsiskyrėme, kenkėme patys sau ir kitiems, artimiems ir tolimiems.

Kritiškai pažiūrėjus į šį pasaulį paaiškės, kad jame nėra nieko, ką būtų galima pasiimti į naująjį, gerą pasaulį. Jei manęs laukia nuostabus idealus pasaulis, ką gi iš šio gyvenimo pasiimčiau tenai? Ar turiu tokią šeimą? Ne. Vaikai, draugai, darbas – ne, ne, ne. Ką gi tada galiu pasiimti pereidamas į idealų gyvenimą?

Kritiškai peržvelgę visą savo gyvenimą nerandame nieko, vien nusivylimus. Bet galbūt tai kaip tik perėjimas į visiškai naują būseną? Todėl šito nematome, taip pat nusiviliame ir nebenorime to, ką turime dabar.

Pirmasis skyrius

Nematome išeities iš susidariusios padėties. Tokia padėtis susiklosčiusi visame pasaulyje, vis daugiau žmonių gyvena šia diena, net neplanuoja rytojaus, tarsi pagal principą – gyvename, nes gyvename.

Tai ypatinga būsena, todėl iš mūsų nedidelio tyrimo turime suprasti, kad paliekame visą savo ankstesnį gyvenimą čia ir pereiname į naują matmenį – į naują vystymosi lygmenį. Peršokame į kitą pakopą ir gimstame naujame pasaulyje.

O tai pasaulis, kur veikia kitokie – integralūs dėsniai, kuriuos gamta jau ima mums atskleisti: visų tarpusavio priklausomybę, uždarą, apvalų pasaulį, tai vienybės, lygybės pasaulis, tai geranoriškos, draugiškos šeimos egzistavimo dėsniai. Štai to link dabar ir artėjame.

Dar patikrinsime: mums tai tiesiog sapnuojasi ar tokia ateitis iš tikrųjų laukia žmonijos? Ir tai teks pasiekti arba sąmoningai, arba priverstinai, jaučiant gamtos jėgų spaudimą.

Be abejonės, kur kas naudingiau bus ištirti visus tuos dėsnius, juk sužinosime, kaip pereiti iš vienos būsenos į kitą pačiu palankiausiu būdu. Iki šiol vystėmės iš užnugario vis gamtos paraginami naujais norais.

Bet šiandien – ne. Šiandien patekome į akligatvį ir privalome išsiaiškinti, koks kitas žingsnis – kam jis, kodėl ir kaip jį žengti. Visa tai supratę, išvysime naują gyvenimą ir mums teks ieškoti, kokiomis priemonėmis jį pasiekti.

Tai priešinga ankstesnei instinktyviai raidai visose praeities kartose pereinant nuo vienos būsenos prie kitos, nuo vienos visuomeninės santvarkos prie kitos, mat šiandien turime vystytis sąmoningai. Mes privalome suprasti gamtą ir jos dėsnius, ir kai jų laikysimės, suprasdami save ir žmonių visuomenę, pereisime prie naujos būsenos. Taip tarsi pagimdysime save.

Šįsyk turime būti viršuje, kad iš viršaus pamatytume save ir savo būseną. To anksčiau niekada nebuvo. Mes visada plaukėme palei srovę pirmyn: dar viena revoliucija, dar viena nauja mašina, dar viena nauja galimybė. Tačiau šiandien savo sąmoningumu turime pakilti aukščiau mūsų gyvenimo, turime apžvelgti visą Žemės rutulį ir žmonių visuomenę globaliu žvilgsniu iš viršaus ir tik tada toliau vystytis.

Pirmąsyk gamta iš mūsų visų be išimties reikalauja aiškiai suprasti, kas tokie esame, kokiame pasaulyje gyvename ir kur link vystomės. Pirmąsyk iš manęs reikalaujama būti žmogumi – suprantančiu, išmanančiu gyvenimo esmę.

Todėl integralaus ugdymo kursas skirtas ne šiaip laikui praleisti, jis turi padėti mums visiškai pakeisti mūsų gyvenimą ir pakelti jį laipteliu aukščiau, tobulumo link.

Žmonijos raidos dinamika

Nagrinėdami žmogaus psichologiją ir žmogaus vietą bendrame negyvosios, augalinės ir gyvūninės gamtos kontekste, matome dėsnius ir atsižvelgdami į juos turime vystytis. Mes – gamtos dalis, jos raidos rezultatas. Mes esame gamtos viduje.

Psichologija – tai mokslas apie žmogaus elgseną, o tai irgi gamtos dėsnių dalis. Ir tai labai svarbi mokslo dalis, kas kad ji egzistuoja kiek daugiau nei šimtą metų. Bet iš tikrųjų vos prieš šimtmetį pradėjome jausti, kad galime tobulėti pagal ypatingą, asmeninę, sąmoningą formą, suprasdami, iš kur esą, kas esą, kaip ir kodėl elgiamės su kitas.

Iki tol tik romanuose rašyta, kaip žmogus elgiasi. Prieš šimtmetį (ne taip jau ir seniai) pradėta tyrinėti, kodėl žmogus elgiasi būtent taip, iš kur kyla jo elgesys. Ir tai jau dėsnių apie žmogų nagrinėjimas. Psichologija svarbi, nes ji padeda suprasti, kas aš, kas kiti ir kaip sukurti laimingą gyvenimą.

Jeigu esame šeima, gyvenanti viename kambaryje, kuris vadinasi Žemės planeta, ir priklausome vieni nuo kitų, tai nėra pasirinkimo, turime susitarti. O psichologija padeda mums pasiekti taiką šeimoje. Tai ir vadinama gamtos dėsnių laikymusi.

Be to, veikia dėsniai negyvosios gamtos lygmenyje, kuriais užsiima fizika, augalinės gamtos lygmenyje, kuriais užsiima biologija ir botanika, gyvūninės gamtos lygmenyje, kuriais užsiima zoologija. Visa tai dėsniai, kaip elgiasi elementariosios dalelės, molekulės, ląstelės, kūnai, kaip jie sąveikauja tarpusavyje ir t. t.

Kaip elgiamės mes, suprasti padeda psichologija – mokslas apie žmogaus prigimtį. O gamta reikalauja iš mūsų pagal mūsų vystymosi lygmenį.

Matome, kaip auga vaikai, ir žinome, kaip jie turi vystytis bėgant metams. Kas vaikus ugdo? Prigimtis. Žinome, ką turi mokėti vienų, dvejų, trejų ir t. t. metų vaikas. Kasmet žmogus tobulėja savo supratimu, įsisąmoninimu, elgesiu, vystosi fiziškai, fiziologiškai, psichologiškai, protiškai. Tai ir vadinama gamtos raidos dėsniu.

Pirmasis skyrius

Tai dėsnis, juk galime sakyti, kad vaikas, sulaukęs dvejų, turėtų būti tam tikro svorio, ūgio, turėtų išsiugdyti tam tikrus įgūdžius. O trejų metų – kitaip. Iš kur mums žinoti, koks jis bus trejų? Mes išmanome vystymosi dėsnį, dinamiką, procesą. Tai vadinama gamtos dėsniu. Mes negalime tam daryti kokios nors įtakos, nes ši raida įrašyta žmogaus viduje.

Mokomės gamtos dėsnių, mes – jos dalis. Mes turime vidinį „variklį", vidinę jėgą, kuri per visą mūsų gyvenimą, per visą žmonijos istoriją skatina eiti į priekį. Dabar, žvelgdami atgal, galime panagrinėti, kodėl metai iš metų, epocha po epochos vystėmės būtent taip, kas buvo mūsų varomoji jėga, kas vyko.

Čia galima atlikti išsamų žmonijos istorijos tyrimą. Ne šiaip, kas, kada ir kur nutiko, bet kodėl, kieno sąskaita. Žmonija – tarsi pagal tam tikrus dėsnius augantis vaikas.

Jei gyvūnas atsivedė palikuonių ir mums neaišku, kaip šie turėtų augti, tai kreipiamės į specialistą – veterinarą, išmanantį gamtos dėsnius.

Tokie pat dėsniai veikia žmonių visuomenėje, juos tiria sociologija. Viskas paklūsta dėsniams. Mes tiesiog nevisiškai juos išmanome ir suprantame – tai labai jauni mokslai. Bet pagal tai, kiek išmanome, matome, kad viskas paklūsta griežtam dėsningumui.

Žmonių giminėje glūdi vidinės, visuomeninės raidos programa. Jos vidiniai duomenys nulemia, kaip ji vystysis, kaip sukurs visuomenę, savo struktūrą. O šiuos vidinius duomenis veikiantis laikas augina mums būtent taip.

Jeigu vaikui duosime maisto ir juo rūpinsimės, tai jis augs metai po metų. Argi jį augina maistas? Ne, juk maistas – tai tėra pastiprinimas, dėl kurio vystosi vidiniai genai, užtikrinantys, kad jis taptų žmogumi.

Vaikui vystantis iš sėklos lašelio, atsitiktinumų nebūna. Iš anksto aišku, kad iš šio lašo paskui išsivystys kūnas, kuris gims ir taps žmogumi. Visa tai kyla iš informacinių genų, jame glūdinčių tam tikrų duomenų, kurie paskui dėl išorinio maitinimo vystosi. Viskas vyksta dėsningai.

Lygiai tas pats vyksta vystantis žmonių visuomenei.

Beribės išminties Visata

Kaip vystosi kūdikis – aišku. Bet ar kas nors žino, kokie žmonių visuomenės genai? Kaip jie vystysis? Taip, galime išanalizuoti ir tirti praeitį, išryškindami dėsningumus ir jų priežastis. Nepakankamai aiškiai matome ateities perspektyvas, bet pagal mūsų dabartinę būseną taip pat galime suprasti, kur tai mus atves. Mes numatydami ateitį visada remiamės praeitimi.

Gamta reikalauja, kad laikytumės jos dėsnių. Gamta – tai bendras organizmas, kuris į savo vystymosi procesą įtraukia negyvąjį, augalinį, gyvūninį lygmenį ir žmogų. Iš pradžių vystėsi Žemės rutulys, paskui augalija, gyvūnija ir galiausiai žmogus.

Šis vystymasis prasidėjo nuo Didžiojo Sprogimo ir nuo tada vis dar tęsiasi dėl vis stipresnio susijungimo. Dalių susijungimas kaskart sukuria vis sudėtingesnius ir ypatingesnius organizmus – unikalesnius ir kiekybės, ir kokybės atžvilgiu.

Iš pradžių buvo negyvoji materija, paskui jos dalys ėmė netikėtai augti – jose atsirado gyvybė, kuri pradėjo vystytis. Vėliau raida pasiekė gyvūninę pakopą – gyvūnų raida dar individualesnė. Paskiausiai atsiranda žmogus – ir visa tai raidos rezultatas.

Suprantama, kad ši raida turi savus dėsnius, tai matome iš praeities pavyzdžio. Klausimas – ar mes juos suprantame? Matyt, kad ne, bet tai nereiškia, jog jų nesama.

Aš kaip mokslininkas stebiu gamtą ir tiriu, kaip ji vystosi ir vysto mane kaip gamtos dalį. Juk žmogus negali būti aukščiau gamtos, nors ir yra išsimokslinęs.

Egzistuojame uždaroje sferoje, kuri vadinasi Visata, ir mokomės, kokie dėsniai veikia joje. Ši sfera begalinė, neturinti ribų, kupina beribės išminties. O mes iš šios išminties nusigramdome vos kelias varganas kruopeles – tuo ir grįstas visas mūsų mokslas.

Be gamtos netiriame nieko, ir šios sferos viduje taip pat šiek tiek sužinome apie save. Matome, kad negalime susitvarkyti gyvenimo, norint tai padaryti, mums, be abejo, reikia ištirti gamtos dėsnius. Gerai, kad nemalonios problemos stumia mus pažinti gamtą – bent jau tam, kad pagerintume savo gyvenimą.

Taigi mums visiems reikėtų pripažinti, kad gyvename gamtoje. Galima ją įsivaizduoti kaip uždarą sferą, rutulį, kuriame gyvename. Šios sferos viduje veikia absoliutūs mus valdantys dėsniai.

Pirmasis skyrius

Tirdami gamtą, atveriame dalį šių dėsnių ir vadiname tai mokslu. Tačiau, be abejonės, 99,9 proc. dėsnių mums lieka nežinomi, kol nesame pasirengę jų atskleisti.

Paprastai dėsnių išmanymas padeda mums geriau įsitaisyti gyvenime. Tik apsidairykite, kiek naudingų daiktų turite namuose: televizorius, internetas, skalbyklė, džiovintuvas – ko tik nėra. Kaip patogesnis tapo žmogaus gyvenimas, palyginti su gyvenimu gūdžiame kaime, kai reikėjo semti vandenį iš šulinio, ruošti maistą ant laužo ir skalbti geldose!

Visa tai atliekame per keletą minučių pernelyg nedėdami pastangų. Vietoj šulinio – čiaupas sienoje, visi patogumai namuose, ir naudodamasis jais gyvenu pernelyg nesistengdamas. Taip galiu sau gyventi nedirbdamas begalės papildomų darbų, be kurių nebūtum išsivertęs anksčiau gyvendamas kaime.

Kitaip tariant, mūsų raida išlaisvina žmogų kitiems, papildomiems užsiėmimams, kurie pranoksta gyvybinių poreikių tenkinimą. Tačiau kyla klausimas, jeigu pasiekėme tokį lygmenį, tai kodėl gyvenimas virto toks žiaurus, tuščias, vedantis į neviltį, kodėl jaučiame netikrumą, baimę, nerimą?

Ką veikiame laisvu laiku, atsiradusiu dėl technikos, technologijų ir socialinės pažangos, taip nuostabiai praturtinusios mūsų gyvenimą? Užuot tyliai ir ramiai, nors fiziškai ir sunkiai gyvenę kaime, atsidūrėme šiuolaikinėse džiunglėse.

Kodėl švaistome savo jėgas ir laiką kurdami tokį sunkų ir painų gyvenimą? Nejau ne metas sustoti? Galbūt šiandien mums verta pereiti prie visiškai kitokio gyvenimo: tartum ir vėl paliekame savo kaimą ir išeiname į naują, viliojantį gyvenimą...

Mums reikia poros valandų per dieną, kad apsirūpintume būtinais egzistavimui dalykais, o likusį laiką skirkime dvasiai, pasinerkime į kitokius užsiėmimus! Galbūt taip pavyks pataisyti savo gyvenimą?

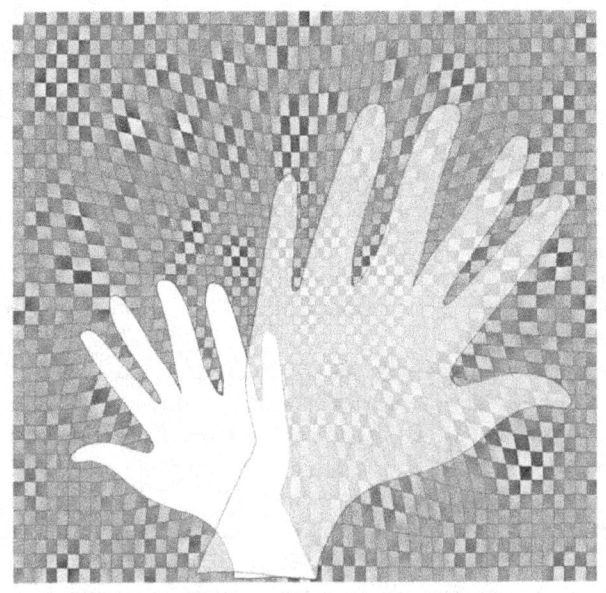

Antrasis skyrius

Ne viskas blogai, kas kartu

Žvelgdami atgal į žmonijos istoriją, matome, kad nuolatos vystomės. Augalija ir gyvūnija šimtmečiais beveik nekinta, o mes keičiamės iš kartos į kartą.

Pavyzdžiui, aš pradėjau gyvenimą pirmoje praėjusio amžiaus pusėje ir įžengęs į XXI amžių matau, kaip pasikeitė pasaulis. Tada žmonės buvo prisirišę prie medžių, kaimų ir sodžių, mažų miestelių, gyveno sėsliai, o šiandien viskas dinamiška, viskas kitaip, kitoks mąstymas, požiūris į gyvenimą ir t. t.

Antrasis skyrius

Kyla klausimas: argi nepakanka, kad gimstame ir gyvename iš kartos į kartą? Kodėl turime keistis? Aišku, naujagimiui reikia išaugti, kad gyventų visavertį, suaugusio žmogaus gyvenimą, kad sukurtų šeimą, gimdytų vaikus ir paliktų jiems savo išradimus, taip pat kad vaikai tęstų jo kelią. Bet kam žmogui reikalingas dar kažkoks tobulėjimas greta visos šios visiems gyvūnams būdingos kartų virtinės. Iš kur kyla šis supriešinimas? Koks žmonijos raidos tikslas? Šito nematome. Tačiau tai galime palyginti su mažyliu, kuris dar nepasirengęs gyvenimui. Jam reikia ilgai augti, kad įgytų proto, jėgų ir jausmų, kol išmoks suprasti gyvenimą, jį tvarkyti ir keisti. Galbūt ir su mumis taip pat? Galbūt tūkstantmetė mūsų raida panaši į vieno žmogaus gyvenimą? Galbūt kiekvienas žmonijos istorijos amžius – tarsi mažylio metai?

Ir vis dėlto dar nematome, kur judame. Vaikas auga pramintu takeliu, ir mes žinome, kaip jam suteikti būtinas priemones, įskaitant pratimus, žaidimus ir specialią aplinką. Bet žmogiškosios raidos tikslo nežinome ir todėl nepastebime kartų pažangos. Mums atrodo, kas šis procesas atsitiktinis. Kaip neišmanantys tėvai žiūrime į mažylį ir nesuprantame, iš kur ir kam jis atsirado. Nenutuokiame, kaip jį auklėti, kokius pratimus jam pasiūlyti, kokia aplinka jį apsupti... Galiausiai mūsų mažylis leisis erškėčiuotu keliu, iš prigimties nejausdamas pakankamo akstino eiti tikruoju keliu.

Savo vaikams suteikiame žinių, laviname jausmus, mokome muzikos, skaityti, rašyti ir piešti... Jie gyvena dirbtiniame pasaulyje ir į išorinį suaugusiųjų pasaulį žvelgia tarsi į laukinę preriją.

Bet kurgi visos žmonijos rūpestingi tėvai ir auklėtojai? Jų nėra, todėl net ir esant pažangai kiekviena karta jaučiasi nelaimingesnė už ankstesniąją – juk jai trūksta vis daugiau. Viena vertus, pasiekiame vis daugiau, kita vertus, tampame vis tuštesni.

Į kur atėjome šiandien? Ko pasiekėme? Ką mums davė mūsų vystymasis? Išėjome į kosmosą, pabuvome Mėnulyje – jau niekas per daug apie tai ir nešneka, tai išsemta ir paviršutiniška. Žemėje pasiekėme neįtikėtinų rezultatų, bet laimės taip ir neradome, taip ir nesužinojome, kaip susitvarkyti savo gyvenimą. Visuotinė krizė aštrėja, griūva šeimos, kenčia vaikai ir tėvai, kenčia visuomenė, klesti narkomanija, griaudžia teroras, depresija pirmauja ligų sąraše... O kur džiaugsmas? Kur gera nuotaika?

Išeitų, kad žmonija neturi gerų tėvų, kurie ją apsuptų rūpesčiu ir deramai išaugintų.

Tačiau greta to matome: gamta rūpinasi, kad kiekviena jos dalis tinkamai vystytųsi. Tapę tėvais patiriame beribę meilę vaikams, norime duoti jiems tik tai, kas geriausia, visą savo gyvenimą paskiriame jiems. Geriausi specialistai, didžiuliai ištekliai ir aukštosios technologijos padeda vaikui ir jo raidai. Ir vis tiek nepasiekiame sėkmės, nors gamta ir suteikė mums visas reikiamas priemones. Ji davė mums meilę, be kurios liktume apatiški. Lygiai taip ir gyvūnai myli savo atžalas. Galiausiai matome, kad gamta rūpinasi visais kūriniais, rodydama jiems itin savitą santykį. Viena vertus, ji sukuria patikimas sąlygas augti, o tai apima ir instinktyvios tėvų meilės vaikams pažadinimą. Tad neturime kitos išeities – tiesiog privalome jais rūpintis. Kita vertus, matome, kad žmonių giminė nepasiekia sėkmės.

Vaisius ant medžio auga kartus, neišvaizdus, bet galiausiai sunoksta ir atsiskleidžia visu savo grožiu – sultingas ir kvapnus. O gal ir mes panašūs į tokį vaisių? Gal ir mes dabar pereiname tarpinius vystymosi etapus ir tiesiog dar nesubrendome? Galbūt mūsų dabartinė būsena panaši į tą rūgštų, kietą, žalią dar neprinokusį obuolį? Jeigu iš anksto nieko nežinome, nejau galime nuspėti laimingą vystymosi pabaigą?

Lygiai taip pat ir žvelgdamas į silpnutį, neprotingą vaiką, kuriam dar tik augti ir augti, nepasakysi, kad jis kada nors įsilies į suaugusiųjų gyvenimą, veiks savarankiškai ir mokysis naujų dalykų keisdamas pasaulį.

O štai gyvūnai vos praėjus porai savaičių nuo gimimo beveik nebesivysto. Veikia instinktyviai ir nekeičia nei savęs, nei pasaulio.

Pagal tai galima daryti kai kurias išvadas. Pirmiausia mūsų vystymasis etapinis. Be to, kuo „rūgštesnis" kūrinys pradžioje, tuo „saldesnis" jis bus pabaigoje. Ir kuo ilgiau jis vystosi, tuo daugiau būsenų pereina, tuo nuostabesnė jo vystymosi pabaiga, tuo aukštesni jo pasiekimai.

Jeigu į vieną paveikslą surinksime visus tuos pavyzdžius, kuriuos mums rodo gamta, galime apibendrinti taip: mes einame ypatingo vystymosi keliu. Iš kartos į kartą vystėmės kaip vienas, dar neperėjęs tarpinių raidos etapų kūrinys. Kaip tik dėl to esame tokie „kartūs" ir tokie nelaimėliai. Tačiau vystymosi pabaigoje, be abejonės, mūsų laukia nuostabi, tobula būsena.

Matome, kad žmonija iškyla virš augalijos ir gyvūnijos pasaulių. Žmogus – kūrinijos viršūnė. Todėl jo raida užima ilgiausią laiko tarpą. Todėl kelyje jis ir išgyvena pačias kraštutiniausias būsenas, kurios tarsi ir nepriklausytų vienai ir tai pačiai rūšiai.

Antrasis skyrius

Jeigu samprotausime apie mus vystančią gamtą, tai išvadas apie save ir jos santykį su mumis galėsime daryti tik tada, kai pamatysime raidos pabaigą. Kitaip suklysime, kaip ir dėl obuolio, kurio nokimo pradžia nežada jokios naudos. Tik gale matome, su kokia išmintimi prigimtis jį augino, formuodama nuostabų, skanų vaisių.

Atsižvelgdami į šį dėsnį turime pripažinti, kad išgyvename panašią raidą, kurios tikslas – neabejotinai atvesti mus kartų į gerą, nepaprastą, sveiką, tobulą, „saldžią", nuostabią būseną.

Gyvenimu virstanti pjesė

Gamta mus vysto etapais. Kaskart, kiekviename etape, kiekvienoje kartoje įgyjame vis daugiau proto ir pojūčių, vis geriau pažįstame gamtą, pasaulio santvarką, pakylame virš visko, galime suvokti, valdyti... Ir veikiausiai savo vystymosi pabaigoje žmogus iš tikrųjų pasiekia aukščiausią tikrovės pakopą.

Tokiu atveju pažvelkime, kas mums padeda vystytis ir kokios jėgos mus išjudina.

Panagrinėkime visumą pasitelkę vieno vaiko pavyzdį. Kai nebus išorinių žmogiškųjų veiksnių, jis augs kaip gyvūnėlis, veikiamas savo prigimtinių impulsų ir potraukių. Tokiu atveju jis nepriaugs tų dalykų, kuriuos jam sukūrė žmonija. Jeigu neleisime jam bendrauti su bendraamžiais, jis nežinos, kaip elgtis su kitais žmonėmis, kaip su jais užmegzti ryšį, žaisti, bendrauti, kaip jiems padėti ir prašyti jų pagalbos.

Kita vertus, jei sukursime jam aplinką: vaikų darželį, mokyklą, auklėtojus, žaidimus, jeigu tėvai visąlaik stengsis jį vystyti ne prigimtinių impulsų smūgiais iš užnugario, bet pasitelkdami išorinius, skatinančius eiti pirmyn dirgiklius, tada jo raida gerokai paspartės. Jį galima mokyti muzikos, piešimo, lipdymo, šokių, naudotis kompiuteriu ir dar daugybės dalykų su sąlyga, kad iš išorės parūpiname jam šias priemones.

Taigi yra dvi raidos jėgos: viena natūraliai stumia iš užnugario, kita dėl tinkamos aplinkos traukia iš priekio.

Galbūt toks pat principas galioja ir mums? Praėjus tūkstantmečiams, mes pagaliau suprantame, kad turime vystytis kaip vaisius ant medžio – nuo blogų būsenų prie gerų. Sukurkime sau tokią aplinką, kuri trauks mus pirmyn. Tada greitai ir lengvai pereisime likusius etapus, iš užnugario negaudami skaudžių smūgių. Pamėginkime pasitelkti ugdančius žaidimus, protingus paaiškinimus ir kitus puikius būdus, kurių poveikis bus švelnus ir malonus.

Šiandien jau išsiaiškinome dvi mūsų vystymosi kryptis, iš esmės atsidūrėme tragiškoje padėtyje, susidūrėme su visuotine krize. Žmonija nežino, kaip pasirūpinti savimi, ji primena suglumusį, bejėgį vaiką, kuris beviltiškai stovi kambario viduryje ir jaučia, kad jį paliko viena. Krizė apima visas sritis: šeimą, išsilavinimą, kultūrą, santykius tarp vaikų ir tėvų, narkotikus, skyrybas, mokslą, ir svarbiausia – ekonomines bei finansines sistemas. Be to, išgyvename ekologinę krizę, net neįsivaizduodami, kokie kataklizmai mus užklups artimiausioje ateityje.

Ar galime viską sutvarkyti? Ar galime vystytis maloniau ir sparčiau?

Matome, kad viskas priklauso nuo aplinkos. Taip pat matome, kad iš tikrųjų galime sukurti sau tokią aplinką, kuri pagreitintų mūsų raidą.

Tūkstantmečiai praėjo, kol išradome vaikui tiek priemonių: žaidimus, kompiuterius, muziką, šokius, įvairiausius būrelius, baseinus... O juk reikėjo suprasti, kad to imtis verta. Tad galbūt žmonių visuomenei reikia išjudinti tą pačią schemą?

Žinome, kad, norint paspartinti vystymąsi, reikia specialios įrangos. Pavyzdžiui, nelaukiame, kol višta išperės viščiuką, o dedame reikiamą kiekį kiaušinių į inkubatorių, nesitikėdami gamtos malonių.

Vadinasi, galime ir sau parūpinti tinkamą, greitą vystymąsi, nelaukdami smūgių kelyje. Galime augti kaip geras berniukas šeimoje, kuri jam laiku suteikia reikiamų dalykų kiekviename etape. Toks vaikas nežino, kas yra bėdos, ir auga su džiaugsmu.

Visa mūsų problema – suprasti, kaip galime išugdyti šiuolaikinį žmogų. Taip pat matome ir sprendimą, kaip išeiti iš šiuolaikinės, visuotinės krizės.

Viena vertus, apimame visą pasaulį, kita vertus, tai jau grėsminga būsena, iš esmės rodanti mūsų raidos trūkumus. Šiandien pastebime, kad visiškai priklausome vieni nuo kitų. Tai rodo visi tyrimai. Ir iš esmės mūsų negebėjimas susivienyti yra visų bėdų šaltinis. Mes patys apsunkiname sau gyvenimą, patys atimame iš jo tikrumą ir patys į jį įnešame baimės ir apribojimų. Kažkas trukdo mums reikiamai susijungti. O juk susijungę tarpusavyje atsikratytume didžiosios dalies bėdų.

Tuo galime įsitikinti pažvelgę į raidos kelią. Keičiantis kartoms gausėjo gyventojų Žemėje, gerėjo išsilavinimas, vystėsi kultūra, pramonė, gerėjo bendradarbiavimas,

Antrasis skyrius

stiprėjo tarpusavio priklausomybė ir t. t. Bet šiandien mūsų priklausomybė pasireiškia ne užmokesčiu, uždarbiu, bankų sistemomis ir verslu. Mes priklausome vieni nuo kitų dėl žmogiškojo veiksnio: negalime užmegzti tarpusavio ryšio, o kai jo trūksta, jaučiame netikrumą. Mes lyg sutuoktiniai, kurie negali susigyventi tarp keturių sienų. Išsiskirti negalime, nes kito Žemės rutulio nėra.

Taigi patirtis ir tyrimai rodo, kad pati geriausia mūsų vystymosi forma – tai vienybė, kaip kad tarp poros įsimylėjusių balandėlių. Jeigu žmonija galės susivienyti, ji bus laiminga.

Tokiu atveju aišku, ką mums reikia daryti. Turime sukurti sau aplinką, kuri mus mokys, kaip tinkamai susijungti. Taip prilygsime tam protingam berniukui, kuris, suprasdamas, kad turi tinkamai augti, kuria sau atitinkamą aplinką. Tarkim, užsuka pas kaimynus ir sako: „Duodu jums pinigų, kad pradėtumėte demonstratyviai vieni su kitais vienytis ir rodytumėte man savo sutelktumą. Traukite mane į savo vienybę, apsimeskite kaip aktoriai, vaidinantys pjesę apie laimingą gyvenimą. Žinau, kad matydamas tokius pavyzdžius augsiu gerai ir tinkamai. Taip jūsų padedamas noriu ištraukti save iš dabartinės būsenos."

Kitas pavyzdys: nesipriešinu mokomas muzikos, bet, kita vertus, ypatingų norų neturiu. Man reikia „vilkiko" – aplinkos, kuri trauks mane į priekį magindama puikiomis pasirinkto kelio perspektyvomis. Tada einu pas muzikantus ir moku jiems už tai, kad jie ateitų pas mane pasibūti, grotų, kalbėtųsi apie muziką, ką nors kurtų man stebint... Visa tai daro man įspūdį ir aš suprantu, kad muzika – tai didis, gilus ir itin svarbus menas. Kas kad jiems sumokėjau, jie vis tiek mane užburia „sferų harmonija".

Taip aplinka padeda man augti einant geru keliu. Net jeigu priemonės apgaulingos, rezultatas visiškai tikras.

Svarbiausia čia – visuomenė. Šią visuomenę galiu susikurti pats, bet, be abejonės, ją man gali sukurti protingi žmonės, mokantys taikyti šią priemonę. Pasaulyje yra daugybė mokslininkų ir specialistų, išmanančių žmonijos raidą, tiesiog reikia padėti jiems išgirsti, ką jie sako. O kalba jie tą patį – mums reikia apsupti save tokia visuomene, kuri mus visus tinkamai veiks. Tada įgausime teisingą kryptį ir eisime geru keliu vystydamiesi pakopa po pakopos. Mes „suskubsime" patys, kol nelaimės ir bėdos mus užklups ir privers tai atlikti spausdamos iš užnugario. Arba, kitaip tariant, greitai išsiperėsime savo „inkubatoriuje", kuriame esame ruošiami naujam, nuostabiam pasauliui.

Tobulumas – tai,
kas priešinga krizei

Turime nuostabią galimybę. Žvelgdami į tūkstantmetę žmonijos raidą, galime suprasti, kokia mūsų problema šiandien ir kaip ją išspręsti, nelaukiant papildomų sufleravimų ir niuksų. Galime paklausyti protingų žmonių, rodančių mums, kokios geros aplinkos reikia, kad ji idealiai mus augintų, švelniai vesdama nuo etapo prie etapo geru ir lengvu keliu.

Ką gi man duoda aplinka? Padedamas geros aplinkos imu įžvelgti savo prigimties blogį: pasirodo, aš egoistas ir nenoriu vienytis, aš tinginys, ir iš esmės esu abejingas savo paties tobulėjimui. Esu sukurtas taip, kad nenoriu vystytis. Iš čia ir suprantu, kad aplinką turiu padaryti dar geresnę.

Taip ir dykaduoniui, patekusiam į sporto komandą, reikia dar stipresnio poveikio, kad jį nuolatos trauktų, uždegtų, išstumtų į žaidimo epicentrą, aikštelės vidurį ir pan.

Išeitų, jog mums reikia ne šiaip aplinkos, o „rūpestingos mamos", kuri prižiūrės kiekvieną, kad niekas netingėtų ir kad neatsidurtų už šio mūsų „žaidimo" ribų. Maži vaikai žaisdami auga, tampa protingesni, stipresni, – lygiai taip ir mes žaisdami grupėje, kuri veda mus pirmyn, geruoju keliu pasieksime savo tobulumą. Perėję visas krizes, susikursime gerą gyvenimą.

Taigi mums būtina visuomenė, aplinka, kuri žais su mumis kaip su mažais vaikais. Kas mums parūpins tokią aplinką? Išminčiai, išmanantys kelią, visai kaip mažylio tėvai. Tegu jie sukuria tinkamą aplinką, kad ji veiktų mus. Šioje aplinkoje bus paslėpta mano būsima forma ir įsiliejęs į aplinką atitinkamai keisiuosi. Taip pagreitinu savo vystymąsi. Juk priešais save turėsiu pavyzdį, kuris dar ir patrauklus, ir, žinoma, stengsiuosi patekti tos formos vidun keisdamasis.

Tobula žmonijos raidos forma priešinga visoms krizėms: be skyrybų, visi gyvena laimingai, vaikai neatsiskiria nuo tėvų, viskas darniai sutvarkyta. Šalis, tautas, visą žmoniją sieja geri santykiai. Nėra baimės ir karų, nėra ginklų ir terorizmo, nėra narkomanijos ir t. t.

Todėl sukurkime tokią šviečiamąją aplinką, kad ji mus veiktų. Man reikia jos vertybių. Tegu ji įtikina mane, „suformatuoja" mane, kad tapčiau toks, kaip ji.

Antrasis skyrius

Kaipgi to pasiekti? Galbūt tai bus virtuali aplinka. Juk mes visi turime prieigą prie interneto. Galbūt ta aplinka bus žiniasklaida, mat iš jos perimame vertybes.

Galbūt tą aplinką reikia formuoti ne suaugusiesiems, o tik vaikams – vaikų darželiuose, mokyklose, kad taip išauklėtume augančią kartą. Galbūt verta paliesti ir suaugusiuosius, jei jau pasaulyje didėja bedarbių gretos. O galbūt tėvai nežino, kaip auklėti savo atžalas, jiems skauda širdį matant, kas vyksta su vaikais. Tokiu atveju jie džiaugsis mokydamiesi, tarkim, per specialiai parengtas televizijos laidas ir serialus. Tai jiems bus pavyzdys, ir jie įstengs paveikti vaikus.

Juk kuo aukštesnis išsivystymo lygmuo, tuo kraštutinesnės ir priešingesnės tobulumui būsenos laukia kelyje finalo link. Dabartiniame, paskutiniame etape turime patys išugdyti save, ir čia mūsų laukia itin dramatiškos būsenos.

Iki šiol Gamta stūmė mus pirmyn ir negalėjome vystytis savarankiškai, sąmoningai dalyvauti savo raidos procese, bent jau kažkaip veikdami jos spartą ar formą. Tačiau nūnai ir sparta, ir forma priklauso nuo to, kaip įsisąmoninsime būsimuosius etapus ir kiek stengsimės juos pasitikti.

Štai todėl ir prasidėjo globali, mūsų vystymąsi sustabdžiusi krizė. Mes stoviniuosime vietoje tol, kol suprasime, kad kiekvieną kitą etapą turime sutikti įsisąmoninę, koks svarbus būsimas vystymasis. Nuo šiol nebegalėsime vystytis instinktyviai kaip anksčiau. Kiekviename etape iš mūsų reikalaujama didesnio įsisąmoninimo. Tai ir yra žmogiškasis raidos lygmuo: mano viduje bręsta kažkas naujo – Gamtos, sistemos, tikslo (jis priešais mane ir jį pasieksiu) supratimas.

Aišku, iš pradžių visa tai atrodo lyg plačiosioms masėms neaiški filosofija. Tačiau reikia vis aiškinti, per daugybę pokalbių mėginant „sugromuliuoti" šiuos dalykus.

Pamažu žmonės supras, apie ką kalbama. Ir nesvarbu, kad pamirš, ši informacija vis tiek liks, tartum kažkada perimta, suprasta pakopa. Tai dar netapo jų „medžiaga" ir todėl ji pasimiršta, tačiau jiems jau pavyko suprasti, šį tą išmokti ir su tuo sutikti. Tai jie savo viduje jau turi.

Mokomės žvelgti naujai

Svarbu prisiminti, kad dabartiniame, paskutiniajame žmogiškosios raidos etape rūgštus, žalias vaisus turi tapti saldus, rausvas ir kvapnus. Visa tai suteikia vaisiui mylinti gamta. Mus vystanti gamta it motina, besirūpinanti mažyliu. Mes turime pajausti tą pačią meilės ir davimo jėgą, atsakyti tuo pačiu, pasiekti visuotinę vienybę tarp mūsų ir vienybę su Gamta apskritai.

Tai pasiekti galima tik įsisąmoninus, supratus, pajautus, kaip ši raida veikia mus. Negalime žmogui pažadėti gero gyvenimo, kol jis lipdamas supratimo ir pajautimo pakopomis nepakils virš savęs – tokio, koks gimė. Jam būtina įsisąmoninti, būtina žinoti, kokiame pasaulyje gyvenąs. Jam būtina atskleisti visą Gamtą.

Kol kiekvienas žmogus netaps protingesnis, kol nesužinos, kam ir kodėl gimė, kokį tikslą turėdama Gamta jį veda į tikslą – tol žmonija trypčios vietoje ir kentės nuo negandų.

Kaip mokykloje mokėmės istorijos, geografijos, botanikos, fizikos, taip pat apie žmonijos istoriją ir kitas bendras globalias temas, taip ir dabar pratęsime šį mokymąsi. Juk nepakeisi savęs nesuprasdamas proceso, neįsisąmonindamas, kad priklausai nuo kitų. Visai nebūtina tapti dideliu specialistu, bet turi tai žinoti bendrais bruožais. Baigus mokyklą joje įgytos žinios pasimiršta, bet lieka bendras įspūdis apie istorijos procesą, apie geografiją, biologiją ir kt. Vienaip ar kitaip, tai, ką išgirdai, pasilieka tavyje.

Šiuo atveju lygiai taip pat. Tik dabar tiri kitus vystymosi etapus. Iš esmės tave moko to, kas šiandien būtina, – kaip gerai gyventi. Nieko nereikia mokytis atmintinai, nes vėliau bus praktiniai užsiėmimai aplinkoje: tu veiksi ją, o ji tave, ir jūs pradėsite sutarti tarpusavyje.

Tačiau tau vis dėlto būtinos tam tikros bendrojo išsilavinimo pamokos apie naująjį pasaulį, naują visuomenę, naują požiūrį į žmogų ir aplinką.

Apsisupk gėriu

Gamta veda mus į tobulą būseną. Iki šiol pirmyn ėjome verčiami, privalomai. Nuo šiol galime tobulėti tik įsisąmoninę, kaip vystomės.

Nuo šiol galime pagerinti, pasaldinti ir pagreitinti savo vystymąsi pasitelkę aplinką. Vaikai ir suaugusieji visada vystosi per aplinką. Anoniminių alkoholikų grupės, gyvūnų gynėjų judėjimai, lieknėjimo kursai – visa tai grįsta aplinkos poveikiu žmogui. Tad ir čia teks elgtis taip pat.

Antrasis skyrius

Augdami geroje aplinkoje būsime it klusnūs vaikai, be to, taip padėsime savo vaikams užaugti gerais žmonėmis. Galiausiai žmonija neturi kitos problemos – tik sukurti gerą aplinką.

Visi tėvai džiaugtųsi galėdami atvesti savo vaikus į tokią aplinką, kur sklinda šiluma, tvyro geri santykiai, kur vaikus moko vienybės, o ši teikia tikrumą ir leidžia nesibaiminti bėdų, kančių, pasipūtimo bei kitų žmogaus prigimtyje slypinčių negerovių. Toje aplinkoje nieko tokio nėra – tai iš tiesų gera aplinka, suteikianti žmogui minkštą dirvą, kad jis galėtų augti ir vystytis.

Ir tuomet jis „atsiveria", įstengia suvokti, „sugerti", nesijaučia, kad ginasi, kad esąs priešiškoje aplinkoje. Mes, suaugusieji, ir patys nesuprantame, ką reiškia būti geroje aplinkoje – juk taip jaučiasi mažylis, būdamas ant mamos rankų ir jausdamas tik ją. Tik toks pojūtis jam suteikia jėgų augti.

O mes taip nesijaučiame, todėl ir sustojome susidūrę su visuotine krize. Visose srityse, kuriose mums anksčiau sekėsi, daugiau nebeįstengiame pasistūmėti pirmyn. Priešingai – gresia nuopuolis.

Krizė, viena vertus, gali pasirodyti kaip katastrofa, kita vertus, – kaip naujas gimimas, tačiau viskas priklauso nuo to, kaip ją išnaudosime. Juk pats žodis „krizė" kilo iš senosios graikų kalbos (κρίσι) ir etimologiškai reiškia sprendimą, posūkio tašką, t. y. kažko naujo atsiradimą. Kinų kalboje žodis krizė (危机) susideda iš dviejų hieroglifų, kurių vienas reiškia „pavojingas", o kitas – „galimybė". Hebrajų kalba „krizė" (משבר) reiškia vietą, kurioje gimsta naujas gyvenimas[2].

Apskritai kalbant, turime paaiškinti žmogui, ko jam reikia, kad jis būtų laimingas. O reikia jam geros aplinkos. Esant gerai aplinkai, mums visiems bus gera gyventi. „Aš jaučiuosi užtikrintas, turiu draugų, visas pasaulis gerai su manimi elgiasi ir linki man tik gero. Visi rūpinasi manimi, ir aš rūpinuosi visais. Mes gyvename pasaulyje, kuris visas persmelktas šiluma, tikrumu, gerumu. Jis visas – meilė."

---

[2] Senovės hebrajų kalboje šis žodis reiškė „gimdymo akmenis", į juos moteris remdavosi gimdydama, *vert. pastaba.*

Trečiasis skyrius

Evoliucijos lūžio taškas

Evoliucionuodama žmonija keitėsi iš kartos į kartą ir per savo raidos tūkstantmečius virto globalia, integralia visuomene. Ji turi žinių, galių, proto, jautrumo ir didžiulių anksčiau neturėtų galimybių.

Šiame kelyje teko susidurti su daugybe išbandymų, kurie ne visada buvo lengvi ir mieli, tačiau galiausiai šis kelias atves mus į tobulą būseną. Kas, kad nematyti pabaigos, juk dar nebaigėme tobulėti, bet tikėsimės, jog greitai pajausime tą

Trečiasis skyrius

tobulumą. Pamėginkime suprasti, kaip reikia elgtis dabar, kad vėliau užsitikrintume gerą, malonų, lengvą vystymąsi, atvesiantį mus į šviesų ir saugų rytojų, į klestintį ir laimingą gyvenimą.

Iki šiol vystėmės ir patyrėme įvairias būsenas, negalėdami jų valdyti. Be abejo, stengiamės pakeisti savo gyvenimą, kad jis taptų dar patogesnis, tobuliname visuomenę, šeimą, švietimą, kultūrą, tarpusavio santykius. Visada siekiame patogesnės ir mielesnės būsenos, juk iš esmės mus veda tik noras mėgautis gyvenimu ir šį norą siekiame iki galo patenkinti.

Būtent šis troškimas vertė mus pamažu vystytis ir siekti vis daugiau, pasitelkiant visas savo turimas priemones. Norėdami pagerinti savo gyvenimą, buvome priversti plėtoti mokslą, tirti gamtą, kad kuo daugiau iš jos išpeštume. Mokėmės iš gamtos, ėmėme iš jos pavyzdį, kaip kurti, tvarkyti savo gyvenimą, siekėme pažinti jos dėsnius, kad apsigintume nuo pavojų.

Pavyzdžiui, mums buvo svarbu žinoti, kokio oro tikėtis, kokios sąlygos laukia žiemą ir vasarą, kas vyksta skirtingais metų laikais, kokių vaistų, gydymo mums gali prisireikti, kaip palengvinti namų ūkį – taip sukūrėme skalbykles, džiovykles ir kitą buitinę techniką.

Kitaip tariant, pirmiausia rūpinamės, kaip susikurti jaukią gyvenamąją aplinką, drauge stengiamės išvengti kančių – tiek menkų asmeninių, tiek didžiulių globalių, o kai įmanoma, net siekiame malonumo, iš kiekvienos būsenos pačiais įvairiausiais būdais išspausdami didžiausią pasitenkinimą.

Vystomės spaudžiami vidinių prigimtinių instinktų. Kas sekundę, kiekviename etape kiekvienas žmogus patiria kokį nors naują viliojantį norą. Elgiamės it maži vaikai, godžiai stveriantys viską, ką matome aplink. Jeigu stebėtume save, išvystume, kad elgiamės lygiai taip pat: tai mums valgyti, tai gerti, paskui miegoti ar pažiūrėti įdomią laidą. O ryte nieko nebepadarysi – tenka pėdinti į darbą.

Iš kurgi atsiranda tie, kas akimirką besikeičiantys norai?

Dalis jų – tai fiziologiniai kūno poreikiai: kūnui reguliariai reikia maisto, miego, malonumų – pagrindinių instinktų, be kurių neįmanomas gyvo organizmo gyvavimas.

Be to, mes – žmonės, ir greta įprastinio, žemiško, net, galima sakyti, gyvūninio gyvenimo mums reikia tam tikrų „žmogiškųjų" vertybių: pinigų, valdžios, šlovės, žinių, kultūros, išsilavinimo, religijos, dar kokių nors dirbtinių malonumų, kurie ne mažiau svarbūs nei maistas, seksas, šeima.

Esame pasirengę aukoti didelę dalį „gyvūninių" malonumų, kad šio to pasiektume švietime, kultūroje, moksle. Yra žmonių, kurie pasirengę aukotis dėl pinigų, garbės, valdžios. Jie beveik nekreipia dėmesio į savo įprastinį gyvenimą ir visas jėgas atiduoda trokštamam tikslui pasiekti. Kiekvienas iš mūsų tam tikru mastu jaučiame visus šiuos norus ir stengiamės juos patenkinti pagal savo galimybes. Nuo aplinkos ir auklėjimo priklauso, kokius tikslus išsikels žmogus ir kokia kaina mėgins jų pasiekti.

Gimęs su mobiliuoju rankoje

Supanti aplinka lemia, kiek išsivystys žmogaus norai ir kurie iš jų bus svarbiausi: natūralūs, kūniškieji ar „žmogiškieji". Aišku, jei tėvai dar nieko nesuprantantį vaiką atveda į aplinką, kur labiausiai vertinamas mokslas, tai jis iš aplinkos perima mokslo svarbą ir pagarbą jam. Ir nors iš prigimties ne itin linko į mokslą, bet veikiamas aplinkos tobulėja ta kryptimi.

Vadinasi, aplinka gali pakeisti visą mūsų prigimtinių polinkių pusiausvyrą – vienus polinkius vystydama labiau, kitus mažiau. Pavyzdžiui, mano tėvai labai norėjo, kad kuo labiau išlavinčiau savo gebėjimus, todėl parinko man įvairių būrelių. Tad sportavau, vėliau buvau atiduotas į muzikos mokyklą, čia susipažinau su klasikine muzika, kurią iki šiol vertinu, mėgstu ir suprantu labiau nei kitus muzikos žanrus.

Teatrui mano tėvai didelės reikšmės neskyrė, tai ir aš juo ne itin domiuosi, o štai mokslas, technika jiems buvo labai svarbūs, man – taip pat. Turėjau vidinį polinkį mokytis, todėl pats lankiau būrelį, kuriame gilinomės į fiziką ir astronomiją. Ši veikla mane labai traukė, jai skyriau daug laiko ir jėgų.

Taigi mažo žmogaus tobulėjimas priklauso nuo aplinkos poveikio, nuo joje esančių galimybių. Galiausiai kai kurie gebėjimai ugdomi labiau, kiti mažiau ar visai neugdomi. Vadinasi, žmogus turi itin ribotą valios laisvę...

Be to, žmogus nešasi visą praėjusių gyvenimų patirtį ir informaciją apie visą žmonijos raidą. Kaskart gimdamas vis šiuolaikiškesnėje visuomenėje, kūdikis

Trečiasis skyrius

nepradeda viso kelio nuo nulio. Kiekviena karta turi naujų gebėjimų, informacinių genų, dėl kurių vystosi.

Šiandien tai ypač lengva pastebėti. Pažvelkite į savo vaikus: jie kur kas sparčiau nei mes susigaudo visose naujovėse, tarsi jau būtų gimę suprasdami, tarsi turėtų savybių, kurios būtinos, norint suvokti šiuolaikinį pasaulį. Mažas vaikas akimirksniu supranta, kaip elgtis su mobiliuoju telefonu, kompiuteriu, visais šiuolaikiniais prietaisais.

Matant, kaip lengvai vaikai gaudosi naujame pasaulyje, tampa aišku, kad tikriausiai egzistuoja informaciniai genai, kurie vystosi ir yra perduodami iš kartos į kartą.

Tai vadinama gyvenimų ciklais, ir nėra čia jokios mistikos. Tiesiog mes visi tarpusavyje susiję, esame bendrame lauke. Tai panašu į bet kuriame Žemės rutulio taške veikiančius gravitacinius ar elektromagnetinius laukus – lygiai taip pat egzistuoja ir informacinis laukas – minčių, norų laukas, sujungiantis mus virš laiko ir atstumų apribojimų.

Tad nieko stebėtina, kad tame lauke esantys mūsų kūnai sugeria naują informaciją ir taip kita karta gimsta pasirengusi, kad sėkmingai įsilietų į naują gyvenimą, naują epochą.

Ugdyti gėriu

Vystomės veikiami aplinkos. Jei ne ji, vaikas neišaugtų normaliu žmogumi, nepaisant turimų informacinių genų ir visos paslėptos patirties, sukauptos per visą žmonijos raidą. Mums žinoma, kad jei per tragiškas nelaimes pasimetę miške vaikai užauga tarp žvėrių, jie įgyja gyvūnų pavidalą, ligas, mintis ir norus. Jie netgi gyvena tiek, kiek juos supantys gyvūnai – taip jų kūnas prisitaiko prie tokio gyvenimo būdo.

Tai rodo, kaip mūsų kūnas priklauso nuo visuomenės, kurioje vystomės. Žmogus – itin lanksti būtybė.

Greta žmogaus dešimtis tūkstančių metų gyvenantys gyvūnai (katės, šunys) nepasiduoda taip stipriai veikiami. Be abejo, jie priprato prie žmogaus ir neišgyventų miške kaip laukiniai žvėrys. Jie tapo naminiai, įgijo kitą, paveldimą charakterį, kitokį santykį su žmogumi. Ir visgi jie nepasiduoda taip lengvai veikiami kaip žmogus, kuris, patekęs į naują aplinką, gali stulbinamai pasikeisti, netgi taip, kad apsivers jo gyvenimas. Palyginti su gyvūnais (kurie nelabai keičiasi priprasdami gyventi šalia žmogaus), žmogus kur kas greičiau netenka žmogiškojo pavidalo ir pripranta prie gyvūnų gyvenimo.

Visiškai priklausome nuo aplinkos. Tad ugdant pagal integralaus ugdymo programą ypatingą dėmesį reikia skirti aplinkai – kaip pagrindiniam lavinančiam veiksniui, kuris lemia žmogaus ateitį. Keisdami savo aplinką, keičiame savo charakterį, norus, požiūrius, visą gyvenimo paradigmą. Tad reikia būti labai atsargiems, gerai apgalvoti, patikrinti, pasverti, į kokią aplinką patenkame, su kokiais žmonėmis leidžiame laiką, į kieno rankas save atiduodame.

Taigi žmogus – savo aplinkos produktas, todėl mums nepaprastai svarbu visai žmonijai sukurti gerą, teigiamą visuomenę: kad būtų galima pasirinkti, kad kiekvienas galėtų rasti sau tinkamiausią pagal polinkius, charakterį, artimųjų patarimus.

Kad vaikas tobulėtų ir darniai augtų, vystytųsi, tokį pasirinkimą turėtume užtikrinti nuo vaikų darželio ir tęsti mokykloje.

Netgi tuos polinkius, kuriems žmogus neturi talentų ir nesugeba daug pasiekti, vis tiek reikia ugdyti, kad kiekvienas turėtų turtingą vidinį pasaulį, išmanytų muziką, literatūrą, teatrą, švietimą. Ir visa tai priklauso nuo aplinkos.

Žmogus privalo turėti šeimą, auklėti savo vaikus, jis turi žinoti, kaip dera elgtis šeimoje, kokie turėtų buti santykiai su draugais, kaip elgtis su nepažįstamais žmonėmis visuomenėje, darbe. Per taiklius pavyzdžius atitinkamoje aplinkoje reikia mokytis, kokių bendrų taisyklių būtina laikytis, kad išvengtume konfliktų ir sukurtume geranorišką atmosferą.

Galima įvardyti du pagrindinius veiksnius, nuolatos vedančius ir kiekvieną gyvenimo akimirką nukreipiančius mus. Pirmasis – tai prigimtinės žmogaus savybės. Antrasis ir svarbiausias – kaip tas įgimtas savybes veikia aplinka.

Tad itin svarbu, ar buvau išmokytas be perstojo rinktis geresnę aplinką, kuri vis labiau mane ugdys, kad įgyčiau didesnio tikrumo, komforto ir gerovės.

Žinant visa tai, verta apibrėžti, kaip savo vaikams galime suteikti gerą gyvenimą, kad kita karta išaugtų geresnė ir tikresnė dėl savo ateities. Tai įmanoma tik tuomet, jeigu savo vaikams sukursime tokią aplinką, parinksime tokius ugdytojus,

Trečiasis skyrius

kurie išugdys ir sustiprins jų geruosius polinkius, o ne itin pageidautinas savybes jie ne nuslopins, bet pakreips į gera.

Taigi svarbiausia – išmokti deramai tarpusavyje sąveikauti: žmogui su aplinka ir aplinkai su žmogumi. Visa kitą mokymąsi galima skirti profesijai įgyti, kad žmogus galėtų būti naudingas visuomenei ir užsidirbtų oriam gyvenimui.

Paversti svetimą savu

Jaunam žmogui, o ir mums, suaugusiesiems, svarbiausia išlavinti tokį požiūrį į gyvenimą, kad suprastume: norėdami pasikeisti į gera, turime pasirūpinti, kaip patobulinti savo aplinką, kuri mus teigiamai veiktų. Pats žmogus savo gyvenimo niekaip negali ištaisyti. Bet jeigu aplinka jį įpareigoja, jeigu jį palaiko, jei keičia jo vertybių sistemą, apibrėždama, kam teikti pirmenybę, tai jis nori nenori išsikels sau naujus tikslus.

Todėl visa žmogaus ateitis priklauso nuo pasirinktos aplinkos, tai ypač aktualu šiandien mūsų globaliame, integraliame pasaulyje. Turime suprasti, kad visuotinė abipusė priklausomybė įpareigoja mus priimti globalaus švietimo (mokymo ir ugdymo) programą. Ir pirmiausia pagal ją turime mokytis mes patys; taip pat turime mokyti kitus, kad visa mūsų ateitis priklauso nuo aplinkos, į kurią patekome.

Ar apskritai žmogus turi kokią nors valios laisvę, ar ką nors renkasi pats? Ar bent ką nors daro savo noru?

Kažkaip nematyti, kad būčiau laisvas. Juk iki šiol vysčiausi veikiamas savo prigimtinių polinkių, o tėvai, vaikų darželis, mokykla, supanti visuomenė formavo mano asmenybę.

Kai būdamas suaugęs nusprendžiu, kad turėčiau pasikeisti, tai galiu atlikti tik per aplinką – rinkdamasis, kur man naudingiau būti, kokiai įtakai atsiduoti.

Vadinasi, turiu pasirinkimo laisvę, bet rinktis galiu tik išorinę aplinką.

Žvelgdami į naująją epochą, kurios duris pravėrėme, galime daryti dar kategoriškesnes išvadas:
- visi žmonės Žemėje susieti nepertraukiamais, visiškos tarpusavio priklausomybės saitais, visi gyvena vienoje aplinkoje;
- vietinės reikšmės veiksmais darome poveikį visam planetos klimatui;

- kažkur toli vykstantys įvykiai kitose vietose sukelia žemės drebėjimus ir cunamius;
- jei kuriame nors regione įsiplieskia karas, jis akimirksniu paveikia visus kitus žmones pablogindamas jų padėtį.

Savaime suprantama, kad nepakanka pagerinti artimiausios aplinkos ar sukurti kokių nors vietinių būrelių, mums reikia pasirūpinti bendru, globaliu, integraliu švietimu. Juk jeigu visi esame susiję, tai ir mūsų švietimas, aplinka (tai mūsų raidos veiksnys, veikiantis visus) turi būti kuriami remiantis tais pačiais principais, leidžiančiais mums vieniems kitus suprasti! Ir nors kiekvienas išsaugo savo individualumą ir asmeninę laisvę, tačiau mums būtina pajausti vieniems kitus, suartėti, juk mes tokie susiję.

Deja, nesuprantame vieni kitų, tarsi gyventume nevykusioje šeimoje, kai abu partneriai skundžiasi, kad yra nesuprasti antrosios pusės. Bet visa tai dėl neatitikimų tarp žmonių, juk ugdant jiems nediegiamos bendros vertybės, nesutampa jų skoniai ir požiūris į gyvenimą.

Pirmiausia reikia išmokti suprasti artimą ir netgi pašalinį žmogų. Be to, tas pašalietis jau nebebus toks svetimas. Jei šiandien pasaulis taip suartėjo ir tapo priklausomas kultūros, švietimo ir ekonomikos srityse, tai, matyt, verta išplėtoti visuotinį, tarptautinį švietimą.

Reikia didžiulės tarptautinės organizacijos, kuri pasirūpintų, kad kiekvienas žmogus pasaulyje savo pasaulėjauta, kultūra, ugdymu, požiūriu į gyvenimą būtų kažkuo panašus, kad turėtų kažką bendro. Tuomet jis bent jau žinos, kaip priimti kitus, žmonės suartės savo požiūriais, skoniais. Pasiekę sutarimo jie galės sukurti ramesnį ir saugesnį gyvenimą.

Tai nebus paprastas susitarimas tarp tavęs ir manęs kokiu nors asmeniniu klausimu, tai darys įtaką lemtingiems tarptautiniams politiniams ir ekonominiams susitarimams; ir taip visi tapsime artimesni vieni kitiems. Visa tai priklauso, kaip visiems organizuosime bendrą švietimo sistemą.

Trečiasis skyrius

Svarbiausias užsiėmimas naujame amžiuje

Neatsitiktinai gamtos sukurta, kad aplinka yra pagrindinis žmogų veikiantis veiksnys ir būtent joje slypi visų mūsų problemų sprendimas. Sakykime, jei kalbėsime apie įstatymams prasižengusius nusikaltėlius, kai, užuot įkalinus juos kalėjimuose ir visiškai izoliavus nuo visuomenės, reikėtų priverstinai, teismo sprendimu, paskirti juos į tokią aplinką, kuri jais pasirūpintų ir juos paverstų naudingais visuomenės nariais.

Mums teliks patikrinti, kaip aplinka paveikė tą žmogų, ir jeigu jau pasitaisė – išlaisvinti jį ir leisti gyventi įprastinėje visuomenėje.

Lygiai taip pat veikiant aplinkai ugdomi vaikai, moksleiviai, suaugusieji. Reikėtų visus tarsi pro tankų rėtį persijoti, tiksliai išsiaiškinus, kas geriausiai tinka kiekvienam, atsižvelgiant į esamą visuomeninę padėtį, amžių, charakterį, polinkius. Turime pasirūpinti, kad kiekvieną žmogų iš visų pusių nuolatos veiktų aplinka, kad jis galėtų tinkamiausiai vystytis.

Išeitų, kad turime universalią technologiją (ji apima įvairius būrelius, profesines sąjungas, asociacijas), kaip daryti poveikį žmogui. Tai leidžia kaitalioti visapusį poveikį, kol žmogus susiformuoja ir tampa autentiškai darnia asmenybe.

Taigi aplinka – tai vienintelis veiksnys, kurį pasitelkę galime ištaisyti visą tą blogį, būdingą žmonėms, žmonijai, mūsų ego! Mums tereikia sukurti tinkamą aplinką pačiomis įvairiausiomis formomis, atsižvelgiant į kultūrinius tautos ypatumus, išprusimo lygį, priimtas tradicijas, mentalitetą. Kiekvienai žmonijos daliai, kiekvienai tautai reikia ypatingo santykio, netgi atsižvelgiant į kiekvieno atskiro žmogaus ypatumus.

Artimiausiu metu žmonija išsivaduos iš visų nereikalingų darbų, ir liks tik tie, kurie tikrai būtini, norint užtikrinti racionalų egzistavimą. Žmogus per dieną dirbs dvi tris valandas, kad užsitikrintų sau normalų gyvenimą, o visas likęs laikas bus laisvas.

Bet tas atsiradęs laisvas laikas mums duotas ne dykaduoniauti, jis skirtas tam, kad pakeistume savo aplinką ir taip paveiktume save bei kitus. Visi dalyvaus kokiuose nors būreliuose, draugijose. Galiausiai aplink kiekvieną susiskurs teigiamo poveikio ratas, kurį sudarys keletas tokių grupių, leisiančių žmogui augti pačiomis geriausiomis sąlygomis.

Tai bus svarbiausias žmogaus užsiėmimas naujame šimtmetyje.

Pasaulis, žvelgiant
per visos žmonijos prizmę

Neatsitiktinai nūnai įsipliesė pasaulinė krizė. Tai ne tragedija, tai teigiamas reiškinys, simbolizuojantis naujos visuomenės, naujos žmonijos gimimą. Būtent dėl krizės imame kilti į naują vienybės pakopą, įgyvendindami visas kiekvieno turimas galimybes. Mes vis glaudžiau jungiamės, randame bendrą sutarimą ir taip iš visos žmonijos formuojame naują „vieno žmogaus" pavidalą.

Visos šio „vieno žmogaus" dalys papildo viena kitą, ir galiausiai žmonija susijungia į vieną, kur ir atskleidžiame vieną vienintelę jėgą.

Kiekvienas iš mūsų liaujasi gyvenęs remdamasis vien asmeniniu savęs paties jautimu, o gyvena visu tuo bendrumu – visų kitų, kurie jam tapo be galo artimi, gyvenimu. Jis supranta ir jaučia juos, sugeria jų mintis ir norus. Jo gyvenimas liaujasi buvęs mažas, paprasto žmogelio gyvenimas; žmogus ima kvėpuoti išvien, bendrai su visa žmonija.

Iš mažos ir silpnos būtybės žmogus išauga į didžiulį milžiną, kuris valdo pačias galingiausias jėgas visoje gamtoje. Taip pradedame jausti gyvenimą iš naujos dimensijos, iš naujo lygmens, pakopos, kuri vadinama „Žmogumi".

Visa mūsų pasaulėjauta, psichologija, požiūris į gyvenimą, pasaulio suvokimas iš siauro, asmeninio, smulkmeniško, egoistinio virsta plačiu ir globaliu. Žvelgdamas pro šiuos naujus, „integralius" akinius, tarsi per visos žmonijos prizmę, pradedu matyti naują pasaulį Ir suprantu, kad manasis gyvenimas priklauso ne tik nuo mano kūno, bet ir nuo visų kitų žmonių. Toks požiūris pakelia mane virš materialaus pasaulio ir atveda į sferą, kur gyvenama ne kūne. Šis psichologinis pakilimas leidžia pasiekti ypatingą būseną.

Visą mūsų raidos procesą galima padalyti į du etapus. Pirmasis – tai kelias, kurį nuėjome iki šiandien, kai vystėmės gana atsitiktinai, tikslingai nenaudodami savo aplinkos.

Tačiau dabar jaučiame, kad neturėdami išeities privalome (veikiami aplinkos) pradėti vystytis tikslingai, griežtai nubrėžta kryptimi. Turime tapti tokie pat globalūs ir integralūs kaip ir visa gamta, o tai įmanoma tik tinkamoje aplinkoje. Tai leis mums būti žmonėmis, padės pakilti virš gyvūninio lygmens į tikrojo žmogaus pakopą. Ir tai antrasis kelias.

Trečiasis skyrius

Integralus ugdymas turi išmokyti mus, kaip suburti tokią aplinką, kad jai padedant būtų galima suformuoti kiekvieną asmenybę ir visą žmoniją apskritai. Todėl aplinka kaip pagrindinis mūsų raidos veiksnys – tai pagrindinė mokymosi ir praktinių užsiėmimų tema. Belieka tikėtis, kad ši metodika bus priimta visame pasaulyje ir padės sukurti gerą gyvenimą, duos puikių vaisių.

Gyvenimas „ne kūne"

Jei atidžiai ir nešališkai paanalizuosime savo „aš", tai suprasime, kad ir šiandien gyvename „ne kūne". Gyvenu tais jausmais, norais, mintimis, kuriuos gaunu iš aplinkos. Nors jie ir yra manyje, tačiau jie ne mano, jie perimti iš išorės.

Išeitų, kad gyvenu tarsi ne savo kūne, vadovaujuosi ne jo nuostatomis, o supančios aplinkos nuomone: man buvo įpiršta, kaip galvoti, kaip gyventi, kaip jausti, kuo užsiimti. Aš netgi neįsisąmoninu, kaip skirtųsi mano pasaulio suvokimas, jeigu būčiau atsiskyrėlis miške. Aplinka nulemia mano požiūrį į pasaulį, priverčia žiūrėti į jį taip ir ne kitaip.

Ir tai gali sukelti nemažų problemų. Juk jeigu žmogus užaugo tokioje aplinkoje, kur priimta „ėsti" vienam kitą, žudyti ir be gailesčio išnaudoti, tai jis tokį elgesį laikys norma. O kitas mano, kad tai siaubinga, ir visiškai kitaip žiūri į gyvenimą: į gyvūnus, žmones, patį save, savo šeimą ir visą pasaulį.

Gyvename tokioje pasaulio suvokimo matricoje, kurią sukūrė supanti aplinka per visus mūsų raidos metus, versdama būtent taip žvelgti į pasaulį. Lankydamas kitas šalis kartkartėmis susimąstau, kaip skiriasi žmonių mąstymas. Nors mūsų laikais taip būna vis rečiau, nes visi tampame panašūs, ypač didmiesčių gyventojai...

Kartais matai, kad žmonės mano kitaip ir laikosi kitų vertybių. Dėl to jų požiūris į gyvenimą visiškai kitoks, jie mato ne tai, ką matau aš, ir svarsto kitaip. Galima pasigilinti į istoriją ar palyginti šalių įstatymus, skirtingas kultūras, kad įsitikintume, kokie mes skirtingi. Nevienodai suvokiame istoriją, žmogiškąjį gyvenimą, gėrį ir blogį, skiriasi egzistavimo tikslas, išsvajoto gyvenimo etalonas.

Vieni mano, kad geras gyvenimas – tai dykaduoniavimas daugybės tarnų apsuptyje, kiti mano priešingai – gyvenime reikia aukotis dėl mokslo ir svarbių atradimų. Yra daugybė požiūrių ir jie gali būti visiškai priešingi. Kaip matome, visa bėda ta, kad nesuprantame vieni kitų.

Pagrindinė moters pretenzija vyrui: „Tu manęs nesupranti!" Ir tai iš tiesų taip, nes mes nebuvome ugdomi, kaip elgtis su priešinga lytimi. Mūsų apskritai nemokė, kaip gyventi šeimoje.

Mokykloje manęs nemokė suprasti moters prigimties, ir aš neįsivaizduoju, kas yra moteris – kažkokia keista būtybė, kuri gyvens su manimi. Pasirodo, ji turi savo poreikių, savo charakterį. Net nenutuokiau, kuo skiriasi vyriškas ir moteriškas požiūris. Tai visiškai kitoks pasaulis, nejau ją supratau? Ar apskritai norėjau ją suprasti? Ar atsižvelgiau į jos nuomonę?

Kadangi jaunuolis nėra supažindinamas su vidiniais moteriškojo mąstymo, suvokimo, požiūrio į gyvenimą modeliais, jis nepajėgia paisyti moters.

Jungdamiesi atsitrenkiame vienas į kitą tartum titnagas, pasipila žiežirbos. Tik po daugybės smūgių pamažu apsitriname ir mokomės gyventi vienas šalia kito. Tačiau neįstengiame iš tikrųjų suprasti, prasiskverbti į svetimus jausmus ir mintis.

Tai didžiulis mūsų švietimo trūkumas. Apie tai liudija skyrybų ir nenorinčių kurti šeimos žmonių skaičius.

Lygiai taip mūsų nemokė, kaip auklėti vaikus, kaip elgtis su jais. Kartais tėvai taip žiauriai elgiasi su vaikais... Pats pajaučiau iš savo gyvenimiškos patirties būdamas šalia vaikų, kaip jų nesuprantu. Manęs nemokė būti tėvu, kitaip tariant, neruošė, kaip būti ugdytoju, kuris formuoja, kuria vaiką, išleidžia jį į gyvenimą. Mums neišugdė tokių pojūčių ir supratimo.

Pažiūrėkite, juk mes vystėmės atsitiktinai tūkstantmečiais iki pat šiandien. Psichologija, mokslas apie žmogų, žmogiškąją prigimtį, jo vidinį pasaulį, atsirado vos prieš šimtą metų. O iki tol apskritai negalvota, kad reikia specialiai mokytis žmogaus psichologijos. Pakako to, kad žmogus pats tobulėjo, atsitiktinai...

Tik dabar atsidūrėme padėtyje be išeities ir turime tirti žmogų, visuomenę, kad žinotume, kaip pasiekti stabilumą ir ką daryti su savo gyvenimu.

Tai anaiptol ne kažkoks mistiškas, nekūniškas gyvenimas. „Gyvenimas kūne" reiškia, kad iš išorės gauname požiūrį į pasaulį, vertybes ir matome pasaulį svetimomis akimis. Tik dėl to įstengiame suprasti vieni kitus ir būtent to mums reikia išmokti.

Trečiasis skyrius

Kaip nepaprasta vyrui pažvelgti į pasaulį moters akimis... Bet kiekvienas iš mūsų gyvena šeimoje ir kažkaip turi su ja sugyventi, kitaip tiesiog išmirsime, išnyksime kaip dinozaurai. Todėl privalome gyventi kartu, gimdyti ir auklėti vaikus, o tam reikia suprasti priešingos pusės psichologiją, kad ne tik susigyventume, bet ir mėgautumės gyvenimu. Mes sukurti taip, kad vienydamiesi tarpusavyje atskleidžiame antrąją pasaulio pusę.

Iki šiandien vysčiausi tik egoistiškai vedamas savo kūno poreikių, siekdamas kuo daugiau nugriebti sau, kad užsipildyčiau ir mažiau paisyčiau kitų žmonių nuomonių, požiūrių, interesų. Bet dabartinė krizė verčia mane pažvelgti iš artimo žmogaus pozicijų, jo akimis, suprasti jo vidinį pasaulį. Vadinasi, tarsi išeinu iš savęs ir susijungiu su kitais. Taip įgyju viso pasaulio galimybes, visas žmonių mintis ir norus. Aš prilygstu visai žmonijai, tartum išeičiau iš savo asmeninio kūno ir pajausčiau visą pasaulį.

Čia priešais mus atsiveria išėjimas į naują erą – galimybė jausti visiškai kitaip. Užuot tikrovę suvokę ir jautę asmeniškai, siaurai, galime įgyti bendrus pojūčius ir supratimą, sulipdytą ir visos žmonijos patirties.

Jeigu suartėju su kitais ir gaunu ypatingą ugdymą tokioje plačioje turtingoje visuomenėje, tai įgyju įvairialypį požiūrį į gyvenimą, kupiną begalinės jausmų ir nuomonių įvairovės. Tai ne tik mano paties požiūris, bet ir tavasis manyje, ir jo, ir kitų – taip aš susirenku visus įspūdžius ir matau gerokai turtingesnį ir daugiau apimantį vaizdą nei šiandien.

Tai ir yra gyvenimas ne kūne, kitaip tariant, už mano šiandienio egoizmo ribų.

Įsilieti į pasaulinį protą

Gebėjimas jausti pasaulį per visus kitus žmones kiekvienam leidžia išplėsti savo pasaulio suvokimą – ir jausmuose, ir prote.

Jeigu susijungiu su visais kitais, jų mintis ir pojūčius priimu kaip savus, tai mano galimybės padidėja daug kartų. Juk suvokimo gelmė priklauso nuo to, kiek detalių pastebiu, ir nuo mano gebėjimo tas atskiras detales atskirti, kad paskui būtų galima sujungti į išsamų pasaulio vaizdą – kaip mozaiką.

Psichologiškai tai visiškai naujas suvokimas, naujas pasaulis – jis daugiamatis, daugialypis, ne toks, kaip mano ankstesnis „plokščias" suvokimas.

Vienydamasis su kitais atskleidžiu žmonijoje veikiantį kuriantį protą, aš suvokiu ne šiaip visų minčių ir pojūčių sumą, bet bendrą iš gamtos kylantį jausmą ir protą. Įgyju galimybę atverti pačios gamtos širdį ir protą, gamtos, iš kurios kilo ir išsivystė visas šis pasaulis.

Kas yra mano asmeninis gyvenimas? Tai rūpinimasis savo kūnu, kad jis galėtų kuo patogiau gyvuoti jam skirtą laiką.

Mūsų dabartinė raida – nuo rūpinimosi savo kūnu pakilti prie bendro rūpinimosi visais. O toks rūpinimasis suteiks man visiškai kitokius norus, kurie nėra mano kūne ir todėl vadinamus nekūniškais. Daugiau nebeišskiriu kokio nors siauro gamtos aspekto, kad gaučiau naudos kūnui ar jam nepakenčiau. Kūnas nori miegoti, valgyti, nugriebti šiek tiek malonumų iš gyvenimo – daugiau tuo nebegyvenu, egzistuoju nepriklausydamas nuo savo kūno, mano suvokimas remiasi bendru visos žmonijos protu ir jausmu.

Tai visiškai naujas lygmuo, palyginti su šiandieniniu. Šiandien, šiame pasaulyje, aš, žmogus, esu tiesiog išsivystęs gyvūnas, mažumėlę lenkiantis visus kitus. Ir dar neaišku, ar tai, kad pralenkėme gyvūnus, mums į naudą.

Įsiliedamas į visą žmoniją pasiekiu naują, aukštesnį lygmenį. Kokybiškai keičiu savo šio pasaulio suvokimą, juk jau žiūriu į jį ne per savo egoistinį filtrą, leidžiantį matyti tik tai, kas naudinga ar žalinga man pačiam. Gyvenu šiame naujame pasaulyje, ir jis man tampa tikruoju pasauliu. Tada atskleidžiu protą ir jausmą, kurie egzistuoja ten, tame šviesiame pasaulyje – ne mano kūne, už požeminio kalėjimo, iš kurio man pavyko ištrūkti, sienų.

Šiuolaikiniai tyrimai patvirtina, kad pasaulis visiškai ne toks, kokį manėme jį esant, ir dabar vis dar negalime prasibrauti iki tiesos. Atskleidžiame tik užuominas, kas galėtų egzistuoti už mūsų pasaulio ribų – panašiai kaip tamsioji kosminė medžiaga ar juodoji medžiaga. Mums žinoma, kad ji yra, bet negalima jos aptikti, nors ta materija sudaro devyniasdešimt nuošimčių visos Visatos.

Mokslininkai, ypač tie, kurie užsiima kosminiais tyrimais, pripažįsta, kad Visata duoda suprasti apie joje slypintį didžiulį protą ir jausmus, bet mes negalime to pajausti. Tai tarsi negirdimi mūsų garsai, kurie mus pasiekia kaip silpnas šnabždesys. Juk tai kita dimensija, aukščiau mūsų, ir norint ją atskleisti, mums būtini nauji jutimo organai – globalūs. Gamta mus į tai veda.

Trečiasis skyrius

Gyvenimas, perduodamas kartų estafetėje

Mes visi egzistuojame viename bendrame, vienus su kitais siejančiame lauke. Šiame lauke iš kartos į kartą būdavo perduodami genetiniai duomenys, ir nors kol kas atskleidžiame tik materialiąją informaciją, ten taip pat slypi jausminė, intelektuali informacija, ankstesniųjų kartų pasaulio suvokimo būdas, perduodamas kitoms kartoms.

Būtent dėl to netgi naujoje kartoje gimę kūdikiai yra tarsi visos tos sukauptos patirties rezultatas ir tęsinys. Taip kartų grandine perduodami žmonijos raidos rezultatai.

Kaip perduodame kitoms kartoms materialų, matomą palikimą (technologijos, mokslo žinios, visi pasiekimai), lygiai taip perduodame ir savo jausminės, intelektualios raidos bagažą. Šio palikimo neįmanoma pateikti akivaizdžiai, išdėsčius ant stalo, bet mes esame tuo tikri žiūrėdami į gimusius vaikus – jų suvokimas atitinka mūsų kartą. Jeigu palygintume kūdikį, gimusį prieš dešimt kartų, su šiuolaikiniu kūdikiu, pastebėtume, kaip jie skiriasi. Visiškai kitas potencialas, visiškai kitos raidos galimybės.

Pakanka palyginti vaikus ir anūkus, kaip smarkiai jie skiriasi vieni nuo kitų. Jiems vos gimus, jau matyti, kokie jie kitokie.

Visiškai akivaizdu, kad vystymasis kažkokiu būdu perduodamas: arba per genus, arba per tam tikrą jėgų lauką. Galima tai įvardyti gyvenimo ratais, nes žmogus paskui save į gyvenimą atsineša visus duomenis iš ankstesniųjų gyvenimų – ankstesniųjų kartų gyvenimo. Vienai kartai baigus savo raidą, mirus, šiuos žmones pakeičia jų vaikai, kurie – jau ant visiškai kitos tobulėjimo pakopos.

Tai akivaizdu. Bet kodėl?

Esmė ta, kad iš kartos į kartą perduodama ne tik materiali informacija per tėvo ir motinos genus, bet ir vidinis, žmogiškasis turinys. Tai vadinu individo ir kartos gyvenimo ratais. Ir čia nėra nieko mistiško.

Maksimaliai išreikšti save per integralius ryšius

Viskas priklauso nuo aplinkos. Bendra visos žmonijos ir kiekvieno žmogaus problema – suformuoti tokią daugialypę ir tuo pat metu visiems žmonėms bendrą terpę, kuri atitiktų kiekvieno individualumą. Tada ši aplinka kiekvienam suteiks ugdymą, išmokysiantį per vientisus ryšius su kitais žmonėmis išreikšti save.

Gali pasirodyti, kad daugialypiškumas ir bendrumas – tai dvi priešingybės, tačiau jie kyla iš visuomenės tikslo – suvienyti visus, kad toje vienybėje kiekvienas visiškai atskleistų save.

Todėl reikia tikrinti ir vertinti žmogų tik pagal jo pasirengimą įsilieti į visuomenę ir per tai suformuoti save. Mūsų tikslas – kiekvienam užtikrinti gerą aplinką. Ir nereikia kreipti dėmesio į tai, koks žmogus yra dabar. Nuo šios akimirkos rūpinamės tik tuo, kaip sukurti tinkamą aplinką.

Šis skyrius – tai įvadas į praktinius užsiėmimus. Be mokymosi, būtini aptarimai, seminarai, žaidimai, pokalbiai, kad visais įmanomais būdais įsitikintume, kaip stipriai vieni kitus veikiame, kaip suprantame ar nesuprantame vieni kitų; kad pamatytume, ar esame pajėgūs pakeisti visuomenę ir savo aplinką; kad atskleistume, kaip keisdami požiūrį į žmogų keičiame jo elgesį, nuotaiką. Kitaip tariant, stengsimės iš tikrųjų pajausti visa tai, apie ką kalbėta. Linkiu jums sėkmės!

Ketvirtasis skyrius

Kaip gyvenimą paversti „saldainiu"?

Pakalbėkime apie vieną bendrą visos Gamtos dėsnį. Mes esame jos dalis ir šis dėsnis mus veikia.

Gyvenime matome tam tikrus dėsningumus – tūkstantmetė raida Gamtoje vyksta keturiuose lygmenyse: negyvajame, augaliniame, gyvūniniame ir žmogiškame. Mes vystomės laipsniškai, iš kartos į kartą, netgi iš metų į metus, diena po dienos.

Kurgi mes einame? Norėdami atsakyti į šį klausimą, turime patikrinti, koks dėsnis mus veikia. Matome, kad tam tikras priešais mus esantis mechanizmas vysto visą gamtą, paversdamas ją sudėtingesne ir geriau organizuota, suformuota ir glaudžiau susieta tarp visų jos dalių. Norėdami ar ne, mes privalome laikytis šio dėsnio, kuris savo poveikiu įpareigoja mus vystytis.

Galiausiai kalbame apie vieną vienintelį dėsnį. Juk matome, kaip Žemėje visi tikrovės elementai, viskas juda tam tikra kryptimi. Moksliniais metodais tirdami gamtos dėsnius įsitikiname, kad išmanydami šiuos dėsnius kaskart sulaukiame sėkmės. Jų padedami mokomės, kaip išvengti žalos ir gauti naudos kuo mažiau klystant ir apsirinkant.

Šis bendras dėsnis apima visus kitus, pavienius fizikos, chemijos, biologijos, astronomijos, taip pat žmogaus fiziologijos ir psichologijos dėsnius. Ta nedidelė mūsų jau atverta dalis ir dar neaprėptas okeanas, kurį teks pažinti, – viskas atsiveria mūsų labui. Anksčiau žmonės įtemptai triūsė nuo ryto iki vakaro, siekdami savo prakaitu užsidirbti duonos, o šiandien vienas žmogus gali išmaitinti tūkstančius – pasitelkęs pažangią techniką, chemijos technologijas, žemės ūkio padargus ir kt. Lygiai tas pats kalbant apie drabužius, statybas, išsilavinimą, kultūrą ir kitas mūsų gyvenimo sritis. Šioje epochoje turime pakankamai galios, užtektinai suprantame gamtos dėsnius. Tiesa, mums trūksta tikslios organizacijos, bet mes iš tikrųjų galime savo gyvenimą paversti „saldainiuku".

Gerai ištyrėme pasaulį, skirtingus gyventojų sektorius, žmonių situaciją ir aplinkybes. Ir pagal tai tampa aišku: gaminame pakankamai prekių ir jų atmainų, kad visiems pasaulio gyventojams parūpintume normalų, laimingą, pasiturimą gyvenimą. Bėda viena – žmogus yra egoistas, jam nepavyksta tinkamai įvertinti to potencialo ir tų perspektyvų, kuriuos jis įgyja pažindamas gamtos dėsnius. Visko apstu, tačiau kai kurie žmonės savo rankose pasigviešę jėgą, pinigus, galimybes ir instrumentus, o kiti negauna gyvenimui būtinų dalykų. Tad problema – žmogiškoji prigimtis: negalime ramiai, gerai, patogiai, saugiai ir sveikai gyventi mūsų nuostabioje, žydinčioje planetoje.

Iš čia kyla mūsų užduotis – pažinti žmogiškąją esybę, ištirti ją ir suprasti, kaipgi mums vis dėlto sukurti savo gyvenimą, kaip ištaisyti žmogiškąją prigimtį, kad žmogus panorėtų gero, tinkamai sutvarkyto gyvenimo sau ir kitiems. Tai atsiranda, kai išmanome universalų dėsnį, kuris tik mūsų laikais atsiskleidžia Gamtoje – globalios Jėgos, apimančios visas kitas jėgas, dėsnis.

Ketvirtasis skyrius

Gamta – aukštesnioji dėsnių instancija

Gal to ir nenorime, tačiau globali Gamtos jėga stumia mus, kad užmegztume stipresnį tarpusavio ryšį, kad mums labiau vieniems kitų reikėtų – ryšių tarp žmonių, šalių, tautų, civilizacijų. Apskritai daugybė mokslinių tyrimų rodo, kad ši vystanti Jėga veda mus prie vieno „formato". Mums teks susivienyti tiek, kad kiekvienas pajaustų: visa žmonija priklauso nuo jo. Gal šiandien tai atrodo kaip kažkas tolimo, bet tendencija tokia.

Daug mokslininkų kalba apie šį dėsnį, nors jis kol kas prieštarauja mūsų prigimčiai. Nesame pasirengę jo priimti, nes kiekvienas rūpinasi tik savimi ir, tiesą pasakius, nesupranta, kad priklauso nuo visų. Tačiau jeigu suprasiu, pajausiu, pamatysiu, kaip priklausau nuo visų, tai pirmiausia panorėsiu jais rūpintis, norėsiu, kad jiems būtų gerai, juk tada jie su manimi elgsis gerai.

Taigi problema ta, kad nematome, koks „apvalus" pasaulis, kaip mes tarpusavyje susiję. Kaip tai įsisąmoninti? Juk iš esmės čia slypi dabartinės padėties – krizės, kuri per jėgą atplėšia mus nuo kasdienio, kelis dešimtmečius įprasto gyvenimo – priežastys.

Mes įpratome daug dirbti, daug uždirbti ir daug išleisti, gaminame reikalingus ir nereikalingus daiktus, kad paskui juos parduotume ir sukauptume sau banke „saugias atsargas", aprūpinsiančias senatvėje, leisiančias užsitikrinti sveikatą, namą lyg tvirtovę, sotų gyvenimą vaikams ateityje. Iš esmės kryptis gana aiški. Tačiau šiandien pastebime, kad tikriausiai ji buvo klaidinga. Gamta griauna visus mūsų planus, ir ši svajonė tampa nepasiekiama netgi turčiams, o ką jau kalbėti apie vidutinę klasę ar net vargšus, kurie sudaro didžiąją žmonijos dalį.

Gamta kreipia mus į priešingą pusę: ji nori, kad rastume saugumą, kad klestėtume ir tobulėtume palaikydami tarpusavio ryšius su kitais žmonėmis. Būtent vienybė suteiks mums tai, ko taip trokštame, o ne kai kiekvienas pats vaikysis savo asmeninės gerovės. Būtent tai mums rodo pasaulinė krizė, laužanti visas ankstesnes taisykles ir žyminti naująją epochą.

Pirmąkart vietoj daugybės skirtingų ir tarsi paskirų, tarpusavyje nesusietų gamtos dėsnių imame jausti, kaip mus veikia naujas, vienas Dėsnis. Visi netikėtai atsiradome po jo „skėčiu" ir kaip viena visuma einame bendra kryptimi. Niekuomet anksčiau tokios skirtingos šalys neatsidurdavo tokiose pačiose, bendrose situacijose. Viskas susipynė: Šiaurės ir Pietų Amerika, Europa ir Afrika, Azija ir Sibiras, nepamirštant Australijos ir Naujosios Zelandijos. Neatsižvelgiant į fizinę padėtį, visi apnikti nuosmukio, depresijos. Nesvarbu, kokioje visuomenėje gyvename, kokiai civilizacijai ar religijai priklausome, nesvarbu, kokia mūsų aplinka ar socialinė santvarka – tartum didžiulis debesis uždengia mūsų pasaulį ir apsupa mus visus be išimties.

Mokslininkams tai akivaizdu iš tyrimų, o mes tai jaučiame iš krizės, iš sustiprėjusios tarpusavio priklausomybės ir ryšio. Per keletą pažįstamų visi esame vieni su kitais susieti – atsiskleidžia drugelio efektas, žmonių mintys veikia klimatą, žemės drebėjimai ir cunamiai priklauso nuo mūsų tarpusavio santykių ir gyvenimo būdo... Štai ir išeina, kad iš tikrųjų stovime prieš vieną, jėga mus jungiantį Dėsnį.

Jeigu norime gyventi geriau, tai turėtume pagalvoti, kaip priartėti, o ne nutolti nuo šio dėsnio, turime panorėti vienybės – savo noru, geruoju. Reikia eiti koja kojon su Gamtos dėsniais, o ne veikti prieš juos – kitaip ji galų gale, be abejonės, palauš mus ir paims viršų. Juk kalbame apie tikrus, nepalenkiamus dėsnius, o ne apie valstybės įstatymus, kuriuos galima keisti kaip panorėjus. Bendras dėsnis veikia mus, tai panašu į fizikos, chemijos, biologijos dėsnius – juos galime studijuoti, tinkamai pasitelkti, bet niekaip jų neatšauksime.

Mums būtina išstudijuoti šį Dėsnį ir kuo labiau prie jo prisijungti. Juk tai bendras visos Gamtos dėsnis.

Atsakingi visi

Ką turime savyje pakeisti, kad labiau atitiktume Gamtą? Juk palaikydami su ja pusiausvyrą, jaučiamės gerai, patogiai ir nepatiriame jos spaudimo – problemų, karų, skyrybų, ligų, epidemijų, cunamių, klimato katastrofų ir kt. Kokių gi pokyčių mums reikia?

Kad būtų galima tai suprasti, būtina ištirti žmogaus prigimtį: ji sudaryta iš noro – noro gyventi, gerai jaustis, mėgautis. Noras – tai vidinis potraukis patenkinti save.

Ketvirtasis skyrius

Mano norai nuolat tam tikru mastu tušti. Sakykime, noriu pailsėti ir užkąsti – vadinasi, siekiu užpildyti tam tikrą tuštumą savyje.

Kalbant bendrai, galiu norėti maisto, sekso, šeimos, pinigų, garbės, valdžios ir žinių. Šie pagrindiniai norai apima visus kitus išvestinius norus, juos dar galima skirstyti pagal šiuos du tipus:
1. Norai kūno reikmėms tenkinti: maistas, seksas, šeima.
2. Norai, priskiriami žmogiškajai pakopai: pinigai, garbė, valdžia, žinios.

Visus šiuos norus savo ruožtu galima dalyti į daugybę atskirų norų.

Tad jei noriu, jei man tai būtina, jei neturėdamas kitos išeities suprantu, kad įgyvendinant tam tikrus norus man verta susivienyti su kitais, kad atitikčiau Gamtos jėgą, bendrąjį Dėsnį, tai turiu ištaisyti kiekvieną savo norą. Visų norų visuma vadinama noru mėgautis, noru gauti malonumą. Ir šiuos norus turiu pakreipti taip, kad jie teiktų naudą visiems.

Jeigu rūpinuosi, kaip patenkinti savo norą savo paties labui, tai tada mano noras egoistinis. Jeigu kiekvieną savo norą nukreipiu visuomenės labui, jei neturėdamas išeities veikiu tik dėl bendrų interesų (nes mes – viena šeima), tai tada man būtina paisyti kiekvieno ir į visus žvelgti kaip į vieną visumą. Tai primena tą visa apimantį Dėsnį, kuris įpareigoja mane taip elgtis.

Tačiau kaip tai atlikti? Sakykim, kad jau viską suprantu, sakykim, kad mokslininkai, psichologai, sociologai ir politologai išvien tvirtina, jog kitų variantų nėra; sakykim, aš pats iš savo gyvenimo tai matau, tačiau mano esybė tam priešinasi. Juk pirmiausia turiu patenkinti savo asmenines reikmes, o ne rūpintis kitais. Kitų gaunama nauda mane domina tik tiek, kiek tai naudinga man – o šito nebepakanka. Juk šeimoje paisai visų, ne tik savęs. Tikra šeima nepadalyta, joje niekas netraukia apkloto sau ir nesinaudoja sau bendra gerove.

Šis Dėsnis siekia mus įpareigoti: turime rūpintis visais kaip viena visuma. Visas pasaulis – viena šeima. Mums reikia priprasti prie tokių minčių. Kiekvienas turi padėti kitiems, ir visi kartu sukursime naują, integralaus ugdymo sistemą, juk toks ugdymas suvienys mus ir per bendrų renginių bei pamokų pavyzdžius parodys, kad kitos išeities nėra.

Pripratimas veikia

Dabartinė padėtis reikalauja iš žmonijos vienybės. Bet kaipgi mums susivienyti? Gamtoje veikia ypatingas dėsnis, leidžiantis tikėtis, kad pradėsime artėti vieni prie kitų, priešindamiesi savo egoizmui. Šis dėsnis įvardijamas taip: įprotis tampa antrąja prigimtimi.

Matome tai iš savęs: per vienus ar kitus veiksmus priprantu siekti tam tikro teigiamo rezultato ir vengti neigiamo. Daugybė pakartojimų išlavina įprotį, kuris virsta atkakliu reikalavimu, noru, ir tuomet jau niekaip kitaip nebegaliu patirti malonumo. Tai priklauso nuo aplinkinių spaudimo, nuo vieno ar kito šablono populiarumo, nuo paramos, kurią žmogus gauna iš esamų aplinkybių.

O paskui, jeigu organizuosime auklėjimo sistemą ir drauge su ja – kiekvieną palaikančią aplinką, tai žmogus persiims bendru požiūriu, visų tarpusavio rūpesčiu. Įvairiausi pavyzdžiai ir paaiškinimai, žiniasklaida, pažįstamų žmonių vertinimas – visa tai veiks kiekvieną. Mes tikslingai žaidžiame šį žaidimą: tarytum esame geri, tarytum visus laikome viena šeima, tarytum rūpinamės kitais ne mažiau nei savimi. Mes be perstojo atliekame savo partiją, stengiamės veikti taip, tarsi jau būtume ištaisyti.

Ką mums tai duoda? Dėl bendros nuomonės, dėl aplinkos poveikio pradedu mąstyti taip pat, patiriu nepamirštamus įspūdžius ir susiformuoja įprotis. Dabar jau nebegaliu kitaip, kas kad tai perėmiau iš išorės, per spaudimą, neturėdamas išeities, bet galiausiai tai tampa mano antrąja prigimtimi, tarsi toks būčiau gimęs.

Mums būtina išnaudoti įpročio dėsnį, o tam žmogui reikia nuolatinio spaudimo (savo paties ir socialinio), kad nepamirštų apie žaidimą ir eitų pirmyn.

Jei kalbėsime apie patį žaidimą, tai žaidžiame kaip maži vaikai. Jiems atrodo, kad jie užsiima kažkuo svarbiu, kažką kuria, kažką renka. Kas kad tai tėra žaidimas, kas kad viskas apsimestina, kas kad jie klysta, laužo ir pradeda iš naujo – tačiau būtent per visas žaidybines formas jie auga, bręsta, tampa protingesni. Be žaidimų vaikas būtų laukinis žvėriukas, kuriam skirta užaugti tik savo dydžiu. Todėl protingiausi žmonės didžiausiuose institutuose kartu su psichologais kuria pačius įvairiausius žaislus.

Fizinė raida taip pat neatskiriama nuo žaidiminės veiklos, kurią paprastai įvardijame sportu. Per skirtingus pratimus priprantame daryti tai, ko paprastas žmogus

Ketvirtasis skyrius

negalėtų atlikti nepatyręs daugybės žaidybinių treniruočių, kai kartojami tie patys veiksmai. Už bet kokių rekordų slepiasi kryptingai išugdytas įprotis.

Be to, žinome, kad kartu gyvendami žmonės pradeda vis geriau suprasti ir jausti kits kitą. Netgi be žodžių jie tyliai tarpusavyje kalbasi. Tai taip pat pasiekiama įpročiu – bendras gyvenimas po vienu stogu, kai artumas nevalingai virsta bendru jautimu. Būtent taip kažkada formavosi tautos ir ištisos civilizacijos – žmonėms tarpusavyje jungiantis, kol jie įgydavo bendrų charakterio bruožų.

Įpročio kaip antrosios prigimties dėsnis skirtas būtent tam, kad netgi nenorimas, nenatūralias formas galėtume perimti ir pritaikyti kaip naujas savybes, nepaisydami savo pačių prigimties. Taip mes formuojame, kuriame save.

Neigiami dalykai – tai tiesiog neišbaigti teigiami

Gimstame turėdami vien egoistinį norą mėgautis. Iš esmės niekas kitas man nėra svarbus. Vos gimęs kūdikis jaučia tik save ir beveik nesuvokia supančio pasaulio. Palengva jis ima matyti ir girdėti, jo juslės ima veikti ir leidžia priimti išorinę informaciją. Bet vis dėlto iš aplinkos, pirmiausia iš mamos, tenori, kad būtų patenkintos jo reikmės. Taip mes augame.

Reikia suprasti, jog mes tikslingai gavome egoistinį norą, kad virš jo, pasitelkę įprotį, kuris tampa antrąja prigimtimi, sukurtume kitą, altruistinę formą – davimo, vienybės formą. Šiandien kiekvienas iš mūsų – vienišius, trokštantis prasigyventi kitų sąskaita ir visiškai nepaisyti kitų. Mes visi tarpusavyje susipriešinę. Gamta tikslingai mus sukūrė tokius, kad iš neigiamų dalykų kurtume teigiamus – kad užmegztume gerą tarpusavio ryšį. Ir nors pasitelkiame turimas jėgas, tačiau šį ryšį kuriame patys, apgalvotai, sąmoningai. Taip mes susivienysime į viena ir sukursime Žmogų, panašų į tą universalų Gamtos Dėsnį, kuris visas – duodantis, geras, mylintis.

Tada suprasime, kad šis Dėsnis visai ne blogas. Šiandien mus kamuoja bėdos, skyrybos, narkomanija, teroras, baiminamės atominio karo, valstybinių konfliktų, ligų, ekologinės krizės, kuri greitai paliks žmoniją be pragyvenimo lėšų, išgyvename finansinę ekonominę krizę, tuštinančią mūsų pinigines, švarinančią biudžetą...

Tačiau visos šios jėgos, kurias matome kaip neigiamas, reikalingos tam, kad paskui kaip atsvarą joms paruoštume savo davimo, meilės ir vienybės jėgas. Galiausiai šis bendrasis Dėsnis mums atrodo nesuprantamas, nes mes esame priešingi jam. Taip ir kasdieniame gyvenime: užklupus karščiui ar šalčiui turiu suprasti, kaip prisitaikyti. Leisdamasis po vandeniu turiu prisitaikyti prie slėgio. Kildamas į kalnus turiu prisitaikyti prie išretėjusio oro. Man visada būtina nuolat ką nors pakeisti, pertvarkyti, kad išlaikyčiau pusiausvyrą su Gamta.

Kaip mums rasti pusiausvyrą su globalia Gamta, kuri šiandien visokeriopai mus neigiamai veikia? Gaudama smūgius iš visų pusių, žmonija diena iš dienos jaučiasi vis vienišesnė, o problemos susilieja į vieną bendrą problemą, svarbią mums visiems.

Tai byloja, kad visi šie įvykiai kyla dėl mūsų priešingumo Gamtai. Ir šitai būtina papildyti, atitaisyti, dirbti kita kryptimi: Gamta rodo mums neigiamus dalykus, o mes turime pergalėti save, išsitaisyti. Jei pagal savo išgales tapsime lygiai tokie, kokia yra Gamta, tai dabartinius reiškinius pajausime kaip teigiamus, esančius pusiausvyros būsenos su mumis. Tada nurims ir klimatas, susiklostys santykiai šeimoje, tarp valstybių, išsispręs ekonominės problemos ir kt. Viskas nurims, ir mes gyvensime gerai.

Šiandien galime pamažu įgyvendinti šiuos pokyčius savyje, tarp mūsų. Ir per juos suartėsime su visuotine Gamta, pasieksime puikią, visur kur subalansuotą būseną.

Žaidžiame, kad priprastume

Jau žinome, kad Gamta – tai bendrasis Dėsnis, veikiantis mus visus kaip vieną visumą ir norintis, kad išmoktume rasti pusiausvyrą su juo, kad suprastume pasaulį, kuriame gyvename. Tai įmanoma atlikti vienijantis – nustačius gerus tarpusavio santykius. Kas kad to nenorime, tačiau žaidžiame, pasitelkę įpročio kaip antrosios prigimties dėsnį.

Kaipgi tai atlikti praktiškai? Kaip žaisti? Žaidžiame aplinkoje, žmonių visuomenėje, su kuria sąveikaujame. Mums reikia nustatyti tokias žmogaus ir aplinkinių sąveikos sistemas, kad kiekvienas pasijaustų kaip skolininkas: juk visų gerovė priklauso nuo manęs, o mano – nuo kitų.

Ketvirtasis skyrius

Tam mums teks dirbti pertvarkant visus žmogaus gyvenimo apribojimus, kuriuos sukūrėme dėl egoizmo, kad galiausiai kiekvienas gautų pagal savanaudiškus reikalavimus. Nūnai ši schema daugiau nebeveikia, ir todėl šiuolaikinė krizė – visa apimanti, integrali. Tai reiškia, jog turime iš naujo sukurti santykius tarp asmens ir visuomenės, kad esant tarpusavio priklausomybės sąlygoms visuomenė pareikalautų iš žmogaus turėti teisingą požiūrį.

O tam reikia, kad visuomenė tartum ugdanti vaiką mama kiekvienam suteiktų deramo elgesio pavyzdžius. Palyginus su dabartine situacija, visuomenei reikia visiškai pakeisti savo poveikį mums. Pirmiausia tai pasakytina apie žiniasklaidą ir švietimo sistemas, kurias tiesiog būtina pakeisti. Pakeisti taip, kad kiekvienas žmogus pajaustų būtinybę iš esmės keisti mūsų tarpusavio ryšį, tarpusavio santykius.

Gera aplinka – kaip inkubatorius, kuriame tinkamai augame. Temperatūra, drėgmė ir apskritai visos aplinkos sąlygos jame yra palankiausios, kad greitai augtume sveiki, kad paukščiukai sėkmingai išsiperėtų. Aplink save reikia sukurti „šiltnamį", kuriame mums bus gera, šilta, jauku, kad nesinorės ir išeiti. Tarsi vaisius motinos įsčiose – kur jis viskuo aprūpintas. Štai ir mes turime sukurti tokią aplinką, kurioje vystysimės gražiuoju. Taip veikdami savo ir visų naudai, esant tarpusavio davimo sąlygoms, formuojame didžiulę žmonijos šeimą.

Tad turime tapti viena visuma kaip Gamta, turime būti panašūs į bendrą pasaulio Dėsnį. Mūsų sąveika su juo pasireiškia aplinkoje, todėl tinkamų ryšių visuomenėje mezgimas yra svarbesnis už mūsų pačių asmeninį santykį su Gamta. Mums svarbiausia – sukurti aplinką.

Neatsitiktinai milijonai žmonių šiandien yra priversti palikti darbo vietas ir tapti bedarbiais. Turime rengti kursus mokytojams ir ugdytojams. Juk dirbdamas kitų naudai žmogus savaime tampa mokytoju, auklėtoju, organizatoriumi, pagalbininku... Visi privalo baigti tokį mokymą ir įgyti naują specialybę – tapti Žmogumi iš didžiosios raidės naujoje visuomenėje. Kiekvienas iš mūsų turi pakilti į tokį lygmenį, kai supras, kas vyksta gamtoje, jame pačiame ir kokius santykius galime palaikyti vieni su kitais.

Tyrimai rodo, kad niekas nepajėgus išsisukti iš bendro tarpusavio poveikio lauko. Šis poveikis apsupa, įpareigoja kiekvieną, ir žmogus norom nenorom tampa kitoks. Matome tai iš savo vaikų: juos ugdo tik aplinkos pavyzdys. Suaugusieji lygiai taip pat iš esamų pavyzdžių perima juos supančias elgesio formas, naują santykį ir vertybes.

Todėl nereikia paisyti savo norų. Jų bendros kryptys – maistas, seksas, šeima, pinigai, garbė, valdžia ir žinios, beje, jos dalijamos į daugybę pokrypčių. Tačiau mes turime dirbti ne su pačiais norais, o su tuo, kaip juos išnaudojame. Štai kas svarbu: kur juos nukreipiu, koks mano ketinimas realizuojant savąjį „aš". Ketinimas leidžia taikyti visus mano gebėjimus bendros gerovės labui.

Ir tada „aš" virsta „mes" – atskirų žmonių bendrumas. Taip mes priartėjame prie sąvokos „viena visuma", kuri galima esant pusiausvyrai su šiuo vieninteliu Dėsniu, organizuojančiu mus ir kartu su mumis dalyvaujančiu šioje nuostabioje vienybėje. Tada žmogus tampa Žmogumi: jis supranta savo esatį ir universalią Gamtą. Pakeliui jis išmoko daugybės dėsnių (vidinių, psichologinių, tikrovės) ir suėmė į save visa, kas yra Gamtoje. Jis pasiekė pačią aukščiausią pakopą – mus veikiančią Jėgą. Šiandien ji, kaip matome, pasireiškia per krizines formas ir kviečia žmoniją susitikti.

Taigi integralaus ugdymo kursuose mokomės, kaip tapti Žmogumi ir pasiekti pačią geriausią, patogiausią, sveikiausią, užtikrinčiausią būseną. Todėl reikia dėkoti už tą laikotarpį, kurį šiandien išgyvename – juk jis veda mus į naują etapą, pasaulį, kuris visas – gėris.

Šiandien dar nepradėjome šio proceso sąmoningai, dar jo nesuprantame. Gyvenimas mums atrodo apgailėtinas. Matydami, kokį subjaurotą pasaulį paliekame ateities kartoms, žmonės nenori gimdyti vaikų, net ir jų pačių egzistavimas kelia daugiau klausimų, nei duoda atsakymų. Tačiau iš tikrųjų viskas priešingai: tikrasis krizės apibrėžimas – naujo gimimas, naujos žmonijos pradžia. Tad integralus mokymas turi įžiebti kibirkštis žmonių akyse ir suteikti jiems didžiulę viltį.

Patys ėmę sau taikyti šį Dėsnį, per labai trumpą laiką, vos per keletą savaičių, pajausime jo poveikį: įprotis virs antrąja prigimtimi ir mes jau nebeįstengsime išsiversti be gerų tarpusavio santykių. Jeigu atsitiktinai iškrisime iš šios tėkmės, tai šiltai prisiminsime tuos laikus, kai buvome kartu, kai jautėme kits kitą. Ši būsena trauks mus atgal ir mes norėsime ją vėl išgyventi.

Tikėkimės, jog esant tarpusavio pagalbai žaidimas, kad priprastume, suformuos mums naują, gerą prigimtį ir atves mus į meilę.

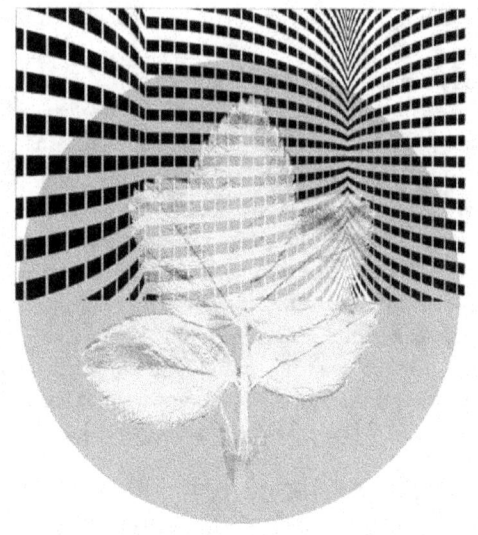

Penktasis skyrius

Būtinybė atsižvelgti į visą pasaulį

Kuo giliau tiriame Visatą, o ypač Saulės sistemą, tuo labiau įsitikiname, kad joje absoliučiai viskas vyksta sutartinai, visi objektai be išimčių veikia vieni kitus, priklauso vieni nuo kitų.

Planetos, kurių dauguma turi palydovus, sukasi aplink Saulę griežtomis orbitų trajektorijomis.

Mėnulis sukasi aplink Žemę ir veikia viską, kas yra jos paviršiuje, įskaitant mūsų sveikatą, nuotaiką, vandens judėjimą okeanuose ir daug kitų dalykų.

Pagaliau Saulė... Netgi nedidelis sprogimas jos paviršiuje sukelia rimtas kliūtis dirbant su elektroninėmis sistemomis. Mokslininkai įspėja, kad gali nutikti ir tokie reiškiniai, kurie kelia grėsmę gyvybei Žemėje. O pati Žemė, ant kurios paviršiaus gyvename, – tai rutulys, kurio šerdyje liepsnoja ugnis. Ir visa tai vyksta esant itin subtiliai pusiausvyrai. Mokslininkai tvirtina, kad norint sukurti gyvybę, kokios esama mūsų planetoje, reikia sėkmingai sutampančių unikalių sąlygų, o jų mūsų didžiulėje Visatoje praktiškai nėra. Kol kas niekur nepavyko rasti kažko panašaus.

Kiekviena žinių laida baigiama rytdienos ir artimiausių dienų orų prognoze. Galime apytiksliai nuspėti orus savaitę į priekį, bet ne daugiau. Nesusimąstėte, kodėl? Kai sinoptikai prognozuoja rytdienos, porytdienos temperatūrą, kritulius, vėją, mes matome tik galutinį jų skaičiavimo rezultatą. Bet jei pamatytume formules, pagal kurias tai apskaičiuota, nustebtume, kokios jos sudėtingos. Tik dėl šiuolaikinių galingų kompiuterių galime sudėlioti tokią prognozę, kuri įvertina klimato sąlygas visame Žemės rutulyje.

O ši informacija mums būtina – juk šiuolaikinis žmogus nesėdi vienoje vietoje ir reikia užtikrinti saugų laivų bei lėktuvų judėjimą į įvairiausius kelionės punktus.

Šiandien pastebime kaip visos gamtos dalys glaudžiai tarpusavyje susijusios: negyvasis pasaulis veikia augaliją, šioji – gyvūniją, o gyvūnija – žmogų. Žmogus savo ruožtu daro stiprią įtaką visai likusiai gamtai.

Mūsų gyvenimas priklauso nuo negyvosios gamtos: juk naudojame visus jos išteklius. Mes priklausome nuo augalijos ir gyvūnijos, jų produktais maitinamės ir rengiamės. Be to, neišgyvensime nebūdami visuomenėje, kur kiekvienas turi tam tikrus įsipareigojimus savo vietoje bendroje struktūroje ir taip užpildydamas savo narelį leidžia visai visuomenei egzistuoti.

Pati žmonių bendruomenės sandara tampa vis sudėtingesnė, joje išryškėja vis didesnis tarpusavio susietumas. Jeigu pamėgintume atsekti, kas pagamino dabar mano vilkimus drabužius, galite neabejoti, kad nerasite šalies, kuri kaip nors nebūtų prie to prisidėjusi: iškasti gamtos ištekliai, apdorojimas, rinkodara, pervežimas ir t. t.

Tai tik parodo, kaip priklausome vieni nuo kitų. Jau pripratome prie tokios priklausomybės ir manome, kad kitaip ir būti negali. Tik visa ši priklausomybė atrodė kaip pirkimas bei pardavimas ir nereikalavo įsitraukti dvasiškai. Bet dabar

Penktasis skyrius

aiškėja, jog mūsų ryšys pasiekė tokį mastą, kad reikia glaudžiau, artimiau bendradarbiauti vieniems su kitais.

Visiems aišku, kad tarpusavio priklausomybė įpareigoja mus veikti išvien. Mes taip susieti vieni su kitais, kad mums reikalingi tarptautiniai mechanizmai, be kurių neįstengsime egzistuoti. Jeigu norime bendradarbiauti prekyboje, moksle, kultūroje, kad pasiektume geresnį gyvenimą, tai turime pereiti prie daugiakultūros, vienodo ugdymo principų ir niekieno neapsunkinančio požiūrio į gyvenimą.

Paskutiniaisiais dešimtmečiais itin išsivystė turizmas – žmonės ėmė laisvai važinėti po visą pasaulį. Dėl to visos šalys suartėjo savo gyvenimo būdu.

Jau daugiau nei porą dešimtmečių su visu pasauliu esame susiję virtualiais ryšiais internetu. Greitai taip galėsime susisiekti vieni su kitais, kad nustosime jautę kalbos barjerą, – atsiras tokios automatinio vertimo galimybės. Mūsų ryšys taip išsivystė, kad bet kuris žmogus (kaip rodo statistika) per keturis pažįstamus yra susijęs su visais pasaulio gyventojais. Tapome tokie artimi vieni kitiems, tarsi laikytumės už rankų.

Nė viena valstybė neįstengs daryti to, kas jai šauna į galvą – net jeigu savo teritorijoje gręšime gręžinius. Juk taip ji gali sugriauti Žemės plutos pusiausvyrą, o tai atsilieps ne tik artimiausiems kaimynams, bet ir visiems kitiems. Mes sutarėme nesiimsiantys veiksmų, galinčių pakenkti kitiems, nustatėme apribojimus dėl bet kokių senkančių gamtos išteklių naudojimo.

Jau buvome ugnikalnio išsiveržimo Islandijoje liudininkai ir kaip tai paveikė visą Europą iki pat Sibiro, kaip tai paralyžiavo oro uostų darbą. O cunamis, sukėlęs katastrofiškus padarinius Japonijos atominėje elektrinėje, privertė visą pasaulį susimąstyti apie „taikaus atomo" naudojimo tikslingumą.

Taip matome, kad nė viena valstybė pasaulyje, netgi pati stipriausia, pirmaujanti, kuri, sakytum, gali nieko nepaisyti, privalo kurti savo vidinę ir išorinę politiką atsižvelgdama į dešimtis, netgi šimtus išorinių veiksnių. Ir čia svarbu ne valstybės stiprumas ar silpnumas, o mūsų tarpusavio priklausomybė, dėl kurios niekas nežino, kokius padarinius gali sukelti nedidelis judėjimas ir pasikeitimas kurioje nors šalyje.

Diena iš dienos jaučiamės gyveną vis sudėtingesniame ir labiau priklausomame pasaulyje. Štai kodėl kalbame apie iš visų pusių mus supantį ir jungiantį draugėn dėsnį – tarpusavio laidavimo dėsnį.

Susieti darbo pasidalijimu

Galima pamanyti, kad tarpusavio laidavimas aktualus tik šalims, tarptautinėms bendrovėms, taip pat šio pasaulio įtakingiesiems ir stipriesiems. Bet ar tai paliečia paprastą žmogų? Matyti, kad taip: kasmet ši priklausomybė juntama vis aštriau. Jeigu Europoje ar Amerikoje kuriame nors banke netikėtai įvyksta nedidelė finansinė nesėkmė, tai ji jaučiama visose šalyse, ypač Kinijoje, kuri mums parduoda savo produkciją. O kai ir Kinijoje prasideda sunkumai, tai jie užgriūva visą pasaulį ir t. t. Prekyba, ekonomika, finansai susieti tiek, kad panašius įvykius laikome savo egzistavimo grėsme. Juk nuo to priklauso, ar turėsime maisto produktų, drabužių, ar bus šildymas, ar gausime vaistų, gaminamų tarptautinėse farmacijos įmonėse.

Šiandien nė viena šalis negali visiškai patenkinti savo reikmių, kaip tai būdavo prieš šimtą metų, kai kiekviena valstybė galėjo laikyti save savarankiška. Pamažu pasaulis suprato, kad specializacija, kai vienas daro viena, o kitas – kita, yra labai naudinga.

Iš pradžių kiekvienoje gamykloje buvo visas darbo ciklas, sakykime, nuo varžtelio liejimo iki mašinos surinkimo. Netgi elektros energiją gaminosi vietoje, savose elektrinėse. Paskui ėmėme dalytis darbu, viena gamykla gamino varžtus, kita – veržles, dar kita – elektros įrangą ir pan. Šiandien automobilius gaminančiai gamyklai detales tiekia daugybė šalių.

Pastaruoju metu specializavimasis žengė dar vieną žingsnį pirmyn. Pasauliniai automobilių gamintojai linkę automobilius surinkinėti ten, kur yra realizacijos rinka, išnaudoti vietinę darbo jėgą ir vietinius vadovus.

Galiausiai viskas taip susipynė, kad jau sunku atskirti, iš kur prekė ir kas ją pagamino. Vienos šalies teritorijoje stovi gamyklos, priklausančios kitai šaliai, degalinės priklauso tarptautinėms bendrovėms, daugumoje įmonių – 30–50 proc. užsienio investicijų. Tai priimta visame pasaulyje: juk tai naudinga visiems.

Valdžia netrukdo šiam procesui, nes piliečiai turi darbą ir visi patenkinti. Manėme, kad taip tęsis ir toliau...

Penktasis skyrius

Viename tarptautiniame voratinklyje

Ryšio linijos taip mus sujungė vienus su kitais, kad, nuodugniau pasikapstę sistemoje, išvysime, jog visas pasaulis apipintas didžiuliu, daugialypiu, daugiasluoksniu tinklu. Šiandien nieko neįmanoma sukurti, negavus tinkamiausios įrangos iš viso pasaulio, žinių, žmonių – tokia pasaulio santvarka.

Amerikiečiai juokiasi: prireikus iš Niujorko paskambinti į Bostoną, jų skambutis keliauja per Indiją, kur yra komutacinis centras...

Netikėtai pastebėjome, kad ši sistema liovėsi veikusi. Specialistai tam randa daugybę priežasčių ir pateisinimų, bet galiausiai priežastis viena ir labai paprasta – mat pasiekėme tokią tarpusavio priklausomybę, kuri iš mūsų reikalauja stipresnio vidinio ryšio.

Norėdami toliau vystytis, privalome glaudžiai susijungti, kad suprastume ir pripažintume abipusio laidavimo būtinumą. Juk priklausome vieni nuo kitų, gyvename vienoje planetoje, todėl neturime pasirinkimo – teks pajausti, kad esame viena šeima.

Vystydamiesi nuo paprasto keitimosi ir prekybos gaminama produkcija perėjome prie kooperavimosi ir prekių gaminimo drauge. Paskui sukūrėme bendrą finansinę sistemą, tarptautinius bankus, sujungėme fondų biržas. Dabar prekybinius sandorius galiu atlikti Tokijo biržoje, paskui Vokietijoje, Maskvoje ar Niujorke ir nesvarbu, kur ir ką pardavinėju, nes bet kurioje vietoje iš esmės vienas ir tas pats.

Aš tik žiūriu, kur esamu metu naudingiau pirkti ar parduoti, bet pinigai saugomi kažkur vienoje vietoje, bankai tiesiog siuntinėja vieni kitiems elektroninius pranešimus apie pervedimus, ir to pakanka. Niekam net neįdomu, kur tie pinigai iš tikrųjų guli. Mes tik tikimės, kad jie padengti aukso ekvivalentu, o kur jie fiziškai – ne taip ir svarbu, gal kur nors trečiojoje, neutralioje šalyje, kuri tarsi viso aukso fondo saugykla. Svarbiausia, kad kvitai yra persiunčiami iš vienos vietos į kitą.

Pastaruoju metu jaučiame, kad toks ryšys nebegali tęstis. Tai ypač akivaizdu Europoje: viena vertus – aukščiausio lygmens išsivystymas, kita vertus – tokio pat lygmens atsiskyrimas. Tampa aišku, kaip susiskaidymas tarp tautų neigiamai veikia visas bendrijos šalis, kai trūksta vidinio panašumo, supratimo, nejaučiama bendrumo ir priklausomybės vienai didžiulei sistemai.

Priežastis ta, kad ir politikai, ir verslo bei finansų elitas, ir visa tauta apskritai, nors protu ir supranta pokyčių būtinumą, tačiau emociškai nėra pasirengę išsižadėti asmeninio gyvenimo ir tautinių ypatybių. Tiesą pasakius, to ir nereikia. Žmogui nebūtina keisti savo elgesio ir įpročių, susijusių su kultūra ir tautos tradicijomis. Jis teturi pakilti į ryšį su kitais žmonėmis, į tarpusavio laidavimą.

Visas pasaulis po vienu stogu

Be to, kad esame skirtingi, visgi kažkaip susigyvename kaip šeimoje – kol kas tai nėra paprasta. Sakykime, mano tėvai, žmonos tėvai, broliai ir seserys iš abiejų pusių, jų vaikai, mūsų vaikai. Visų reikia paisyti, juk priklausome vieni nuo kitų tiek liūdesyje, tiek džiaugsme. Todėl nesirengiame keisti ar perdirbti vieni kitų.

Jei kažkada sutikau moterį, kuri nuo manęs skiriasi savo charakteriu, tačiau vis dėlto nusprendėme būti kartu, tai šiuo sprendimu iš esmės be žodžių pripažinome, kad esame pasirengę gyventi kartu, nors ir ne visada bus giedra.

Mums teks nusileisti vienas kitam, sutikti su priešinga nuomone, leistis į kompromisus. Nėra kitos išeities – patys turime susitarti, jei norime kurti šeimą, tęsti giminę, palaikyti kits kitą.

Tokio ugdymo, kaip susigyventi, nepaisant skirtumų, itin trūksta jaunoms poroms. Nors manome, kad laisvai renkamės sau tinkantį gyvenimo partnerį, bet iš tikrųjų mes labai skirtingi. Gyvūnai pasitelkdami prigimtinį instinktą neklysdami aptinka sau tinkamiausią porą, o žmonės, turėdami iškreiptą suvokimą, ieško kažko ypatingo, gal net reto, ir nesupranta, kad paskui būtent dėl to ir neranda bendros kalbos.

Šeimą ištinka krizė, kai trūksta švietimo, supratingumo, ugdymo, kai nepasirengta bendram gyvenimui, kai tarpusavyje nenusileidžiama. Šiandien daugiau nei pusė pasaulio gyventojų, ypač jaunimas, nesusituokę. Šie žmonės nėra pasirengę santuokai ir nepageidauja turėti vaikų, nes nejaučia noro kuo nors rūpintis.

Ši krizė tęsiasi jau ilgus metus, o prasidėjo prieš gerus tris dešimtmečius. Dabar esame priversti spręsti tokias problemas ir tarp valstybių. Juk kiekviena iš jų (bent jau kaimynių atžvilgiu) yra ir gaunančioji, ir duodančioji – kaip ir sutuoktinių

Penktasis skyrius

pora. Todėl ir tarptautiniu lygmeniu turime mokytis, kaip nusileisti, kaip susijungti virš visų skirtumų ir nesutarimų. O to mokykloje mūsų taip pat nemokė. Kaip tai atlikti? Kokia nusileidimo technika? Juk tik nusileisdami galime tikėtis kokių nors gerų santykių.

Šiandieninė krizė nepalieka mums kitos išeities – tenka mokytis šio meno. Tikėkimės, kad žmonija pajaus, jog nusileisti būtina, ir neprieis iki skyrybų: juk ištuoka tarp valstybių – tai karas.

Tikiuosi, suprasime, kad neturime išeities ir privalome būti santūrūs. Todėl dar kadaise buvo sukurta tokia organizacija kaip JTO, kuri turėjo tapti vieta, kur visi susirinks ir aptarinės, kaip taika gali įsivyrauti mūsų šeimoje, t. y. visame pasaulyje. Atsirado ir daug kitų tarptautinių organizacijų, užsiimančių ugdymo problemomis ir sveikatos apsauga.

Ženevoje teko matyti ištisą gatvę, kurioje įsikūrusios organizacijos sprendžia tarptautinės standartizacijos klausimus. Tarp jų buvo tokių, apie kurių veikimą nė nenutuokiau.

Pavyzdžiui, yra speciali dažnių transliavimo komisija, kuri seka, kad kiekviena televizijos bendrovė ir radijo stotis pasaulyje turėtų savo dažnį ir netrukdytų kitiems. Yra tarptautinė vaistų, medicinos preparatų ir paslaugų kontrolės taryba, nustatanti šios srities standartus. Pagal tai gydytojas, siųsdamas ligonį gydytis į kitą šalį, gali laiške nurodyti kolegai kitame pasaulio krašte, kokio gydymo ligoniui reikia. Yra netgi organizacija, tvirtinanti kiekvienos šalies vėliavą, kad netikėtai neatsirastų vienodų vėliavų.

Tokios organizacijos veikia jau kelis dešimtmečius ir be jų mums būtų nelengva. Kaip kiekvienos šalies parlamentas leidžia įstatymus, reguliuojančius piliečių gyvenimą, taip šiandien turime apie tai susitarti viso pasaulio lygmeniu.

Patarčiau susipažinti su tokių tarptautinių organizacijų sąrašu, jų funkcijomis, kad geriau įsisąmonintume, pajaustume mūsų įvairiapusį ryšį. Tai labai svarbu, mat suteikia žmogui visiškos tarpusavio priklausomybės (kuria sunku net patikėti) pojūtį. Ji kur kas glaudesnė nei įprastoje šeimoje.

Šeimoje dar galiu nesikalbėti, pyktis, net kurį laiką nutraukti santykius, atitolti, o čia tai neįmanoma. Išeitų, jog visos pasaulyje egzistuojančios valstybės įsijungia į tokią bendrą mozaiką, kad nė viena iš jų negali išeiti ar net „nusigręžti", kai to užsinori.

Tačiau problema ne tik ta, kaip kiekvienam atsitverti savo vietą. Situacija tokia, kad turime pasiekti bendrą supratimą, sukurti „bendrą stogą". O po vienu stogu sunku susigyventi, jei tarp gyventojų nėra gero ryšio. Kaskart stengiamės veikti savarankiškai ir kaskart įsitikiname, kad ne visai pavyksta. Arba po kurio laiko grįžtame į ankstesnę būseną, arba apsiribojame žodžiais, nes veiksmų imtis negalime.

Žmonija kaip integrali sistema

Pastaruoju metu tarp mūsų užsimezga ryšiai, kurie įpareigoja vienytis dvasiniu, jausminiu lygmeniu, kad imtume bendrauti ne ekologijos, pramonės, bankų sistemų, švietimo ir sveikatos apsaugos klausimais, o užmegztume gerus žmogiškus ryšius – nuo širdies prie širdies, nuo šalies prie šalies.

Mūsų civilizacija evoliucionuodama perėjo negyvosios, augalinės, gyvūninės raidos pakopas ir pasiekė žmogiškąją pakopą ir čia taip pat patyrė negyvąją, augalinę ir gyvūninę stadijas. Taigi priartėjome prie paskutiniosios stadijos žmogiškojoje pakopoje – „žmogaus" stadijos, kur įgyjame vieno žmogaus, t. y. panašaus į gamtą, pavidalą.

Kyla klausimas: kaip atlikti šią užduotį, jei kitaip negalėsime gyventi?

Pasaulis atsidūrė akligatvyje ir nesupranta, ką toliau daryti, o vystymosi programa reikalauja iš mūsų užmegzti gerus tarpusavio santykius, be kurių nebus tvarkos ekonomikoje, pramonėje, prekyboje. Žmonės prarado gebėjimą susijungti tarpusavyje, todėl dabar reikalaujama dvasinio, širdžių ryšio, tokio, kokio anksčiau niekad nebuvo.

Mes arba niekinome vienas kitą, arba mezgėme priverstinius kontaktus, arba netgi bendradarbiavome gamyboje, prekyboje, kultūroje, medicinos tyrimuose. Bet tada nei iš atskirų žmonių, nei iš valstybių nebuvo reikalaujama gero santykio su savo partneriais. O dabar iš mūsų reikalaujama kažkokių vidinių, psichologinių pastangų vieniems kitų atžvilgiu. Bet, matyt, to link ir ėjome vystydamiesi.

Anksčiau neturėdami išeities gyvenome viename name iškrikę po kampus ir susirinkdavome tik prie bendro stalo, o šiandien taip priklausome vieni nuo kitų, kad be gerų kaimyninių santykių mūsų gyvenimas virsta košmaru. Mums tiesiog būtina susitarti.

Penktasis skyrius

Toks susitarimas vadinamas laidavimu. Mes privalome taip tarpusavyje susijungti, kad kiekvienas visa širdimi jaustų, jog jo gyvenimas priklauso nuo kitų, lyg vieno būrio kariai, atsakingi kits už kitą, suprantantys, kad jeigu nepadės kitiems, o kiti – jam, tai visi žus.

Gamtoje, technikoje yra daug tokios visiškos priklausomybės pavyzdžių. Panaši sistema vadinama integralia arba analogine. Visi jos elementai tarpusavyje susiję, ir jeigu nors vienas iškrinta, visas mechanizmas liaujasi veikęs. Žmonijos raida atvedė prie to, jog šiandien augame, kad pasiektume būtent tokią vienybę.

Visus prasižengimus uždengs meilė

Kaipgi mums išsitaisyti, kad užsitikrintume gerą, ramų gyvenimą? Antraip taip ir liksime varginami bedarbystės, šeimos krizės, kasdienių problemų. Priėjome iki to, kai tarpusavio supratimo ir jautimo trūkumas pasiekė kritinę ribą. Visa žmonija atrodo kaip viena šeima – bet tai nėra gera šeima.

Mums būtina susitaikyti, bet čia neišsiversime be išorinės jėgos, kuri lyg profesionalus psichologas mezga ryšius tarp sutuoktinių. Tai psichologinė metodika, įpareigojanti mus papasakoti apie save, sužinoti daugiau vieniems apie kitus, susipažinti su žmogaus ir tautos prigimtimi bei charakteriu. Nesigėdinkime atvirai pasikalbėti kaip suaugę, protingi žmonės.

Suprantame nesą nekalti, iš prigimties esame bejausmiai egoistai, tačiau neturime pasirinkimo, ir mums teks priimti metodiką, kuri padės susijungti vieniems su kitais.

O ir mes tokie, kokie esame, tačiau reikia susivienyti, pakilus virš visų skirtumų, nieko neslopinti ir nesmerkti už jo trūkumus. Kiekvienas turi daugybę blogų polinkių ir nemalonių savybių, bet visgi reikia pasiekti taiką, sutarimą.

Sakoma, kad visus prasižengimus uždengs meilė.

Prasižengimai lieka, bet mes tarsi mama, kuriai atrodo, kad jos vaikas pats gražiausias, geriausias, ir dėl savo meilės ji liaujasi matyti blogybes.

Abipusio laidavimo kelias prasideda nuo to, kad neturėdami išeities suartėjame, užmezgame ryšius, tiriame vienas kito įpročius ir charakterį; turime būti iš anksto pasiruošę tarpusavyje nusileisti, tada pasaulis, be abejo, taps saugesnis ir ramesnis.

Galima pasvajoti, kaip bus puiku gyventi tokioje visuomenėje, kurioje laikomasi abipusio laidavimo dėsnio.

Žmogus ateina kaip šeimininkas

Laikas nenumaldomai eina pirmyn, o mūsų egoistinė raida kasmet stumia mus į vis gilesnę krizę. Ir čia kalbame ne vien apie ekonomikos krizę, kurios pabaigos visi taip laukia. Be to, yra daugybė kitų problemų, kurių neišsprendžiame dešimtmečiais.

Bendra visų šių priežasčių problema ta, kad nėra tinkamo tarpusavio ryšio, kuris pasireikštų visais lygmenimis, pradedant tarptautine prekyba ir baigiant atskiromis valstybėmis bei šeima. Todėl šiandien neįmanoma išsiversti be žinių apie bendrą ryšių sistemą, kuri įpareigoja mus kurti deramus tarpusavio ryšius, o ne šiaip pasirašinėti popierinius susitarimus dėl taikos, prekybos, pramonės ir ekonominio bendradarbiavimo.

Tai tarsi popieriuje likęs santuokos susitarimas, kai tiesiog turime būti vienoje teritorijoje ir dėl kažko tartis, pakęsti vieni kitus.

Tačiau tokiu atveju situacija greitai „kaista", ir kad nekiltų pasaulinis karas, turime kiekvienam žmogui papasakoti apie šį ryšį tarp mūsų, idant visi suprastų, jog šiandien jis eina iš širdies į širdį.

Matome, kaip išmintingai sukurta gamta ir kaip neatsiejamai susijusios jos dalys. Viskas, pradedant tolimomis galaktikomis bei didžiulėmis žvaigždėmis ir baigiant elementariosiomis dalelėmis, yra sujungta į vieną sistemą. Kuo labiau plėtojasi mokslas, tuo daugiau tokios vienovės įrodymų randame.

Žmonių visuomenė – neatskiriama gamtos dalis, todėl mūsų egzistavimas priklauso nuo to, ar pavyks tarpusavyje užmegzti tinkamus ryšius, vadinamus tarpusavio laidavimu. Jam esant priimsime naujus valstybinius ir tarptautinius įstatymus, elgesio šeimoje, darbe, viešosiose vietose taisykles. Visi turi rūpintis mūsų didžiule bendra šeima, juk galiausiai gyvename vienoje planetoje ir esame susiję labiau nei viename name įsikūrusios šeimos nariai.

Penktasis skyrius

Toks bendras rūpestis suteiks žmogui saugumo, pasitenkinimo, gerovės pojūtį: juk jis bus apsuptas žmonių, linkinčių jam gero. Visas pasaulis taps viena šeima, ir man nereikės nieko bijoti, gėdytis, dėl nieko nesijaudinti. Juk visas pasaulis priklausys man, aš kvėpuosiu laisvai, pilna krūtine. Kad ir kur eičiau, kad ir kur važiuočiau – kiekvienoje vietoje jausiuosi kaip namie.

Būtinas didelis darbas, norint, kad žmogus taip žvelgtų į pasaulį, ir todėl svarbiausia – ugdymas. Šiandien visa žmonija įžengia į šią naują epochą, kai turėsime išsitaisyti taip, kad iš tikrųjų taptume žmonėmis, vieno vientiso Žmogaus dalimis.

Vos tik imu taip jungtis su visu pasauliu, pradedu suprasti ir jausti, kas vyksta su bet kokiu žmogumi pasaulyje.

Įsivaizduojate, kaip išsiplečia mano gyvenimo suvokimas – išeinu už savo kūno ribų ir pradedu gyventi kituose. Tai leidžia (tiek, kiek įsijungiu į kitus, į vieną bendrą tarpusavio laidavimo sistemą) prisiliesti prie manyje slypinčio amžino taško, pajausti gyvenimą ne kūne.

Tikėkimės, kad mums pavyks to pasiekti!

Pasaulis, žvelgiant pro abipusio laidavimo akinius

Neįmanoma akimirksniu pasiekti tarpusavio laidavimo – to reikia mokytis nuolat, žingsnis po žingsnio. Pirmiausia būtina išstudijuoti žmogaus psichologiją, paskui – santykių tarp dviejų draugų psichologiją, tuomet – santykius šeimoje, vėliau – santykius su giminaičiais, kaimynais ir pan. Palengva įgydami patirties ir kaupdami įspūdžius, lavindami jautrumą, galėsime pereiti prie platesnių, tolimesnių ratų.

Pavyzdžiui, įsivaizduokime valstybines struktūras ir kokia forma jas galima sujungti. Vis labiau gilindamiesi į šį klausimą, imsime suprasti, kokių pokyčių reikia šioje sferoje.

Užuot svarstę, kaip apgauti vieniems kitus dar pasirašinėjant abipusę sutartį, nuo pat pradžių galvosime, kaip kurti tinkamus tarpusavio santykius. Nuo pat pirmojo sutarties punkto mums bus aišku – kad ir kokios būtų sąlygos, neturime teisės jos pažeisti.

Abipusis laidavimas – tai tas jungiantis tinklas, kuris šiandien susieja mane su visu pasauliu, suriša mus draugėn ir neleidžia pabėgti. Jeigu panorėsime jį nutraukti, tai šitai virs baisiais karais, po kurių vis tiek turėsime sukurti tokį ryšį tarp mūsų, tarpusavyje nusileisdami ir mylėdami.

Man gali paprieštarauti, kad žmonija senų seniausiai apie tai galvojo ir mėgino eiti šiuo keliu. Dar prieš penkis šimtmečius utopistai apie tai svajojo, mūsų laikais tai mėgino įgyvendinti komunistai, o po jų – kibucų kūrėjai. Visa tai tiesa, bet mes turime suprasti, kad niekad istorijoje tai nebuvo būtina mūsų vystymosi sąlyga.

Imame apie tai kalbėti šiandien, nes visapusė krizė rodo, jog mums trūksta būtent abipusio laidavimo, nes tai būtina tam vystymuisi, kuriam mus įpareigoja gamta, užtikrinti.

Mokytis nusileisti

Kaip žmogus, teoriškai suprantantis integralaus pasaulio idėjas, gali imti jas suvokti jausmiškai, ir kaip tai leistų jam iš tikrųjų nusileisti?

Tai įmanoma tik tada, jei žmogus matys ir jaus daug pavyzdžių apie savo ryšį su kitais ir priklausomybę nuo kitų. Jis pats turi įsitikinti, kokį laimėjimą gaus iš tokio ryšio ir kiek daug neteks priešingu atveju. Paskui laukia praktiniai užsiėmimai grupėje – su klausimais ir atsakymais, žaidimais, dainomis, filmais ir klipais, kurie turi suteikti jausminį visų sąvokų įsivaizdavimą ir parodyti, kur tai iš tikrųjų gali atvesti.

Be to, reikia išnaudoti pripratimo principą. Juk sakoma, kad įprotis virsta antrąja prigimtimi, ir jeigu žmogus pripranta atsižvelgti į kitus ir būti susietas abipusiu laidavimu nedidelėje grupėje (pamažu aiškindamasis viso to teikiamą pranašumą), tai jis gali šį santykį pritaikyti platesniam bendravimo ratui. Galiausiai šiuos principus jis pritaiko visam pasauliui ir jaučia jį kaip glaudų jam pačių artimiausių žmonių ratą.

Reikia pasikviesti mokslininkus bendradarbiauti, jie tarsi gydytojai, nustatantys ligos diagnozę ir išrašantys pasveikti padėsiančius vaistus, aiškina, kas nutiks vienu ar kitu atveju. Nieko nepadarysi, laukia sunkus gydymas, bet žmogus yra pasirengęs už savo gyvenimą atiduoti viską.

Penktasis skyrius

Reikia išnaudoti aplinkos jėgą, kuri gali įtikinti žmogų dėl bet ko. Aplinkos poveikis formuoja žmogaus savybes, visus jo įpročius. Gimę nieko nežinome apie šį pasaulį, nežinome, kaip reikia jame veikti, mus viso to išmokė vėliau. Tad akivaizdu, jog (kas kad tai sunku ir nepaprasta) galima priversti žmogų pašalinti visus susiformavusius elgesio stereotipus.

Tačiau iš tikrųjų tereikia parodyti, kad užmezgęs ryšį su kitais žmogus padės pats sau. Galiausiai iš to egoistiškai išloš: juk jam bus gerai, jei visi juo rūpinsis, užtikrindami jam visa, kas geriausia. Kas to nenorėtų? Tereikia dėl to kažko atsisakyti, bet juk gyvenime už viską būtina mokėti.

Dar daugiau, kalbama ne apie tai, kad visąlaik kentėsime, apribosime save ir tik neturėdami išeities, per didžiules dvasines pastangas ir vidinę įtampą gerai elgsimės su kitais. Visa ne taip! Pasitelkę žiniasklaidą turime užtikrinti tokią įtaką, sukurti tokį išorinį poveikį žmogui, kad jis imtų mėgautis tuo, jog gerai elgiasi su aplinkiniais.

Atsidursime kupiname gėrio pasaulyje. Nuo priverstinės pareigos tereikia pereiti prie geranoriško rūpinimosi kitais – iš pradžių priverstinai, o paskui noriai.

Taigi mes įžengėme į naują epochą ir stovime ant būtinų pasikeitimų slenksčio: iš egoistinės konkurencijos ateiti prie tarpusavio laidavimo, o paskui ir prie abipusės meilės.

Tam mums reikia sukurti sistemą, kuri aiškintų, šviestų, naujai ugdytų, kuri veiktų žmogų, tam tikras grupes, tautą, šalį ir visas valstybes kartu visais lygmenimis, kol visiems bus suteiktas tas pats integralus ugdymas ir visi išmoks draugiškai gyventi viename name.

Šeštasis skyrius

Su gerais žmonėmis ir palapinėje rojus

Nūnai pastebime, kad atsidūrėme ypatingoje situacijoje – pirmąsyk istorijoje išgyvename visuotinę krizę. Daugybė mokslininkų, filosofų, sociologų, politologų mato, kad problema glūdi žmonių tarpusavio santykiuose. Iš mūsų nereikalaujama keisti visuomeninės santvarkos ir kurti naujų išorinių formų.

Manėme, kad vystydami technologijas ir naujas medžiagas įstengsime pakilti virš šiandieninių problemų. Atrodytų, reikėtų vos šiek tiek daugiau tvarkos

Šeštasis skyrius

ekonomikoje, valstybės struktūrose, užmegzti taikius ryšius tarp šalių ir galėtume gyventi gerai. Tačiau matome, jog nepadeda nei tarptautiniai ryšiai, kad ir kaip stengtumėmės juos palaikyti, nei naujosios technologijos.

Tarkim, dabar įvyks mokslinis proveržis ir pradėsime naują epochą, pagal užsakymą kursime bet kokią medžiagą ir iš jos lengvai gaminsime bet kokias prekes – tiražuosime automobilius tarsi paveikslėlius spausdintuvu. Bet kuo tai mums padės? Jau suprantame, kad ne tai problema.

Galima sukurti pačias geriausias materialias sąlygas porai, kuri nenori būti kartu – bet tai nė kiek nepadės, įkurdink juos nors ir pilyje. O jei jie myli vienas kitą, tai sugebės gyventi nedidelėje, ankštoje patalpoje ir jausis ten gerai.

Tokių pavyzdžių daug. Pagal vaikus matome, kad jie siekia ne kažko nepaprastai ypatingo, o tiesiog to, kas įdomu ir patogu. Žmogų veda jo norai, ir mums reikia patikrinti, kaip jie auga.

Iš kartos į kartą tobulėjome vedami savo egoizmu. Iš pradžių jis vertė mus pasirūpinti pagrindiniais dalykais: maistu, šeima, giminės pratęsimu. Be šito žmogus negali gyventi, tai suprantama. Ir visą savo gyvenimą rūpinomės savo egzistavimu, kad kuo labiau jį palaikytume.

Paskiau sparčiai vystėsi technologijos, padėjusios mums atlaisvinti dalį darbo dienos ir skirti ją kitiems užsiėmimams. Tada ėmėme plėtoti pramonę, prekybą, gaminome drabužius, batus, vystėme mokslą. Jau ne visi žmonės buvo pririšti prie žemės ūkio darbų, kad taip pelnytųsi kasdienę duoną, buvo tokių, kurie užsiiminėjo mokslu, literatūra, kultūra ir visa tai darė visos likusios tautos naudai.

Vėliau žmonės telkėsi į skirtingas valstybes, kad sukurtų galingesnę ir labiau išvystytą pramonę, kad atrastų naujus žemynus. Žmogus tobulėjo, nes augo jo norai ir siekis užkariauti vis daugiau. Galiausiai sužiuromie netgi į žvaigždes, svarstydami, kaip jas pasiekti.

Iš tikrųjų XX amžiuje sugebėjome išeiti į kosmosą, prasiskverbėme giliai į žemę ir panirome į vandenynų gelmes. Tačiau staiga mūsų susidomėjimas visais šiais užsiėmimais ėmė blėsti ir pradėjome jais nusivilti. Praėjusio šimtmečio septintajame dešimtmetyje iškilo ypatinga karta – hipiai, neigiantys visas materialias vertybes.

Mes manėme, kad tai Antrojo pasaulinio karo atgarsiai ir išlepimas dėl sotaus ir gero gyvenimo. Bet jie ėmė galvoti apie kitokį požiūrį į gyvenimą, mat pajuto naują norą, skatinusį susimąstyti: „Dėl ko mes egzistuojame, kodėl einame per šį gyvenimą tarsi per mėsmalę? Kad kažkur nugriūtume ir išnyktume be pėdsakų? Be to, esame verčiami robotais, kad patenkintume kažkieno užgaidas – su tuo nesutinkame!"

Mūsų norai vis didėjo, kol pasiekė visa apimantį nusivylimą visose srityse. Ir tai netgi daugiau nei paprastas nusivylimas – tai bendra tendencija žmonių prigimtyje, stumianti mus į nuopuolį, į būseną, kai imame klausti: o ką jūs turite šiame gyvenime.

Toks gyvenimas žmogaus nedžiugina, jis nemato tobulėjimo perspektyvų, būdų klestėti. Neturėdamas pasirinkimo, žmogus bando kaip nors patirti pilnatvę. Jis žino, kad išeities nėra, ir tenka taip gyventi. Vis daugiau žmonių išgyvena depresiją, ir tai vyksta kartoje, kuri, sakytum, turi viską! Ko gi dar trūksta? Galima dirbti kuo užsigeidus, galima įgyti bet kokią profesiją, užsiimti menu, muzika. Galima mėgautis bet kokiu polinkiu, keliauti po pasaulį, ilsėtis.

Tačiau matome, kad išaugęs noras daugiau niekur mūsų neveda. Tartum visko turiu pakankamai ir manęs daugiau niekas netraukia. Tai mūsų kartos išskirtinė savybė, ir taip mes priėjome visuotinę krizę. Ji unikali tuo, kad ją galima įveikti tik vienu ypatingu būdu, kuris gyvenimui suteiks džiaugsmą ir prasmę, – santykiuose tarp žmonių.

Mes visiškai to nelaukėme, neieškojome ir nesitikėjome tokio sprendimo. Tačiau bendras nusivylimas, visko, kas yra šiame gyvenime, niekinimas, krizė asmeniniame gyvenime ir visuomenėje rodo mums, kad tai vienintelis galimas visų problemų sprendimas.

Mūsų gyvenimas virto verslu

Mes nesiekiame mylėti vieni kitų ir palaikyti gerų santykių, tačiau norom nenorom tai daryti tenka, kad būtų galima išspręsti bet kokią problemą. Tarkime, problema medicinoje: mes nebetikime gydytojais. Diegiami vis naujesni alternatyvaus gydymo metodai ir technika – ir viskas dėl to, kad dėl mūsų egoizmo gydymas virto verslu. Valstybė trečdalį nacionalinių pajamų – tiek, kiek gynybai – privalo skirti medicinai.

Tai tapo tikru verslu, ir mes juo nebepasitikime. Matome, jog mums išrašo nereikalingus vaistus, vien tam, kad juos parduotų, ir daro daugybę nereikalingų

Šeštasis skyrius

tyrimų, skenuoja, tikrina. Užuot ėjus pas vieną gydytoją, kuris išgydytų, žmogus siunčiamas nuo vieno specialisto prie kito – kad visi galėtų užsidirbti.

Šis pavyzdys liudija tai, kaip dingsta tikėjimas – egoizmas sugadino mūsų santykius su medicina, ir lygiai taip pat kitose srityse: žmogaus ir valstybės santykiuose, tarp žmogaus ir įstatymo, tarp žmonių. Problema ta, kad tenka susidurti su žmonėmis, kuriems nė kiek nerūpiu ir kurie siekia mane apgauti – patirti naudą iš to, kad patekau į bėdą. Taip jaučiuosi.

Nėra žmogaus, kuris žvelgtų į kitą turėdamas gerų ketinimų, – visus sieja vien tik prekybiniai interesai. Žmogus nemato žmogaus, bet vien iš kito galimą išpešti naudą. Taip mes ne tik netenkame gyvenimo skonio, tam tikrų neįkainojamų vertybių, bet ir negalime pasikliauti šeima, net sakoma – priešai mano paties namuose.

Susiklosto tokia situacija, kai neįstengiame susitvarkyti nei su ekonomika, nei su finansine sistema, nei su pramone – su niekuo. Juk visur žmogus stengiasi primesti asmeninius išskaičiavimus, kai visiškai nepaiso kitų, ir todėl mums reikia daugybės sistemų – apsaugos, gynybos, kontrolės, kad vieni kitų neapgaudinėtume ir kad neįkištume vieni kitiems ko nors nereikalingo, netgi kenksmingo.

Visur, netgi kultūroje, švietime susiduriame su tokiomis problemomis. Ir pati didžiausia bėda – vaikų auklėjimas, nes nebėra ryšio tarp tėvų ir mokytojų, tėvų ir likusios visuomenės. Anksčiau guodėmės, kad jei ne mes, tai bent jau mūsų vaikai turės gerą gyvenimą, o šiandien regime vis didesnį atotrūkį tarp kartų. Kiekviena karta nelaimingesnė už buvusiąją.

Girdžiu, kaip žmonės sako: „Kam gimdyti vaikus ir pasmerkti juos kančioms? Man blogai, bet jie gyvens dar blogesniame pasaulyje. Jau kalbama apie tai, kad pasaulis žlugs, mat išeikvojome visus gamtos išteklius, arba įvyks branduolinis karas. Kam gimdyti vaikus ir pasmerkti juos tokiam gyvenimui? Tik tam, kad su vaiku pasižaistum, kol jis mažas? Bet tai juk ne šuniukas..."

Ir žmogus iš tikrųjų įsigyja šuniuką. Kone kiekviename bute yra šuo. Kodėl gi ne: aš jį myliu, jis mane, be to, yra ištikimas, nekelia sunkumų, o dar ir pasivaikščioti mane kasdien išveda...

Trūkstant tarpusavio ryšiui, žmonės ėmė keisti santykius tarp kartų: tarp vaikų, tėvų ir senelių. Pasaulyje paprastai vienu metu egzistuoja trys kartos ir akivaizdu, kad tarp jų nėra jokio ryšio.

Žmogus taip pat neturi ryšio su gimtąją šalimi. Jis laisvai renkasi, kur jam lengviau gyventi – ten ar čia. Jei svetima kalba, kitokios sąlygos jo negąsdina, tai važinėja iš šalies į šalį, nė su viena nejausdamas ypatingo ryšio. Yra žmonių, kurie keliauja po pasaulį ir taip randa save, nenorėdami priklausyti nė vienai valstybei. Bet vis dėlto giliai viduje žmogaus jaučia šilumos, jaukaus kampelio, namų poreikį, juk tokia mūsų prigimtis.

O svarbiausia – mums nepavyks išspręsti globalių, organizacinių problemų, kad pasipriešintume visuotinei krizei. Šios krizės kitaip neišspręsi – tik užmezgus tinkamą ryšį tarp žmonių. Juk ji daug kur susijusi su pasitikėjimo stoka ir žmonių nenoru būti geriems vieni kitiems.

Kaip ištirpinti šaltus išskaičiavimus

Visąlaik atliekame mechaniškus, šaltus išskaičiavimus, manydami, jog reikia sutvarkyti finansus, tiekimą, žaliavas, kažkokius sandorius, kad ir kokių tikslų siektume.

Tačiau dabar matome, kad viso to negana, kad tokia forma jau neveiksminga. Visuose mūsų santykiuose mums reikia įnešti šilumos, atjautos, pasitikėjimo! Be sauso išskaičiavimo, dar reikia santykio – investuoti vieniems į kitus, tarpusavyje nusileisti, kiekvienas turėtų pridėti kažką daugiau nei sausas išskaičiavimas.

To nebus – niekas neveiks. Juk mūsų pagrindas – noras, o jis jutiminis. Jo pinigais neįvertinsi! Mėgaujuosi vaiko šypsena, nes jį myliu ir neparduosiu jo už jokius pasaulio lobius. Galiu pasikliauti man artimais žmonėmis, kad jie kiek pajėgdami pasirūpins manimi, ir to nenupirksi už jokius pinigus, kad ir kiek ligoninių aplink save pristatytume, kad ir kokias palaikymo tarnybas sukurtume.

Kitaip tariant, kad ir ką paimtume – paprasčiausią gyvenimą, ryšius tarp kartų, santykius tarp žmonių, pramonę, verslą, švietimo sistemą, kultūrą, gynybos sritį – visur problema ta, jog visiškai netekome ryšio vieni su kitais ir nesimokome, kaip tą ryšį užmegzti.

Kažkada šis ryšys buvo savaime ir stipriai veikė žmones. Jie buvo prisirišę prie žemės, miesto, savo šalies, gimtinės. Šiandien ryšys gana neaiškus. Mes netenkame

Šeštasis skyrius

tokios sampratos kaip „namai", o mums tai labai svarbu. Be šito žmogus nejaučia gyvenimo skonio ir prasmės.

Neįmanoma gyventi pačiam niekuo nesirūpinant ir kai niekas nesirūpina tavimi. Nors šiandien mums sunku prisiimti įsipareigojimus, ir kažkieno prisirišimas atrodo kaip našta, bet be to neįstengsime gyventi toliau.

Neatsitiktinai ši krizė tokia daugialypė. Ji prasidėjo pačia sausiausia forma – nuo pinigų ir didėdama lyg sniego kamuolys apėmė vis daugiau problemų – vidinė krizė žmogaus gyvenime, santykių krizė šeimoje, su vaikais, kultūros, švietimo, sveikatos apsaugos, saugumo krizė. Krizė plėtėsi vis aukščiau ir aukščiau, kol pasiekė ekonomiką.

Ir kol ji neatkeliavo iki šio labiausiai nuo žmogaus jausmų nutolusio lygmens, mes beveik nekreipėme į ją dėmesio. Buvome pasirengę nepaisyti savo jausmų – tą ir darėme. Tačiau dabar neliko išeities. Ir jei imsime šį raizginį atpainioti kita linkme – nuo finansinės padėties iki mūsų, pamatysime, kad neatkūrę pasitikėjimo tarp žmonių neįstengsime išgyventi.

Beždžionės moka mylėti, žmogus – ne?

Neatsitiktinai žmonija tampa vis labiau suspausta, uždara, vienalytė. Akivaizdu, kad tai dėsningas procesas, įrašytas mūsų vystymosi programoje. Galime jį stebėti iš šalies, analizuoti, bet tai – faktas. Nesvarbu, norime ar nenorime, bet egzistuoja mūsų prigimties vystymosi procesai, kuriuos privalome pereiti ir atskleisti tokias formas.

Todėl neturime pasirinkimo, privalome sukurti labiau susijusią, draugiškesnę, šiltesnę visuomenę, grįstą tarpusavio atjauta ir pagalba. Visi senovės šaltiniai, visos religijos ir tikėjimai tvirtina, kad galiausiai mums teks atsigręžti į meilę.

Tą patį tvirtina žmonės, gyvenantys atsiskyrę gamtoje. Jie jaučia iš gamtos pusės sklindančią meilę, jos rūpestį viskuo, kas joje yra. O mes vieni su kitais elgiamės egoistiškai ir žiūrėdami pro egoistinius akinius nė nepastebime tos meilės.

Teko bendrauti su Jane Goodall, kuri apie septyniolika metų praleido džiunglėse su beždžionėmis ir už savo tyrimą buvo apdovanota Nobelio premija. Paklausiau jos, koks esminis pojūtis liko iš gyvenimo, praleisto su beždžionėmis miškuose, kur nieko nėra, ir ar jos buvo pasirengusios ją priimti kaip savą? Ji atsakė: „Meilė – štai ką jaučiu tarp mūsų. Nors jos visąlaik kažką tarpusavyje aiškinasi ir tarsi rėkia, bet visa tai tam, kad sužadintų meilę. Lygiai tą patį pradėjau įžvelgti medžiuose, miške, danguje, žemėje..."

Štai ką ši moteris atskleidė, nors pagal savo charakterį ji visai ne sentimentali. Tiek metų džiunglėse pragyvenęs, atvykęs iš akmeninių Amerikos džiunglių žmogus pamažu atskleidžia, kad gamta pripildyta meilės.

Ir čia iš tiesų susiduriame su didžiule problema. Visos religijos, tikėjimai, dvasinės praktikos sutartinai sako, kad žmogus turi pasiekti visa apimančią vienybę. Jeigu ne mylėti, tai bent jau užmegzti gerus santykius, o jei to nebus, žmogus tiesiog negalės toliau egzistuoti.

Dėl to ir išgyvename tokį procesą: kad pajaustume tam poreikį ir panorėtume pasiekti meilę, sukurti naujus santykius. Juk mylėti nepriversi! Galiu sumokėti pinigus ir nusipirkti viską, ko užsigeisiu, tik ne meilę. Už pinigus galima gauti paslaugumą, bet ne meilę, tai visiškai kitoks, išsiskiriantis iš visos žmogaus jausmų paletės jausmas!

Tarkime, jaučiu, kad tapai man svarbus, nes per tave pažįstu, suvokiu kažką naujo gyvenime. Tu man tampi brangus tiek, kiek tas dalykas, kurį tavo padedamas noriu gauti. Taip tarp mūsų gimsta geri santykiai.

Mes galime užmegzti tokius tarpusavio santykius, kai mums prireiks abipusio pasitikėjimo. Kadangi man reikia tavęs, o tau manęs, tai tarp mūsų kyla pasitikėjimas priklausomai nuo to, kiek galiu tavimi pasikliauti. Bet jeigu paskui kas nors ateis ir tau sumokės daugiau ar tau suteiks didesnį malonumą, tai tavo pasitikėjimas ir tavo ištikimybė iš karto dings.

Todėl patenkame į itin neįprastą situaciją. Vystydamiesi pajutome, kad priklausome vieni nuo kitų ir privalome sukurti gerus santykius, tiek, kad turime pamilti vienas kitą! Antraip neliks pasitikėjimo, kuris būtinas, norint šiandien užtikrinti gerą gyvenimą.

Šeštasis skyrius

Septyni milijardai arbatos puodelių

Neatsitiktinai šiandien stovime vieni priešais kitus apsiginklavę atominėmis bombomis. Kiekvienas už nugaros slepia po gerą jų tūkstantį ir visus kitus ginklus, kurių prigrūsti palydovai kosmose, pasirengę iššauti vos tik paliepus. Neatsitiktinai esame tokie suirzę, jaučiame ilgesį. Viskas tik tam, kad suprastume, jog neturime išeities, ir jei norime gyventi gerai, turime „apversti" mūsų santykius aukštyn kojomis.

Ir čia, tarp meilės ir neapykantos, tvyrančių tarp mūsų, klesti krizė! Ši krizė skelbia mums: negalėsite gyventi Žemėje, neapykantos nepavertę meile! Pasitikėkite vieni kitais ir dėl atominių bombų, ir dėl bankų, išvyskite, kad sistema apvali, integrali – juk ji būtent tokia, norisi jums to ar ne.

Supraskite, jūs tiesiog neturite kito pasirinkimo. Žinodami, kaip veikia ši analogiška, integrali, visiškai susijusi sistema, prikimšta mirtį sėjančių ginklų ir neapykantos, jūs turite iš esmės pasikeisti. Kitaip liksite be duonos kąsnio.

Tai jau nebe kokia nors asmeninė problema, į kurią galima numoti ranka – tiesiog negalėsite pasirūpinti pačiais būtiniausiais gyvenimui dalykais. Finansinė krizė skatina milijonus protestuotojų išeiti į gatves. Pati šalis gali būti itin turtinga, pavyzdžiui, Vokietija ar JAV, tačiau dėl visiško abejingumo vienų kitiems bus neįmanoma užtikrinti bedarbiams normalaus gyvenimo. Jie išeis į gatves ir siaubs visą šalį.

Nesvarbu, kiek pinigų valstybės turi atsidėjusios juodai dienai ir kokios jos maisto produktų atsargos. Trūkstant abipusės atjautos, turime pasaulį, kuriame pusė žmonių tiesiog miršta iš alkio, o kita pusė išmeta daugiau produktų, nei reikėtų pamaitinti alkstantiems. Ir šios pusės neįstengia tarpusavyje susitarti, nes negalvoja viena apie kitą.

Todėl akivaizdu, kad neišsiversime nepasiekę visuotinės meilės. Nors šis žodis jau įgijo netyrą atspalvį: seksualinį, melagingą, naivų. Todėl galime kalbėti apie visišką tarpusavio atjautą, prasiskverbimą į kito žmogaus norus, supratimą to, ko jam reikia, rūpinimąsi juo. Tai turime pasiekti, kitaip nebus gyvenimo Žemėje.

Jei tai bendras žmonijos egzistavimo dėsnis, tai kaip mums pradėti gyventi pagal jį? Tūkstančius savo norų turiu sutvarkyti taip, kad būtų naudingi ne vien mano paties labui, bet kad atsižvelgčiau į kitų interesus.

Privalau būti susijęs su visu pasauliu. Man nereikia pažinti kiekvieno žmogaus veido, bet viduje turiu jausti, kad mes kartu, kad rūpinuosi kiekvienu kaip pačiu savimi! Aš piluosi puodelį arbatos ir rūpinuosi, kad visi kiti jos taip pat turėtų. Rūpinuosi tiek, kad jeigu kiti panorėję jos negalės turėti, tai sau taip pat neimsiu. Taip, kaip mama: kol nepamaitins vaiko, kol neįsitikins, kad jis sotus, sveikas ir patenkintas, tol negalės rūpintis savimi. Ji tiesiog neįstengs galvoti apie save, kol jam ko nors reikės. Mums būtina išmokti, kaip iš visiško egoizmo pasiekti štai tokią priešingą būseną.

Kiek daug gerų dalykų galima atlikti kartu

Matome, kad gyvename ypatingu metu. Per visą istoriją gamta ir išorinėmis, ir vidinėmis sąlygomis dar niekad nereikalavo mūsų pasikeisti. Visuomet ėjome pirmyn, mūsų egoizmas augo, minkėme šį pasaulį kaip tinkami ir mėginome pritaikyti sau.

O dabar mums pirmąsyk reikia prisitaikyti patiems – gauti visuotinį, integralų auklėjimą, kuris išmokys galvoti vieniems apie kitus ir būti „gerais vaikais" kaip vaikų darželyje, jei to nebus, mūsų darželio irgi nebebus.

Jeigu paklausime specialistų – sociologų, psichologų, tai jie pasakys, kad tai įmanoma atlikti būtent grupėje. Kitaip tariant, reikia suburti grupę ir vesti su ja pokalbius, treniruotes, bendrus renginius, pratimus, kad žmonės išvystų, kaip gera būti kartu, kiek jie laimi, jei juos supa rūpestingi draugai, kiek daug gerų dalykų galime nuveikti kartu: ilsėtis, maloniai leisti laiką, palaikyti kits kitą.

Neatsitiktinai pradėjau kalbėti apie egoizmo raidą sakydamas, kad vystėmės dėl savo egoistinio noro, galiausiai kiekvienas kasdien turėjo keletą laisvų valandų ir galėjome užsiimti prekyba, pramone, mokslu. Bet jeigu augame ne dėl egoizmo, o, priešingai, dėl to, kad rūpinamės vieni kitais, užmezgame gerą tarpusavio ryšį, tai taip pat įstengsime išsivaduoti iš įvairiausių problemų ir rūpesčių.

Sukursime kitokią pramonę – ne materialinę, techninę, bet vidinę, dvasinę. Taip, kaip kadaise pasitelkę egoizmą, kuris stūmė mus pirmyn, sukūrėme šiuolaikinį technologinį pasaulį, taip dabar užsiėmę savo vidine raida, sukursime tarpusavyje naują pasaulį – vidinį.

Šeštasis skyrius

Ten bus kitos technologijos bei naujovės ir viskas atsiskleis mūsų tarpusavio santykiuose. Pamatysime, kad tuose geruose santykiuose atsiveria ištisas pasaulis, kupinas skirtingų pojūčių. Ir šiam ryšiui užmegzti mums nereikalingas internetas bei kitos ryšio linijos, nereikia prekybos „tu – man, aš – tau".

Mes tarpusavyje susiję jausminiu lygmeniu – nūnai suprantame, kad kiekvienas, pažinodamas keturis žmones, jau yra susijęs su visu pasauliu, kad egzistuoja drugelio efektas ir visuotinė priklausomybė. Jeigu šį jau esantį mūsų tarpusavio ryšį susiesime su naujais santykiais, tai pakreipsime save taip, kad šis ryšys plėtosis itin įdomiai, kokybiškai, ir galiausiai jausime vienas kitą – kaip mama vaiką.

Kiekvienas taps kaip visi! Visi įsijungs į kiekvieną ir tada žmogus pradės jausti kitus, o kiti jaus jį. Taip užtikrinsime tarpusavio atjautą, užmegsime visa apimantį, integralų ryšį.

Tuomet įstengsime pajausti tai, apie ką kalbėjo Jane Goodall, kiti žmonės, taip pat tai, ką skelbia visos religijos: meilė – tai visuotinis, bendras gamtoje veikiantis dėsnis.

Sociologai ir psichologai gali patvirtinti, kad atliekant panašius pratimus nedidelėse žmonių grupėse galima užtikrinti asmeninį vidinį žmogaus tobulėjimą. Tuomet kiekvienas pajaus tokias vidines jėgas ir patirs visa apimančią, gamtoje karaliaujančią meilę.

Neverta taip sunkiai dirbti!

Be abejonės, patobulinę tarpusavio santykius, turėsime ne tik kitokią bendrą rinką, bet pasieksime viską, ko užsigeidę, – gyvensime laimingą gyvenimą. Juk šiandien sveikatos apsaugai skiriama 30 proc. nacionalinių pajamų, iš kurių geriausiu atveju vos keli nuošimčiai pasiekia paprastą pilietį. Be to, nuo 30 proc. iki 50 proc. išleidžiama gynybai, ginklams, o dar didesnė dalis – biurokratiniam aparatui išlaikyti ir įvairioms problemoms spręsti.

Ištaisę savo santykius išsilaisvinsime iš 90 proc. visiškai bergždžios veiklos. Staiga pastebėsime, kad nebuvo jokios prasmės taip sunkiai dirbti! Dėl ko?

Šiandien krizė per jėgą privers mus pakeisti požiūrį į gyvenimą. Mes suprasime, kad žmogus turi būti laisvas! O kai pradėsime galvoti vieni apie kitus, tai daugybė žmonių, rūpindamiesi kitais, su džiaugsmu imsis darbų, kad gamintų produktus, statytų būstus, siūtų drabužius, kad parengtų viską, kas būtina, net sukurs tam reikalingas naujas mašinas.

Bet pirmiausia pasirūpinsime tuo, kad visi visko turėtų į valias ir po lygiai. Galbūt tada mums neprireiks tokių pavojingų atominių elektrinių ir kitų žalingų technologijų. Viskas susiklostys vien dėl žmonių tarpusavio atjautos, kitaip tariant, sukūrus požiūrį, kuris priešingas šiandieniniam.

Gali pasirodyti, kad tai komunistinis požiūris. Tačiau K. Marksas į viską žvelgė iš ekonominių pozicijų – juk jis buvo ekonomistas. Ir tokias išvadas jis padarė remdamasis skaičiavimais, lentelėmis, kurias pateikė savo „Kapitale", o ne dėl to, kad gimė turėdamas tokius komunistinius idealus.

Pagal jo skaičiavimus buvo matyti, kad besitęsiantis egoistinis vystymasis atves prie logiškos pabaigos. Tai buvo akivaizdu dar prieš 150 metų, jo gyvenimo laikais, ir iš tiesų yra taip – būtent prie to ir atėjome. Galime su juo sutikti ar nesutikti, tačiau jis buvo sumanus žmogus ir matė, kuo baigsis gimstanti būsena.

Egoizmas kada nors liausis augęs ir jo vystymuisi yra galas. Šio vystymosi rezultatas – egoizmas atskleidžia savo baigtinumą, pasmerktumą. Ir būtent tai nūnai su mumis vyksta.

Todėl kuo greičiau suprasime šią tendenciją ir įsisąmoninsime, kad globalus, integralus pasaulis reikalauja iš mūsų tarpusavio rūpestingumo, tarpusavio supratimo, visa apimančios meilės (o tai yra bendras viso pasaulio dėsnis), tuo greičiau baigsis ši visuotinė krizė ir pasieksime gerą, gražų gyvenimą.

Žinoma, mums reikia judėti to link bent jau nedideliais žingsneliais – dėl mūsų vaikų, dėl ateities kartų. Jeigu išmokysime juos, kad nors kiek rūpintųsi vieni kitais, jie bus daug laimingesni už mus.

Protestai prieš atsiskyrimą

Iš to, kas pasakyta anksčiau, galima matyti, kokias sistemas mums būtina sukurti, kad atliktume tam tikrus pokyčius žmonių visuomenėje. Tikriausiai teks organizuoti mokymo klases, grupes, kursus. Pirmiausia, žinoma, reikia parengti dėstytojus, suprantančius visus šiuos dalykus ir juos jaučiančius. Juk neįmanoma mokyti apie meilę, jeigu pats jos nejauti.

Šeštasis skyrius

Jiems teks vesti žmonių grupes, atlikti praktinius užsiėmimus ir mokyti, kaip rūpintis vieniems kitais, kad žmonės išvystų, kiek tai naudinga ir koks atlygis laukia. Ir tai suteikia ne tik vidinę ramybę – tai atsispindės netgi sąskaitoje banke. Žmonės dalyvauja protesto demonstracijose, nes jiems malonu jaustis kartu. Žmogui svarbu jausti bendrumą, būti jo dalimi, ir tai jis patiria kartu šaukiančioje minioje. Bet nejau tai tinkama forma? Vietoj to galime rengti festivalius, didžiules iškylas gamtoje. Žmones traukia bendrumo jausmas.

Apie tai kalba protestų Volstryte ir kitose vietose dalyviai. Tačiau jie neranda kitos vietos, kur jaustų savo tarpusavio solidarumą, bendrą susidomėjimą. Kodėl gi neleidus žmonėms gyventi taip, kad jie pasijaustų partneriais, kurie galvoja vieni apie kitus, kurie kalbasi tarpusavyje ir jaučiasi it vienas?

Tikėkimės, kad integralaus auklėjimo kursuose, renginiuose, kuriuose dalyvausime kartu, kiekvienas pajaus, kokį didelį laimėjimą gaus. Mes einame egoistiniu keliu ir norime pamatyti, kiek laimime, kiek suartėjame, kiek mūsų pasaulis tampa saugesnis, sveikesnis. Mūsų vaikai nekentės mokykloje nuo prievartos ir narkotikų, nuo baimės išeiti į gatves. Būsime dėmesingi vieni kitiems sėdėdami prie vairo, kad kasdien dešimtys žmonių nežūtų keliuose. Sutvarkysime sveikatos apsaugą, pasirūpinsime pagyvenusiais žmonėmis, jaunąja karta – viskuo.

Mūsų gyvenimas primins vienos draugiškos šeimos santykius, kai pakylama virš visų skirtumų ir problemų, tačiau mūsų egoizmas liks. Nereikia jo naikinti – pasieksime tarpusavio susitarimą drauge su juo, kaip vienoje šeimoje, kurioje gyvena suprantantys, protingi, išprusę žmonės, įsisąmoninantys, kad kiekvienas skiriasi nuo kitų ir reikia į tai atsižvelgti. Meilė – tai, kai myliu kitą, nepaisydamas to, kad tas žmogus ne visai toks, kokį norėčiau matyti.

Tai tarsi gimęs šeimoje vaikas. Matau tokius savo anūkų charakterio bruožus, kuriuos vargiai pakenčiu. Tačiau neturiu išeities – negaliu jų „laužyti" ir priimu taip, kaip yra, – myliu juos, nors ir labai kenčiu nuo tų savybių. Suprantu, kad kitaip nieko nebus, toks gyvenimas. Tačiau kiek iš to laimiu, jeigu nieko nepaisydamas juos myliu!

Taip ir mes gyvensime atsižvelgdami vieni į kitus. Ir jeigu jie išaugs ir pajaus, kad senelis juos mylėdamas ne itin mėgsta kai kurių jų polinkių ir įpročių, tai galbūt jie juos pakeis iš meilės man. Ir tada išvysiu juos be priekaištų – tokius, kokius juos noriu matyti. Jie taip pat pamatys, kad pasikeičiau jų atžvilgiu, nes noriu, jog mane mylėtų.

Taip sukursime „apvalų" pasaulį, kuriame kiekvienas papildo kitą ir savo meile skatina kitą pasikeisti, taip pat jį pamilti. Pasieksime taiką ir darną. Tikėsimės, kad integralaus ugdymo kursai tam padės.

Gerų santykių lobynas

Per teorinius ir praktinius užsiėmimus supratę, ką reiškia paisyti vieniems kitų interesų, ir išmokę taip elgtis, pereisime prie tarpvalstybinių santykių. Mūsų užduotis – sukurti sistemą, kuri leis gyventi darnesnėje visuomenėje išlaikant didesnę pusiausvyrą, kai visų gyvenimo lygis daugmaž panašus.

Sakykime, per penkerius metus turime kiekvienam parūpinti stogą virš galvos, drabužių, maisto ir visa, kas būtina namuose.

Tokias sistemas valstybiniu ir pasauliniu mastu sukursime ne per prievartą, ne per jėgą, o iš anksto ugdant. Bolševikai kažkada mėgino tai įbrukti per jėgą, ir visiems aišku, kuo tai baigėsi.

Tad pirmiausia būtinas integralus ugdymas. Juk jo esmė – ne perskirstyti perteklių ir pašalinti trūkumus. Kalbama apie tai, kad yra vidinė tendencija, privertusi mus vienytis. Atsiskleidžia mus siejantis tinklas, kuris įpareigoja palaikyti gerus santykius.

Todėl pasireiškia bendra, visuotinė krizė visose mūsų veiklos srityse – kitaip tariant, visur, kas mus sieja vienus su kitais. Krizė – tai kai nėra tinkamo ryšio tarp žmonių. Tuo galima paaiškinti visas krizes: ir šeimos, ir švietimo, ir kultūros, dabar ji pasiekia net ekonomiką. Dėl visko kalti nederami mūsų tarpusavio santykiai, dėl jų mes ir kenčiame.

Nėra kur dėtis. Patekome į tokią situaciją, kad tol, kol žmogus nesusimąstys ir nepastebės blogio savyje, kol nenuspręs, jog jam būtina pasikeisti, nes stovint ant ribos tarp gyvenimo ir mirties nebeliko pasirinkimo, tol jis nesutiks priimti naujo ugdymo. Žmogus privalo pamatyti, kad nėra pasirinkimo ir būtina auklėti save naujai, kurti naujas sistemas.

Kas mums čia padės? Reikia pedagogų, psichologų, sociologų, politologų, sporto trenerių... Reikia sukurti tokias sistemas, kad remdamasis gautomis žiniomis ir praktiniais įgūdžiais žmogus suprastų būtinybę keistis ir mokėtų tai įgyvendinti.

Šeštasis skyrius

Ne per prievartą, o iš visos širdies

Nūnai matome itin įdomų reiškinį gamtos vystymosi procese. Pirmąsyk istorijoje vystomės ne aklai, kaip anksčiau, kai pirmyn mus ginė egoizmas, versdamas kapstytis visomis kryptimis. Mes staiga vienoje, antroje, trečioje srityje kažką atradome, ir tūkstančiai žmonių ėmė tuo užsiimti, plėtoti, vieni kitiems pardavinėti prekes – taip vyko procesas.

Tačiau netikėtai viskas sustoja, tarsi pirmąkart esame priversti pažvelgti tiesai į akis ir susigaudyti: „Kas nutiko? Kur atėjome?" Mūsų vaikai jau neima iš mūsų pavyzdžio ir tarsi klausia: „Kam mus pagimdėte? Kam gyvename?" O mes ir patys nežinome, ką į tai atsakyti. Mes visuomet be paliovos bėgome ir bėgome, kol staiga sustojome ir svarstome: „O kur bėgti? Kam? Kas vyksta? Kur patekome?"

Dairomės aplink ir baisimės – tai tarsi sausa, gyvybės neturinti dykuma, kurioje ničnieko nėra. Ir svarbiausia, kad dabar iš mūsų pirmiausia reikalaujama suprasti, įsisąmoninti situaciją, į kurią patekome per visą raidos istoriją. Kiekvienas privalo pažinti ir suprasti ją, juk be šito neįstengs atjausti kitų ir būti atjaustas.

Kadaise tai buvo išrinktųjų išimtinė teisė: keletas mokslininkų, politikų, išminčių, karalius ar koks kitas valdovas duodavo nurodymus, kaip eiti į priekį, ir leisdavo įstatymus.

Tačiau šiandien atsiveria dėsnis, kurį kiekvienas iš mūsų privalo įgyvendinti. Negali elgtis kitaip, todėl tau reikalingas ugdymas. Šio dėsnio neįpirši taikydamas prievartines priemones, bausdamas ar sodindamas į kalėjimą kiekvieną, kas negali jo laikytis.

Taip nepavyks! Žmogus privalo įdėti savo širdį laikydamasis šio dėsnio, megzdamas ryšį su kitais. Tai ne „pirk, parduok" išskaičiavimas: kiek tu man, o kiek aš tau. Tai naujosios būsenos unikalumas, apie kurią šiais laikais dauguma rašo kaip apie kažkokį egzistuojantį procesą, prasidedantį mūsų laikais nuo nulio ir priskirtiną kitam raidos lygmeniui.

Tai ir vadinama žmonijos vystymusi, kai tarpusavyje kuriame bendrą ryšių sistemą – vieno, vieningo žmogaus pavidalą. Ir negali būti taip, kad kažkas kokiame nors pasaulio krašte, Manhatano centre ar Europoje atsisakytų prie jo prisijungti.

Kiekvienas turi apie tai išgirsti. Juk jeigu tai priklauso nuo visų - neturime kito pasirinkimo.

Visų pirma tai turėtų įvykti tikras perversmas vaikų, jaunosios kartos, auklėjime. Bent jau kita karta pradės naują gyvenimą - nuostabų, darnų, kupiną tarpusavio atjautos, užtikrintą, saugų. Kad niekas vaikui nepardavinėtų narkotikų, kad niekas neverstų jo prekiauti savo kūnu, nemuštų jo.

Pažvelkite, ką padarėme su savo vaikais, juk jie tiksli mūsų kopija. Nesugebame susitvarkyti patys, tad ir vaikų negalime apsaugoti, kad jie išaugtų kitokie. Kaip galiu iš vaiko reikalauti, kad jis būtų kitoks, jei pats esu toks?

Tad žvelgdami į vaikus matome, kaip jų netenkame, - jie išauga dar blogesni nei mes. Bet iš esmės jie tęsia tą pačią tendenciją. Negaliu įvardyti jų kaip blogų. Jeigu pats šliuožiu žemyn nuožulnia plokštuma, tai jie tiesiog šliuožia priešais mane - juk jie kita karta.

Tačiau mes galime susivokti ir pasitelkę integralaus ugdymo kursus pereiti visus vidinės revoliucijos etapus, išvažiuoti ant naujų bėgių, mat gyvenimas mums verčia, o ne dėl to, kad koks nors gudrutis sumąstė.

Reikia patikrinti viską, kuo mums gali padėti mokslas, psichologija, kasdienio gyvenimo praktika, ir kartu pažiūrėti, kaip sukurti naują pasaulį.

Stebuklinga paskutinio egoisto metamorfozė

Ir visgi kuo remdamasis žmogus, šis užkietėjęs egoistas, patiria tokią metamorfozę?

Norint, kad jis išnaudotų savo egoizmą gerąją linkme, reikia palaikymo iš visuomenės - gero ir blogio poveikio, t. y. atlygio ir bausmės. Reikia gauti vaikų palaikymą, kad jie gerbtų savo tėvus ar negerbtų jų atsižvelgdami į šių savybes.

Su žmogaus egoizmu žaidžiame įvairiausiomis formomis, kurdami jį supančią aplinką, turinčią keletą lygmenų. Juk pats žmogus turi šiuos keturis lygmenis ir tiek pat ratų būtina aplink jį sukurti. Reikia jį veikti per jo vaikus, kad pajaustų, jog vaikai vertina ir tikrina jį pagal tai, kiek jis duoda visuomenei. Vaikų nuomonė itin svarbi tėvams.

Šeštasis skyrius

Kitas ratas – kaimynai, trečias – bendradarbiai, ketvirtas – valstybė, ir visi jų vertina pagal vieną principą. Štai tokią aplinką reikia sukurti, kad ji suptų žmogų, ir ne kaip kalėjimą, iš kurio norėtųsi ištrūkti. Reikia atsižvelgti į mūsų egoizmą, juk tai mūsų prigimtis.

Tačiau mes taip pat turime suprasti, kiek daug laimime, nes mokomės, ne kaip užgniaužti egoizmą, o kaip tinkamai jį išnaudoti.

Pavyzdžiui, jeigu su savo didžiuliu egoizmu galiu pelnyti turtus savo vaikams, tai šituo naudojuosi, ir nuo to visiems gerai. Kitaip tariant, problema ne pats egoizmas, jis gali visiems atnešti didžiulę naudą. Klausimas toks, kaip jį išnaudoju. Jeigu visuomenė įpareigoja mane išnaudoti jį dėl kitų gerovės, tai aš taip ir elgsiuosi. O nepavykus sieksiu išsitaisyti. Viskas priklauso nuo visuomeninių ribų, žmogus – savo aplinkos produktas. Todėl reikia veikti nespaudžiant ir neverčiant.

Laiminga pusiausvyra – „mes ir pasaulis"

Kažkada tobulėjant technologijoms žmonėms atsirado daugiau laisvo laiko, ir jie jį galėjo skirti mokslui, kultūrai, filosofijai – tiems dalykams, kurie tarsi nebūtini gyvybei palaikyti. O šiandien laisvu laiku mes imsime tirti naują pasaulį.

Visi turėtų stažuotis, išklausyti kursus – ilgalaikius, malonius mokymus apie naują pasaulį, apie žmogaus sandarą, jo psichologiją, apie santykius tarp žmonių, apie tėvus ir vaikus, apie sutuoktinius, apie vaikų auklėjimą, apie visuomenės struktūrą, apie egoistinės raidos istoriją. Reikia išstudijuoti globalias, integralias sistemas pasitelkus žmogaus organizmo, Visatos sandarą. Žmogus turėtų būti kiek labiau pažengęs.

Bet visa tai studijuojama lengvai, tausojamai, be jokių egzaminų – per aptarimus, užjaučiant, bendraujant grupėje. Tai ne klasė, į kurią ateini, mokaisi ir skubi namo. Tu esi apsuptas šios atmosferos, juk tau reikia pažinti patį save ir pasaulį, kuriame gyveni. Taip, kaip mokome mažus vaikus. Juk norime, kad jie pažintų pasaulį, kuriame gyvena, ir išmoktų veiksmingai naudoti viską, kas juos supa.

Lygiai to paties mums dabar reikia išmokyti suaugusiuosius, juk jų niekas nemokė! „Aš ir pasaulis" – toks mokymosi turinys. Ir kaip dabar šis „aš ir pasaulis" virsta „mes ir pasaulis", o pastarasis – viena didžiule visuma, integralia sistema.

To mokome žmogų, nes bendras gamtos dėsnis – tai pusiausvyra. Patogiausiai jaučiamės būdami pusiausvyros būsenos. Viskas linksta į pusiausvyrą. Tad reikia parodyti žmogui visuose lygmenyse esančius dėsnius: fizikos, chemijos, biologijos, zoologijos, kad jis išvystų, jog viskas tikrai taip. Ir tada taps aišku, kad žmonių visuomenė taip pat turi būti organizuota pagal šį principą.

Tai ne mistika, o rimtas mokslas. Ir to imamės ne dėl to, kad kokiam nors revoliucionieriui šovė į galvą įgyvendinti tokią idėją, o dėl to, kad gamta per visuotinę krizę verčia mus tai atlikti. Ir ne todėl, kad mes – it K. Markso idėjas įgyvendinantys komunistai, o todėl, kad to išmokome iš šiuolaikinio gyvenimo ir matome, jog iš esmės jis neklydo.

K. Marksas buvo teisus kalbėdamas apie krizę. O kad įgyvendintume jo rekomendacijas, šiandien kreipiamės į mokslininkus, specialistus, pasitelkiame šiuolaikinio mokslo pasiekimus.

Vidinis internetas – nuo širdies prie širdies

Kai pasieksime visa apimančią meilę, atskleisime vieną lauką, jungiantį visą žmoniją. Imsime jausti vieni kitus, ir tai bus vidinė komunikacija – iš širdies į širdį, iš proto į protą. Mokslininkai jau ir šiandien tvirtina, kad žmogiškajame lygmenyje mus visus sieja vienas laukas.

Kaip yra elektrinis, magnetinis ar gravitacinis jėgų laukas, taip yra ir kiti jėgų laukai. Žinoma, esama ir minčių lauko – aš apie kažką pagalvojau ir tas kažkas staiga susiprato. Arba aš pajuntu kokį nors norą, o tu staiga tai atskleidi.

Yra jautresnių žmonių, kurie geba tai atskleisti, ir yra mažiau jautrių. O čia žmonių tarpusavio santykiuose sukuriame tokį jautrumą, kad pradedame jausti ir suprasti vieni kitus be žodžių. Netikėtai pradedu jausti visą žmoniją kaip pačius brangiausius man žmones, kaip artimus draugus – jie vis giliau prasiskverbia į mano širdį ir aš jaučiu, kad vis labiau skverbiuosi į jų širdis.

Tuomet tarp mūsų staiga atsiskleidžia toks ryšys, kad man nereikia nei interneto, nei žodžių, nieko – man pakanka vidinės kalbos, iš širdies į širdį. Tartum

Šeštasis skyrius

vienas kitą mylintys vyras ir žmona – jiems nebūtina kalbėtis, jei tik žiūri vienas į kitą ir šypsosi. Jiems pakanka, kad kiekvienas jaučia kito širdį.

Tačiau čia kalbame apie rimtesnį ryšį, ne apie paprastą šilumos ir meilės pojūtį. Interneto ryšys, visos komunikacijos priemonės, ryšiai prekyboje, kultūroje, švietime pradedami jausti per mūsų naują „vidinę technologiją". Staiga atskleidžiame mūsų tarpusavio ryšyje tą vietą, kurioje galėsime sukurti naują žmoniją, naują pasaulį, pripildytą mūsų bendrų jausmų ir minčių. Ten, savo viduje, šio pojūčio viduje sukursime ištisą pasaulį.

Šie santykiai visiškai mus užpildys. Muzika, literatūra, teatras, kinas – viskas bus ten viduje! Man neprireiks jokių išorinių simbolių, kad gaučiau įspūdžius iš skirtingų mūsų vidinio ryšio formų. Juk apie ką pasakoja visų rūšių menas? Apie žmogaus įspūdžius – o aš visa tai jausiu!

Kam vystyti technologijas ir vis daugiau gaminti, jeigu viskas, ko man reikia, – tai būtiniausi dalykai egzistavimui, o paskui aš galiu mėgautis gyvenimu. Malonumas – abstraktus dalykas. Galiu mėgautis negamindamas aplink save kalnų iš metalo ir betono. Galima tai atlikti kur kas paprasčiau, svarbiausia – vidinis pasitenkinimas, būtent juo ir gyvas žmogus.

Milijardierius banko sąskaitoje turi sumą su dešimt nulių ir saldų pojūtį širdyje. Svarbus šis pojūtis. Juk gali būti, kad iš jo jau pavogė visus tuos pinigus, o jis dar to nežino ir toliau mėgaujasi tuo pojūčiu.

Galime suteikti žmogui tokį pripildymą, kad jam nebereikės nieko daugiau negu tai, kas būtina gyvūninio kūno gyvybei palaikyti, o jo kaip žmogaus pasitenkinimas nuolatos didės.

Meskite lauk tą žalingą įprotį būti nelaimingam

Šiandien daugybėje pasaulio šalių paplitusi depresija, apie tai byloja statistika. Bet vis dėlto negalima sakyti, kad visi jaučia tokį nusivylimą – daugybė žmonių jo nepatiria.

Tačiau tai nereiškia, kad nėra nusivylimo. Mat žmogus prie visko pripranta. Pamenu, mano senelio būta itin kuklaus. Jis turėjo labai seną, sugulėtą čiužinį.

Kad ir kaip jį įkalbinėjau: „Duok aš tau nupirksiu naują, gerą, patogų vietoj šito kvėžos", jis vis atsisakinėdavo, sakydamas, kad priprato prie šio ir jam gerai. Bet to nepavadinsi geru gyvenimu – tai tiesiog įprotis. Žmonės įpranta nuolatos tarpusavyje pyktis. Prie visko gyvenime galima priprasti, o tada įprotis tampa antrąja prigimtimi ir žmogus liaujasi tai laikęs blogybe, tai jam tampa paprastu, įprastu dalyku.

Kažkada lankiau gimines Kanadoje ir tuo metu pas juos viešėjo pažįstami iš Rusijos. Tai buvo aštuntasis dešimtmetis, kai Rusijoje vyko didžiulis perversmas, viskas žlugo, trūko produktų. Jie pasakojo, kaip pirmąsyk apsilankė prekybos centre Kanadoje: įprastas prekybos centras, tik labai didelis, tačiau pas juos namuose, Rusijoje, tada tokių nebuvo. Jie ten nuėjo ir išbėgo lauk – negalėjo ilgiau ištverti. Paskui aiškino, jog jiems taip skaudėjo dėl tos gausos, kad tiesiog negalėjo pakęsti, tad kilo noras nuo to atsiriboti, pabėgti.

Mat žmogus priprato, kad ateina į parduotuvę, kurioje geriausiu atveju yra duonos ir šiokios tokios dešros, nors jos gali ir nebūti. O čia jis mato 30 rūšių duonos, 50 rūšių dešros, ir jokių eilių – tik imk, tau padėkos, įsigytus daiktus supakuos, įdės į vežimėlį ir palydės iki mašinos. Jis prie to nepratęs!

O dabar paimkite kanadietį ir nusiųskite jį į to meto Rusijos parduotuvę, kur guli tarybinė dešra ir neaišku, iš ko iškepta duona. Jis pamanys, kad geriau sėdėti Kanados kalėjime, kur duoda bananų, nei gyventi tokį gyvenimą. Bet jeigu pasiteirausite tame mieste gyvenančių rusų, tai jie pasakys, kad viskas gerai.

Pamenu, kai paklausiau vieno savo mokinio, kaip jis gyvena. Šis atsakė: „Man viskas gerai. Suprantu, kad lauke žiema, bet turiu pasirūpinęs du maišus bulvių, dar maišą kopūstų. Ir žinau, kad žiemą išsilaikysiu." Pažiūrėkite, kaip žmogus žvelgia į savo gyvenimą, kaip mažai jam reikia. Pamėginkite tai paaiškinti kanadiečiui, jis nė nesupras, kaip taip galima gyventi.

O Afrikoje yra šalių, kuriose žmonės pragyvena už dolerį per dieną. Niekas nepasakys afrikiečiui vaikui, kaip kad paprastai sakau savo anūkui: „Jeigu gerai pavalgysi, nuvešiu tave į zoologijos sodą." Žmonės pripranta prie problemų ir įprotis ištrina kančios pojūčius.

Kalbėjausi su žmogumi, kuris 25 metus sėdėjo Sibiro lageryje. Kai laikas baigėsi, jis nenorėjo iš ten išeiti, mat jau nesuprato, kaip galima gyventi laisvėje, juk visas jo pasaulis buvo susijęs su kalėjimu.

Šeštasis skyrius

Šalia kalėjimo buvo įsikūręs kaimelis, jame gyveno buvę kaliniai, kurie išėję į laisvę nepanoro niekur išvažiuoti. Jie apsistojo ten ir nugyveno savo gyvenimą, kažkur Sibire, visiškame užkampyje.

Žmogus nesukurtas pagal sausą išskaičiavimą: ten turėsiu mažiau, o čia daugiau. Jam svarbiausia vidinė šiluma, įprasta vieta, gimtieji namai. Ir negali remdamasis statistiniais skaičiaus daryti išvados: gera žmonėms ar ne. Jie tiesiog priprato prie tokio gyvenimo ir nesupranta, kokios perspektyvos jiems atsiveria.

Kita vertus, negalima prieiti ir imti pasakoti, kaip blogai jie gyvena. Ateiname ne šiaip, o ištikus krizei, kad nors šiek tiek stumteltume žmogų – parodytume, kur viskas ritasi ir kokias kur kas blogesnes būsenas tai gali sukelti. Todėl verta jau dabar pradėti naują auklėjimą, kol nekilo suiručių ir karų. Nelaukime pilietinių karų – verčiau ugdyti tautą.

Kreiptis galima į kiekvieną išgyvenantį krizę visuomenės sluoksnį. Į tuos, kurie patiria problemų šeimoje, su vaikais, į tuos, kurie neteko darbo, į tuos, kurie greitai išeis į pensiją, nors jaučia vidinių jėgų ir norą pritaikyti savo gebėjimus, bet niekur jų nepriima. Kitaip tariant, be aktyvios, veikla užsiėmusios visuomenės dalies, dar yra daugybė žmonių, kuriuos galima užimti jau šiandien.

O iš aktyvios, dirbančios dalies labai greitai pradės plūsti daugybė bedarbių – iki 90 procentų. Todėl jau dabar galime visuomenėje ugdyti šį naują požiūrį.

Taigi matome, kad gamta veda mus ten, kur pirmąsyk būsime priversti nuspręsti, koks kitas mūsų raidos žingsnis. Iki šiol visąlaik vystėmės aklai, bet dabar mums reikia patiems tobulinti save – patiems numatyti kitą žingsnį, kitą būseną. Mes patys ją kuriame, o ne priverstinai į ją esame stumiami.

Atskleidžiame, kaip mums čia, dabartyje, bloga, kad panorėtume sukurti gerą ateitį. Ir mes negalėsime pereiti į šią šviesią ateitį, jei patys nesuprasime, neįsisąmoninsime, nenorėsime ir nesukursime to.

Taip ir mindžikuosime čia vienoje vietoje, kol krizė atsiskleis tiek, kad privers mus žengti kitą žingsnį – sukurti laimingą, tobulai gyvenančią žmonių bendruomenę. Tai tokia būsena, kai pasiekiame pusiausvyrą su Gamta.

Septintasis skyrius

Nedarbas – pasaulinio masto grėsmė

Šiuolaikinis žmogus bijo ateities. Daug žmonių šiandien netenka darbo ir dar daugiau bijo jo netekti, nes nežino, kaip jiems pavyks patenkinti savo reikmes, padengti nuostolius. Dėl nekilnojamojo turto krizės JAV tūkstančiai žmonių neteko savo namų, ir mes tegalime spėlioti, kokiomis sąlygomis jie dabar gyvena, kokia sunki jų padėtis. Skaitydamas paskaitas lankausi įvairiose pasaulio šalyse ir matau, kokį spaudimą patiria žmonės neturėdami darbo, atlyginimo. Čia du svarbūs dalykai.

Septintasis skyrius

Pirma, žmogus nežino, kaip aprūpinti savo šeimą. Sutuoktinis, vaikai, namas, skolos, senstantys tėvai... O gal ir pats jau arti pensijos. Be to, anūkams reikia padėti. Daugybė žmonių priklauso nuo vieno dirbančio šeimos nario. Spaudimas didėja, tampa bendru masių rūpesčiu. Ekonomistų ir sociologų skaičiavimais, greitai į bedarbių gretas įsilies šimtai milijonų žmonių, kurie neturės iš ko gyventi. Statistika rodo, kad JAV kone pusei gyventojų reikia vienokios ar kitokios pagalbos pragyventi, ar tai būtų maisto talonai, ar šilti pietūs ir pan.

Antra, darbo netekęs žmogus nežino, kaip toliau gyventi. Nuo darbo nukentėję rajonai tampa organizuoto nusikalstamumo, prostitucijos, narkomanijos židiniais. Galiausiai visuomenė už tai moka kur kas brangiau, nei kainavo įdarbinti žmones.

Pasėdėjęs be darbo keletą metų žmogus jau nebegali grįžti į darbo rinką. Netgi išsilavinęs vidutinės klasės atstovas laikui bėgant praranda darbo įgūdžius, nebejaučia būtinybės kasdien išeiti iš namų ir grįžti po darbo dienos, atsiskaityti už darbą ir pan.

Tad kalbame ne apie atskiras individualaus pobūdžio problemas, o apie socialinę nelaimę, kuri kaip bumerangas grįš visuomenei, o ji gali ir nesusidoroti su šia problema.

Be to, gali kilti sukilimų, neramumų, revoliucijų ir kitų nelaimių, atsirandančių, kai šimtai milijonų staiga atsiduria už borto. Tai sukuria bangą, kuri it epidemija ritasi per pasaulį. Matome, kaip šiandien vienoje šalyje kilusios problemos atsitiktinai ar sąmoningai perduodamos toliau ir kaip virusai užkrečia kitus.

Tad nedarbo problema neapsiriboja pragyvenimo minimumu, šiltais pietumis ir ar dėvėtais drabužiais. Juk visuomenė negali bedarbio išlaikyti metų metus. Praeina metai, daugiausia dveji ir jį palieka: „Pats kurkis." Kol kas tokių žmonių dar nėra daug, bet kas nutiks, kai be darbo liks masės?

Problema netgi ne finansinė, nors tokie asmenys nepasitenkina vien pragyvenimui būtinais dalykais. Juk kai tokių žmonių bus daug, jie įgaus jėgą – per rinkimus, per demonstracijas, suirutes. Jau matome, kuo tai gali baigtis – pavyzdžiai prieš akis. „Pavasaris" gali būti ne tik arabų, bet ir Europos, Amerikos ir t. t.

Pramoninės vergystės kokone

Per tūkstantmetę raidą žmogus vis labiau tolo nuo darbo vien dėl kasdienės duonos. Jis plėtojo prekybą, pramonę, kultūrą, švietimą, meną, teisę, buhalteriją, įvairiausias paslaugas, madą, žiniasklaidą – antrinius dalykus, kurie nėra gyvybiškai būtini pragyventi. Jie ir sudaro, sakykim, 90 proc. visuomenės veiklos.

Pažvelkite į bet kurį didmiestį: kaip gyventojai užsidirba pragyvenimui? Jie nesiverčia žemdirbyste, neaugina karvių ir ožkų, nedirba stambiojoje pramonėje. Kažkur ten, kitose vietose, stovi reaktoriai, pramoninės jėgainės, didžiulės elektros stotys, o pats miestas gyvuoja, nes žmonės susibūrė drauge ir aptarnauja vienas kitą skirtingose srityse, kad patenkintų negyvybiškai būtinas reikmes.

Plečiantis krizei milijonai žmonių didžiuosiuose miestuose gali likti be darbo. Ir jie neras sau žemės lopinėlio, kuriame galėtų ūkininkauti. Tai didelė problema – kaip organizuotis, žinant dabartinę padėtį pasaulyje? Juk milijardai žmonių gyvena miestuose.

Dar prieš du šimtmečius viskas buvo kitaip: žmonės dirbo gana daug valandų per dieną be įrenginių ir šiuolaikinių technologijų. Žmogus gamino prekes, kad užsidirbtų sau gyvenimui. Aptarnaujančių kitus profesijų, nebūtinų prasimaitinti, buvo nedaug.

Vėliau ėmė vystytis pramonė ir technika. Šiandien vienoje įmonėje galime pagaminti tūkstančius automobilių arba skirtingos paskirties mašinų. Parduotuvėse pilna produktų, iš kurių galima greitai ir lengvai pasiruošti maisto naudojantis šiuolaikine virtuvės įranga, ir tam nereikia švaistyti valandų kaip anksčiau.

Šiuolaikiniame vystymosi etape išplėtojome technologijas, kad galėtume masiškai gaminti gausėjantį produktų asortimentą, o tuo laiku, kurį anksčiau skyrėme, kad užsidirbtume tai, kas būtina pragyvenimui, ėmėme dirbti kaip ne gyvybiškai būtinų profesijų atstovai. Tarkime, vietoj vieno gydytojo šiandien yra dešimtys gydytojų specializacijų, tūkstančiai įvairios medicininės įrangos, tūkstančiai vaistų. Ieškome buhalterių, ekonomistų, finansininkų, bankininkų, advokatų ir pan. paslaugų. Visa tai – ištisa pinigų pramonė. Sukūrėme visuotinį tarptautinės prekybos tinklą. Ir galiausiai per du šimtmečius prikūrėme sau daugybę veiklų, kurių didžioji dalis – išgalvota ir nėra tikrai būtina.

Septintasis skyrius

Bet juk bėda net ne ta, kad visa tai užpildė žmogaus gyvenimą. Užuot ėmęsi ko nors iš tikrųjų svarbaus, žmogiško, prigalvojome daug profesijų, kurių paskirtis – užimti laisvalaikį. Mes tiesiog žaidžiame tas gyvenimo valandas, kurias buvo galima paskirti kažkam, kas svarbiau ir kilniau – žmogiškajai pakopai. Pažvelkime į savo gyvenimą. Dešimt dvylika valandų per parą iš žmogaus atima darbas. Keliamės anksti ryte, stveriame vaikus, vežame juos į darželį ir paliekame iki vakaro. Labai dažnai vos kelių mėnesių kūdikis visai dienai išsiskiria su savo tėvais. Darbe praleidžiame mažų mažiausiai aštuonias valandas. Grįžtame, pakeliui pasiėmę vaikus ir užsukę į parduotuvę. Kelyje, beje, taip pat praleidžiame valandą dvi. Galiausiai atsiduriame namie, o čia mūsų laukia neatidėliotini reikalai ir standartinės procedūros: paruošti maistą, išplauti indus, pamaitinti, išmaudyti ir paguldyti vaikus. Be to, kartais užbaigiame darbus, kurių nespėjome atlikti darbe, o dažniausiai laiką leidžiame prie kompiuterio ar televizoriaus ekrano. Tuo viskas ir baigiasi.

Daugelis darbdavių pasirūpina savo darbuotojų atostogomis, vaikų darželiais, savaitgaliais. Galų gale darbo vieta žmogui tapo jo gyvenimo centru. Ir todėl taip sunku jį palikti.

Mane kankina klausimas: „Kuo užsiimsiu išėjęs į pensiją? Marios laisvo laiko, juk galima iš proto išsikraustyti..." Pripratome prie nesibaigiančių lenktynių, prie nuolatinio darbo valandų pumpavimo. Apie žmogų sprendžiame pagal tai, kuo jis užsiima, pagal jo specialybę, o ne pagal asmenines savybes. Nesvarbu, kuo jis domisi, kuo žavisi, svarbiausia – darbas. Pagal jį matuojamas žmogaus prestižas ir garbė: kuo daugiau turi pavaldinių ir kuo daugiau uždirba, tuo labiau vertinamas. Trumpai tariant, žiūrime į žmogų kaip į atliekantįjį kažkokias pareigas, o ne kaip į asmenį.

Taip po dviejų šimtmečių pramonės ir technologijų vystymosi staiga atsidūrėme labai savitame pasaulyje su ypatinga visuomene. Iš esmės praradome žmogų. Kiek galima plėtoti pramonę, prekybą, verslą? Juk galiausiai žmogus tampa savo darbo vergu. Svarbiausia jam – kad pasisektų darbe, toks jo gyvenimo tikslas. Jis gimė, kad dirbtų. Tam jis rengiasi pirmuosius dvidešimt metų. Svarbiausia – dirbti, kol dar sveikas ir kupinas jėgų. O pasenus, kai jau nebetinkamas dirbti, jam lieka dešimt dvidešimt metų, kad užgęstų gaudamas pensiją ir gerdamas vaistus.

Nejaugi mes iš tikrųjų dėl šito gimėme ir gyvename?

Nusipurtyti dulkes

Dar auštant pramoninio progreso erai K. Marksas sakė, kad tai negali tęstis visada. Savo teiginius jis pagrindė šios raidos prigimtimi – jai lemta baigtis krize. Kita vertus, tuo metu žmonija dar nebuvo susidūrusi su ekologijos problema. Juk mes iš esmės griauname Žemės rutulį, atimdami iš jo turtus ir išteklius. Energijos šaltiniai riboti, ar tai būtų nafta, dujos, anglys, ar bitumas, branduolinis kuras ir t. t. Jų nedaug. Ir nors kartais girdime apie naujai atrastus šaltinius, galiausiai kalbame apie kiekius, kurių mums užteks daugių daugiausia trisdešimčiai metų. O kur dar nepataisoma žala, kurią padarėme visai gamtai. Ji išbalansuota ir tęsti taip toliau netgi be krizės neįmanoma.

Kad ir kaip ten būtų, nekokia ir su šeima susijusi padėtis: palikti vaikai, nutolę sutuoktiniai, kurie iš tikrųjų net negyvena namie... Mes nesivystome. Žmogus nesivysto. Jis auga tik profesionaliai – kursuose tobulindamas kvalifikaciją.

Matome, kad šiuolaikinė krizė tarsi apibendrina ir užbaigia paskutinius du šimtus mūsų raidos metų. Ne tik K. Marksas, net ir dauguma kitų žmonių perspėjo mus, kad visa tai baigsis priėjus akligatvį. Praėjusio amžiaus viduryje apie tai kalbėjo ir Romos klubo nariai: žmonijai gresia tokia būsena, kai nepavyks atsilaikyti.

Apakinti savo egoistinio požiūrio į gyvenimą, nesusimąstėme apie tai. Nematėme, nejautėme ir nenorėjome prisipažinti, kad griauname Žemę, save, vaikus ir savo ateitį. Tik dabar, atsidūrę krizėje, norom nenorom pripažįstame, kad būtina pakeisti viską, nes kitos išeities nėra.

Kokių gi pokyčių reikia? Dabartinė krizė pirmiausia išfiltruos ir išvalys visą žmonių visuomenę. Panašiai, kaip nupurtome dulkes jas valydami nuo audinio, taip ir krizė „nupurtys" visas tas profesijas, kurios yra nebūtinos žmogaus gyvenimui ir iš esmės sukelia disharmoniją gamtoje. Būdamos dirbtinės, jos ne tik apsunkina mums gyvenimą versdamos dirbti bergždžiai – jų nereikia nei duonai uždirbti, nei visuomenei, nei Žemei apskritai.

Susipažindami su žmogumi, neklausiame jo: „Kokia jūsų profesija? Kur dirbate? Kokios ten darbo sąlygos?" Ne. Susitikę klausiame: „Kas jūs? Kaip laikotės?" Juk turi būti kažkoks pasitenkinimas žmogiškuoju lygmeniu.

Žvelgdami į savo vystymąsi gamtoje, pastebime, kad kūrinijos programa veda mus į vientisą visuomenę, į harmoniją su gamta. Ir šiandien tampa aišku, kad per

Septintasis skyrius

krizę norom nenorom einame to link. Patinka mums tai ar ne, tačiau norėdami susitvarkyti savo gyvenimą turime palaikyti tarpusavio ryšį. O to reikia mokytis, kad žinotume, kaip persitvarkyti į visiškai kitą režimą.

Ir todėl, kai žmogus, neturėdamas išeities ir nebeįsispraudžiantis į būtino darbo rėmus, kurie liko nupurčius nuo „audinio" visas dulkes, jaučia, kad turi itin daug laisvo laiko, tai šis laikas neturėtų būti laisvas. Jis turėtų būti skirtas mokymuisi, kaip pakeisti save, mezgant integralius tarpusavio ryšius, kaip pasiekti tarpusavio laidavimą, kaip pakeisti mus kaip žmones, kad taptume naujos, ypatingos visuomenės dalimi.

Čia iš tikrųjų reikia integralaus švietimo, ugdymo, kuris bus atviras visiems. Tam reikia organizuoti didžiulį mokomąjį tinklą, kad žmogus dieną, kaip ir anksčiau, būtų užsiėmęs. Tik dabar jo diena bus padalyta į porą valandų darbo ir dar šešias septynias valandas, skirtas mokytis ir lankytis renginiuose, kad pamažu žmogus keistųsi kartu su kitais ir iš tikrųjų taptų integralios visuomenės kūrėju.

Tada imsime vertinti žmogų pagal jo indėlį į tą procesą, pagal pasiekimus ten, o ne pagal pareigas, kaip kad tai darome šiandien.

Tai didžiulis darbas, ir jo neatlikę nepakilsime į kitą pakopą, kurią mums parengė Gamta kaip esamos krizės rezultatą.

Juk krizė mums rodo būtent kitą pakopą – ji išryškina mūsų trūkumus kitos pakopos atžvilgiu. Mums reikia sutvarkyti šeimą, vaikų ugdymą, santuokinius ryšius, santykius tarp kaimynų, tautoje, žmonijoje. Turime sutvarkyti gamtą, kuriai iki šiol tik kenkėme. O tam mums reikia pasikeisti viduje, vieniems iš kitų persiėmus įspūdžių apie tai, kaip mes tarpusavyje susiję – ir tada rasime teisingus sprendimus.

Tad priešais mus – darbas, kaip formuoti Žmogų. Per visą istoriją anksčiau to niekuomet nedarėme, mat nejautėme jokio poreikio.

Amžių amžius pirmiausia rūpinomės, kaip prasimaitinti. Ir tikrai dar prieš porą šimtų metų mums reikėjo pelnyti „kasdienę duoną", t. y. gyvenimui būtinus dalykus. Tik per paskutinius du techninio vystymosi šimtmečius vystėmės ne itin gerai, kai buvo gaminama daug perteklinių produktų.

Taip prasidėjo blogio įsisąmoninimo periodas: suprantame, kad egoizmas verčia mus netinkamai naudoti savo galimybes. Užuot keletui valandų per dieną išsivadavę nuo rūpinimosi būtinais dalykais, jas kompensavome daiktais, kurių netgi nereikia.

Šiandien krizė leidžia mums suprasti ir įsisąmoninti, kad tos valandos būtinos Žmogui formuoti. Ir mes, mūsų vaikai turime gauti šį auklėjimą.

Juk visada daugiausia rūpindavomės, kad vaikai įgytų profesiją. Nesvarbu, kokiu žmogumi būsi, svarbiausia – specialybė, kuri leis egoistiškai visus apsukti ir būti sėkmingam kitų sąskaita.

Dabar svarbiausia mūsų užduotis – išugdyti vaiką, auginti jį Žmogumi. Beje, kaip ir kiekvieną iš mūsų. Tada įgysime puikią, globalią, integralią formą, ir visos šiandien mus kamuojančios krizės pasibaigs, išnyks, o mes tarsi atsidursime „apverstame pasaulyje".

Šiandien darbe plūkiuosi nuo šeštos ryto iki septintos aštuntos vakaro. Man lieka vos pora valandų darbams namuose ir probėgšmais pasimatyti su vyru (žmona) ir vaikais. Šią situaciją būtina pakeisti iš esmės. Reikia sukurti tokias sistemas, kad visi žmonės dirbtų būtinas valandas, o visą likusį laiką mokytųsi, ugdytųsi, dalyvautų savišvietos renginiuose. Pagal tai reikia pakeisti mūsų visuomenės veidą.

Štai toks iššūkis mūsų laukia.

Sveikatos apsauga ar išnaudojimas?

Sukūrėme daugybę nereikalingų profesijų ir veiklos sričių. Tarkime, sveikatos apsauga. Mano tėvai ir dauguma giminių buvo gydytojai. Mano mokinių gretose irgi yra gydytojų, iš kurių nuolatos gaunu įvairių statistinių duomenų.

Pats aukštuosius mokslus taip pat pradėjau nuo medicinos fakulteto, nors vėliau supratau, kad tai ne man, ir perėjau į biologiją, medicininę kibernetiką, norėdamas suvokti žmogaus organizmo gyvybinės veiklos principus. Apie septynerius metus tiesiogiai darbavausi šioje srityje Leningrade (dabartinis Sankt Peterburgas, *vert. pastaba*), specializuotame institute ir Medicinos akademijoje. Visas mano gyvenimas susijęs su medicina, gydymu, gilinimusi į žmogaus problemas.

Paskutiniuosius penkis šešis medicinos raidos dešimtmečius galėjau pats stebėti ir matau, kaip ji „pagedo". Šiandien ji virto verslu. Tai galioja ir kalbant apie nereikalingus tyrimus, testus, skiepus, kurie sukelia daugybę įvairių problemų, ir apie specialybes, siekiant išplėsti Sveikatos ministeriją bei pačią sistemą apskritai.

Septintasis skyrius

Atsiranda vis naujesnių būdų, kaip „melžti" žmones. Didžiulė biudžeto dalis skiriama sveikatos apsaugai, be to, žmonės primoka ir patys.

Pacientai praranda pasitikėjimą gydytoju, nes šis galvoja tik apie užmokestį, skirtingai nei praėjusių laikų gydytojai, kurie turėjo saugoti tikėjimą žmogaus sveikata ir gydyti kad ir veltui. Šiandien be papildomo mokesčio tiesiog nepragyvensi, o dar ir gydytoju pasikliauti negali, nes jam svarbiausia – per dieną priimti kuo daugiau ligonių ir juos pamiršti. Juk jis irgi žmogus.

Trumpai tariant, mediciną pavertėme didžiuliu verslu. Ir todėl, jei iš visos šios sistemos išvalysime tuos segmentus, kurie sukurti egoizmo pagrindu ir skirti užmokesčiui, sėkmei ir valdžiai gauti – staiga paaiškės, kad mažų mažiausiai 80 proc. jos dalių nereikalingos. Pažįstu šią sritį iš vidaus – tai milžiniška industrija.

Kartą per televizorių rodė, kaip teisės fakultetai ir kursai rengia diplomų teikimo ceremoniją – visas stadionas buvo pilnas absolventų ir jų artimųjų. Kam visuomenei reikalinga tokia daugybė advokatų, notarų ir pan.? Tik tam, kad suteiktume jiems galimybę užsidirbti?

Kalbame apie pragyvenimui būtiną darbą, leidžiantį žmogui normaliai, oriai gyventi, o likusį laiką skirti švietimo sistemai, kuri reikalauja sukurti visuomenę, grįstą socialinio teisingumo ir tarpusavio laidavimo principais. Atitinkamai mums nebebus reikalingos „perteklinės" profesijos, o jų sąrašas netrumpas ir turime ką ginti.

Seniau buvo vienas bendras visų ligų gydytojas, o mūsų laikais tiek daug specializacijų, išpučiančių sistemą. Dalis jų, žinoma, pateisinama, bet tik mažoji dalis. Be to, reikia nepamiršti, kad daugumą sveikatos problemų sukelia mūsų gyvenimo būdas, darbas, nusivylimas, nerviniai negalavimai, patiriamas stresas, užterštumas... Jeigu turėsime omenyje visa tai, ką prisidarėme sau dėl tokio nenormalaus gyvenimo, tai bus akivaizdu, kad bendra situacija sveikatos srityje galėtų būti visai kitokia. Tai iliustruoja įtikinama statistika.

Jeigu žmogus nebūtų nuolatos spaudžiamas ir mokytųsi gyventi geroje visuomenėje, patirtų gerus jausmus, palaikytų gerus, draugiškus santykius be streso, esant tarpusavio palaikymui, tai visa šitai sustiprintų visų sveikatą. Taip šiuolaikinės bėdos išnyktų be pėdsakų.

Juk ką reiškia vien užterštumas ir į maistą pridėti steroidai... Sugriovėme Žemę, nebeliko derlingų žemių. Anksčiau dirvožemis buvo metro ar pusantro storio, o dabar dirva liko it smėlis...

Į problemas reikia žvelgti kompleksiškai, pagal tai, kaip jos susijusios. Pakanka subalansuoti netgi siaurą sistemos sluoksnį, ir tai jau skatins bendrą gijimą: ir šeimai, ir pačiam žmogui, ir vaikams, ir visuomenei, ir sveikatos apsaugai – viskam.

Ant parako statinės

Pradėję balansuoti bendražmogišką sistemą sulauksime teigiamų rezultatų, nes nebereikės daugybės šiandieninių užsiėmimų.

Tai matyti iš šiuolaikinių tyrimų. Kol kas mūsų žvilgsnį kausto pasaulinė prekybos, pramonės ir finansų krizė. Be to, krizė palietė ir kitas gyvenimo sritis: šeimą, švietimą, kultūrą, ir apskritai viską, kuo užsiimame.

Dvi pagrindinės krizės briaunos – finansai ir ekologija. Jos iš tikrųjų kelia grėsmę mūsų egzistencijai, nes sukuria įtampą, skatina neramumus, revoliucijas, karus ir pan. Ekologija daro įtaką ekonomikai: praėjusių metų gamtos kataklizmai atsiėjo brangiau nei visa Europos skolų krizė.

Kaip elgtis esant tokiai ekologinei situacijai? Tai bendros pusiausvyros stokos problema. Būtent šito žmogus ir negali suvokti: patys sukeliame gamtos disbalansą. Ir ne tik kasdami žemės turtus. Naftos siurbimas, dujų ir kitų natūralių išteklių gavyba – manai, kad tai neturės pasekmių? Juk mes esame ant plonos plutos, ji bendra visiems žemynams, kurie lyg laiveliai plaukioja bedugniame okeane. Ir ant šio nepatikimo pagrindo gyvename, manydami, kad jis tvirtas.

Kai kuriais duomenimis, pasaulinio vandenyno lygis gali pakilti 20–30 metrų. Kiek tada žemės paviršiuje liks teritorijų, miestų, žmonių? Ir kaip jie gyvens?

Stovime ant didžiulių katastrofų slenksčio, tačiau egoizmas tiesiog uždengia mums akis, paversdamas mus mažais, aklais, nemąstančiais vergais. Jei ne ekonomikos krizė, iki pat paskutinės akimirkos nekreiptume dėmesio, kaip sakoma: „Valgykime ir gerkime, nes rytoj mirsime." Tačiau esmė ta, kad ne rytoj, o jau šiandien mums gresia sprogimas, išvesiantis žmones į gatves. Tada išnyks sistema, kurią pasitelkę vadovai galėjo užsidirbti, ir visa ši „puota maro metu" baigsis.

Todėl jau šiandien norime pradėti rengti žmones, paversti juos geresniais, atvesti į tą būseną, kuri jau dabar turėtų būti tarp mūsų. Galų gale per šiuolaikinę

Septintasis skyrius

krizę pasireiškia visi mūsų tarpusavio santykių trūkumai. Nebegalime toliau eiti keliu, kuriuo leidomės maždaug prieš du šimtus metų.

Grėsmingoje kryžkelėje

Paskutiniuosius du amžius pataikavome savo augančiam egoizmui. Anuomet K. Marksas perspėjo, kad neverta eiti šiuo keliu, nes jis greitai baigsis. Tačiau jis nekvietė kelti revoliucijų. Tai jau po to marksistai revoliucionieriai prakalbo apie tai, kad reikia pasitelkti revoliuciją kaip priemonę. K. Marksas, skirtingai nei jie, manė, kad procesas vyksta tik keliant proletariato sąmoningumą. Darbininkus reikia kelti, ugdyti. Kitaip, kaip ir vyksta dabar, jie liks be darbo ir išeis į gatves maištauti. Kartu su technikos vystymusi, pasak jo, reikia lavinti žmones, ir tada jie supras, kad neturi būti vergais, prižiūrinčiais mašinas.

Tačiau K. Markso sekėjai modernizavo jo mokymą. Pamatę, kad proletariatas gyvena vis geriau, jie liovėsi tikėję, jog šie nori kažką pakeisti. Jei darbininkas turi kur gyventi, turi šeimą, jei ima siekti „amerikietiškos svajonės", tai nėra prasmės kliautis jo kovinga dvasia. Tada vietoj gyvenimo ir žmogaus raidos svarbiausiu dalyku tampa valdžios pakeitimas į komunistinę. Bet nejaugi vieną galima atskirti nuo kito?

Štai taip komunistinis režimas ir tapo tikslu, kurį reikia žūtbūt pasiekti. Bet kaip – jei darbininkai to nenori, o ką jau kalbėti apie šeimininkus?.. Žinoma, būtina revoliucija. O jai reikalingi suinteresuotieji.

Galiausiai atėjo Leninas, kuris visiškai nesikliovė darbininkais. Jis sukėlė revoliuciją remdamasis savo klasės inteligentais ir armija. Vyko Pirmasis pasaulinis karas, sąlygos buvo palankios ir jis užėmė valdžią. Tačiau būdamas valdžioje jis neugdė tautos, o įvedė terorą. Leninas kėlė sau aiškų tikslą – sukurti režimą ir baigta. Būtent tai jam buvo svarbiausia – veiksmas, o ne ketinimas, ne žmogaus ugdymas, kad jis pats suprastų reikalų esmę ir pats dalyvautų naujame gyvenime. „Ne, verčiau mes jį tiesiog priversime. Kam vargti su ugdymu? Pastatysime šalia prižiūrėtoją su lazda – ir viskas pajudės."

Galiausiai pramonė buvo sugriauta, o šalis per dešimtmetį virto blogu pavyzdžiu visai žmonijai, kuri iki šiol nesupranta tikrosios komunistinių idealų prasmės.

K. Marksas iš anksto perspėjo apie tą krizę, kurią patiriame šiandien, ir aiškino, kad reikia formuoti naują žmogų, kuris nebus nei naujų šeimininkų, nei naujų mašinų, nei visuomenės, išspaudžiančios visus syvus iš savo narių, vergu. Žmonės reikia kelti į naują pakopą, kad jie iškiltų virš visko, kad augtų tikrais žmonėmis ir susivienytų mylėdami, džiaugdamiesi ir tarpusavyje padėdami vieni kitiems.

Baal Sulamas kai kuriose vietose paliečia šiuos momentus, tačiau nesigilina į juos. O kol kas komunizmo sąvoka visiškai iškreipta žmonių, vadinusių save K. Markso ir F. Engelso pasekėjais. F. Engelsas dar suprato, apie ką kalbama, o visi kiti pasekėjai perdirbo K. Markso mokymą ir jį iškraipė. Jie nesirūpino tautos auklėjimu, jie nesiėmė nešti šilumos ir nuoširdumo visuomenei, kad būtent tai parodytų pasauliui.

„Ne, verčiau mes parodysime pasauliui savo jėgą, savo užkariavimus, savo raketas." Ir tai – naujo gyvenimo pavyzdys? Jie pasuko visai kita kryptimi.

Ir todėl šiandien kritiškai peržvelgiame viską, kas buvo atlikta per tą epochą – nuo tada, kai žmogui dėl pokyčių pramonėje atsirado laisvo laiko.

Juk iš esmės tai ne laisvas laikas ir ne papildomos valandos darbe, kurios tik griauna mūsų planetą ir gyvenimą, versdamos mus vergais. Ne, šios valandos turi būti atlaisvintos tam, kad mokytumės būti Žmogumi.

Šiandien į viską turime pažiūrėti kitaip, užsidėti „integralius akinius" ir suprasti, kad tai ir yra svarbiausias mūsų užsiėmimas. Tam žmogus gimsta, dėl to jis vystosi tūkstantmečiais.

Istorijos bangos vilnijo per žmoniją, sukeldamos sroves, keisdamos santvarkas, pertvarkydamos socialinius pagrindus, pačiupdamos atskirus žmones ir išmesdamos juos į istorinio proceso priekį. Žinoma, tai nebuvo jų asmeninė iniciatyva – taip juos surikiavo Aukštasis valdymas. Didžiuliame mechanizme buvo išjudinami reikiami sraigteliai: K. Marksas, V. Leninas, E. Bernšteinas, L. Trockis ir kt.

Priešais save matome milžinišką integralią sistemą, kuri galiausiai leidžia padaryti labai paprastą išvadą: šiandien stovime kryžkelėje. Arba leisime savo egoizmui vesti mus ir toliau – į nacistinius režimus ir į branduolinį karą, arba įdiegsime integralų ugdymą, atitinkantį Gamtą, kad pasiektume visa apimančią pusiausvyrą. Tokiu atveju pakeisime paradigmą ir žmogus į gyvenimą žvelgs ne kaip savo šeimininko ir darbo vietos vergas. Juk šiandien visas žmogaus gyvenimas, jo vaikai,

Septintasis skyrius

atostogos, savaitgaliai – viskas vienaip ir kitaip priklauso nuo darbo, ir be jo žmogus daugiau nieko neturi. Tai štai nuo šiol žmogus drauge su kitais žmonėmis kurs naują žmoniją. Taip jis įgis tobulumą. Juk jis pradės jausti bendrą sistemą, o joje – Gamtos tobulumą ir amžinybę. Ir tai jį užpildys. Žmonių visuomenė jam taps viena visuma. Bendrame nore jaučiamas jaudulys, įkvėpimas suteiks žmogui gyvastį ir jis liausis jautęsis atskirtas, vienišas. Priešingai, jis pasijaus esąs visa sistema, viskas taps jo dalimi.

Esu įsitikinęs, kad pokalbiai, paskaitos ir įvairūs renginiai padarys savo ir po keleto mėnesių žmogus įstengs patirti naują pojūtį, kylantį iš gebėjimo jausti tokią aplinką, perimti iš jos įspūdžius ir per ją išgyventi tą bendrumą, tą vientisą kompleksą, kuriame jis yra: negyvąją gamtą, augaliją, gyvūniją, žmogaus prigimtį ir visą pasaulio tikrovę.

Galiausiai suprasime, kad paskutiniai du amžiai iš esmės buvo blogio įsisąmoninimo procesas. Mūsų egoizmas, vedęs į techninę raidą, tuo pat metu vertė mus netinkamai naudoti jo vaisius. Užuot skyrę laiko savo naujajai pakopai kurti, nusiritome atgal ir užsiėmėme tuo, kas visiškai nebūtina – griovėme šeimą, visuomenę, Žemės planetą.

Ir šiandien mes įsisąmoniname šį blogį.

Aštuntasis skyrius

Apsupti save gėriu

Pakalbėkime apie naująją kartą, kurioje norėtume matyti savo tęsinį – jei ne visoje kartoje, tai bent jau savo vaikuose. Linkėdami jiems viso ko geriausio, nenorėtume, kad jie gyventų konkurencinėje visuomenėje, kur kiekvienas žmogus nuolatos saugosi iš visų pusių, o šalys konfliktuoja tarpusavyje, grasindamos atominėmis bombomis, kurias parengėme vieni kitiems. Nenorime, kad mūsų vaikai kaip mes gyventų be perstojo augančios krizės sąlygomis: kai sutemus negalėtų išeiti iš namų, tarsi juos suptų džiunglės su tūnančiais plėšrūnais; tarsi jų nestabilioje

Aštuntasis skyrius

visuomenėje niekas nežinotų, kas nutiks po akimirkos, o gyvenimo sąlygos blogėtų metai iš metų.

Pastaraisiais metais žmogus patiria vis didesnį spaudimą:
- pasaulyje labai padaugėjo savižudybių, gausėja skyrybų, plinta nusivylimas;
- sustiprėjo griaunantis stichinių nelaimių poveikis: cunamiai, žemės drebėjimai, ugnikalnių išsiveržimai, uraganai, potvyniai ir kt.;
- nepamirškime ir techninių katastrofų, pavyzdžiui, naftos išsiliejimas Meksikos įlankoje;
- didėjanti bedarbystė, prievarta mokyklose, alkoholizmas, narkomanija...

Atsidūrėme itin pavojingoje padėtyje. Tačiau žmonės nusisuka nuo grėsmių – ne dėl to, kad jos baigiasi, o dėl to, kad neįmanoma visą laiką apie tai galvoti. Lengviau viską, kas vyksta, palikti nuošalyje ir tiesiog plaukti pasroviui. Ir vis dėlto, jeigu rimtai susimąstysime apie tai, kokį pasaulį ruošiame kitai kartai, paaiškės, jog toks pasaulis visiškai netinkamas gyventi, kad žmogus būtų patenkintas, kad jaustų šilumą ir tikrumą.

Pamėtėme vystymosi kelią. Anksčiau didėjant egoizmui, kuris stūmė mus pirmyn, atrasdavome naujų socialinių, politinių, ekonominių gyvenimo formų, plėtojome mokslą ir techniką. Apskritai daug ką nuveikėme trokšdami vystytis, klestėti. Bet ilgainiui ši tendencija geso, ir mes atpratome tinkamai naudotis turimomis galimybėmis.

Žmoniją galima palyginti su grupe žmonių, pasimetusių vidury baltos dienos ir nežinančių, kur eiti toliau. Mūsų lyderiai, oficialūs asmenys, intelektualai, mokslininkai, susirinkę tarptautinėse konferencijose pačiuose įvairiausiuose pasaulio kraštuose, visiškai neišmano, ko imtis, kad būtų galima išgydyti savo šalis ar visą pasaulį apskritai.

Ir tikrai ar yra kokia nors perspektyva, šviesa tunelio gale? Iki šiol egoizmas visą laiką stūmė mus pirmyn. Ar ir toliau turėtume vystytis, taip pat laukdami, kur mus tai nuves? Taip galima sulaukti masinio bado, epidemijų, klimato nelaimių, ekologinių katastrofų, galop – žmonijos sunaikinimo. Ar galima pasirinkti kitą raidos formą?

Žmogus vysto sociumą, ir kiekvienas iš mūsų yra aplinkos poveikio produktas. Tad kodėl gi nesuformavus sau tokios aplinkos, kuri mus tobulins reikiama kryptimi?

Galbūt kaip tik to ir reikia mūsų kartai. Neatsitiktinai nematome prošvaistės priešakyje – gamta daugiau nestumia mūsų kaip anksčiau. Ji tiesiog laukia. Bet mes, turėdami pakankamai proto ir jausmų, gebėdami analizuoti, galime patys suformuoti toliau mus tobulinsiančią aplinką.

Šitaip išnaudodami aplinkos jėgą įstengsime ištaisyti savo esatį. Nėra prasmės likti aklais egoistais, nežinančiais, kur egoizmas mus stumia ir ką su mumis daro. Tiesą pasakius, jau matome, kad jis mus veda ne į saugų, klestintį ir taikų gyvenimą. Ir todėl turime tobulinti žmogų taip, kad jis pasitelktų savo egoizmą kurdamas visuomenę – kur visi jo polinkiai ir galimybės bus naudojami bendrai gerovei.

Lygiai taip pat, padedant suaugusiems auklėtojams, formuosime aplinką vaikams. Taip kiekvienas vaikas gaus tinkamą ugdymą ir žinos, kaip išnaudoti visus savo akstinus ir savybes gėriui.

Vieninga žmonija – daugiau nei svaja

Neatsitiktinai paskutiniųjų metų technologinis ir ekonominis vystymasis leidžia mums išnaudoti iki 80 proc. galinčių dirbti žmonių, kad sukurtume naują aplinką, ir vos 10–20 proc. Žemės gyventojų, kurių amžius nuo 20–60 metų, aprūpins mus viskuo, kas būtina.

Pažvelkime per tai į visuomenę. Tyrimai rodo, kad iki 10 proc. pasaulio gyventojų siekia duoti kitiems žmonės. Jie pluša įvairiose labdaringose organizacijose: lanko ligonius, padeda skurstantiesiems, dalija maistą, vyksta į vargingus pasaulio regionus ir t. t. Tai idealistai, išsiskiriantys ypatingo pobūdžio egoizmu, skatinančiu juos nešti gėrį kitiems. Kartais jie netgi pasirengę paaukoti gyvenimą dėl visuomenės gerovės, žmonijos pažangos.

Tačiau mes kalbame ne apie juos, o apie visus paliesiančius pokyčius ugdant paprastą žmogų. Tada pasaulis taps kitoks ir visas tas didžiulis potencialas, kuris šiandien nukreiptas į masinį sunaikinimą, virs gėriu žmonėms.

Toks ugdymas vyksta pagal specialią švietimo programą, o svarbiausia – veikiant aplinkai. Mums būtina suformuoti poveikio ratus, apimančius žiniasklaidą, virtualią erdvę, kultūrą, teatrą, muziką, filmus, dainas, knygas ir t. t. Viskas žmogui turi kalbėti apie naują pasaulį. Ir kas kad mes dar negyvename jame, bet

Aštuntasis skyrius

imkime jį žaisti – kaip kad žaidžiame su savo vaikais. Ugdykime save, pakilkime į aukštesnę, brandesnę, rimtesnę pakopą nei šiandien ir iš ten sukursime sistemą, kuri mus veiks.

Žinome, kaip žmogų veikia aplinka. Pamažu priprasiu prie gerų pavyzdžių matydamas juos visur. Ir ne taip svarbu, kad žmonės, kurie rodo man tuos pavyzdžius, veikia „pagal užsakymą" – jie vis tiek man daro įtaką. Tegu jų rodomi pavyzdžiai prieštarauja mano norui – laikui bėgant noriai imsiu daryti tai, ką pradėjau nenoromis. Įprotis tampa antrąja prigimtimi, aš ir pats esu pasirengęs tam dėl savo vaikų, dėl saugaus ir šviesaus rytojaus.

Vienaip ar kitaip turime sudaryti sąlygas naujajam gyvenimui. Krizė, kuri apėmė visas veiklos sritis, iš esmės išryškino mūsų pačių trūkumus – tai, kur dar negalime kompensuoti savo prigimties. Todėl iš pradžių mums reikia išsiaiškinti, koks tas naujasis gyvenimas, kaip jį galime įsivaizduoti savo svajonėse. Kas, kad jis bus pernelyg puikus ar netgi utopiškas, bet pamėginkime pasinerti į šį sapną.

Mūsų gyvenimas geras ir saugus gali būti tada, kai visas pasaulis taps viena draugiška šeima. Ir todėl kiekvienas dirbs kuo labiau realizuodamas savo gebėjimus visų labui – taip, kaip šiandien yra pasirengęs dirbti dėl savęs ir savo šeimos.

Suprantame, kad žmonių visuomenė ant aukštesnės pakopos įvairialypė: religijų ir tikėjimų, įpročių ir elgesio šablonų, moralės ir papročių įvairovė. Vis dėlto turime pagarbiai ir supratingai žvelgti į visus visuomenės sektorius ir į kiekvieną asmenį atskirai, mėgindami suteikti žmogui sąlygas gyventi oriai ir daryti tai, prie ko yra pripratęs. Niekas visų neperdarys pagal vieną kurpalių, priverstinai nepašalins skirtumų ir jėga neprimes vienodos kultūros. Tai, ką žmogus turi šiandien, tegu lieka ir rytoj, – mes tenorime, kad geri santykiai susiklostytų tarp mūsų.

Tik nuoseklus ugdymas pakeis žmogų ir paskatins esminius pokyčius socialinėje, valstybinėje santvarkoje, tautos ims bendradarbiauti, išnyks sienos tarp šalių, o vėliau išnyks ir pačios šalys, formuosis viena, vientisa žmonija Žemės planetoje.

O kol kas nekuriame jokių rėmų ir įstatymų vieni kitų sąskaita: viskas, kas daroma, turi būti integralios žmonijos labui. Taip neįpareigojančiai sukursime savo ateitį vien per gerą aplinką, leidžiančią žmogui atjausti, nusileisti, paisyti kitų interesų – iki meilės artimam žmogui.

Naujasis švietimas

Skleidžiant žinią, reikia veikti ne iš viršaus, ne per valdžią: jos atstovai nepajėgūs suprasti, nes ten sėdi sėkmingi žmonės, kurie ne itin jaučia būtinybę keisti žmonių visuomenę. Todėl adresatas – masės: nuo vidutinės klasės (jų padėtis pastaruoju metu užtikrintai blogėja) ir žemiau.

Visomis priemonėmis, prieinamu ir aiškiu būdu turime parodyti, kad abipusis davimas gali išgelbėti mus, o atstūmimas, pasipūtimas ir konkurencija yra griaunantys visuomenę veiksniai.

Turime rengti festivalius, turime kviesti žmones į paskaitas, aptarimus, apskrituosius stalus. Tegu tūkstančiai žmonių dalyvauja bendratautėje diskusijoje apie tai, kaip pakeisti visuomenę ir grįžti į bendrą būseną, vėl tapti kaip vienas žmogus su viena širdimi, gyventi jaučiant tarpusavio meilę. Taip skleidžiant žinią tai iš tiesų tampa įmanoma.

Jei plačiausi gyventojų sluoksniai supras, jei patikės, kad tikrai norime šviesios ateities, tai tada visi kartu formuosime atitinkamas sistemas, kol visa žmonija persiims šiomis idėjomis, poveikiu ir ims keistis.

Žinoma, nesielgsime taip, kaip elgiasi valdžia ir žiniasklaidą kontroliuojantys ir taip žmonėmis manipuliuojantys suinteresuoti asmenys. Visi kartu sieksime supratimo, tobulinsime save ir taip žmonės pakils į naują pakopą. Žmonės patys dalyvaus ugdydami save. Tereikės parodyti tikrus orientyrus, naujas vertybes, lyginant jas su senosiomis, kad visi kartu sąmoningai dalyvautų kurdami ugdančią aplinką.

Jei reikalai klostysis taip, tikėtina, kad pačios utopiškiausios svajonės išsipildys ir patys sukursime naują, gerą rytojų. Juk keičiamės ugdomi, o šioje ugdymo sistemoje veikia atgalinio ryšio mechanizmas: mes formuojame „apvalkalą", o jis mus. Kaskart stumiame aplinką šiek tiek pirmyn, kad ji atsakydama ugdytų mus, išvesdama į naują pakopą, kur vėl keliame kartelę, perduodami aplinkai vis aukštesnius reikalavimus ir ypatybes.

Taip suprasdami ir įsisąmonindami performuodami save, išeiname iš dabartinės būsenos ir nuolatos kylame davimo, atjautos ir meilės kopėčiomis. Išgyvenantis šį procesą žmogus ne tik gyvens ramiau ir bus geranoriškas aplinkiniams, bet dėl tokio ugdymo jis ir pats skatins panašius kitų pakyčius – veiks kaip aktyvi bendros sistemos dalis.

Aštuntasis skyrius

Pirmąsyk istorijoje vystysimės ne pliekiami savimeilės, ne tapdami dar egoistiškesni, žiauresni ir tolimesni kits kitam – priešingai, atskleisime mažiau egoizmo, žiaurumo ir daugiau tarpusavyje bendradarbiausime.

Štai tada ir išsispręs dabartinė didžiulė krizė. Žmogus tarsi Visatos centras išties pakils tiek, kad galės susikurti gerą, tinkamą aplinką. Taip taisysis pasaulis ir žmogus – drauge, esant abipusei pagalbai.

Visame pasaulyje gatvėse žmonės skanduoja šūkius, reikalauja socialinio teisingumo, rūpinimosi visais, stogo virš galvos ir pagarbos kiekvienam. Mūsų atsakymas toks: „Žinoma, tai įmanoma. Atlikime tai patys. Žemėje yra viskas, ko reikia. Klausimas tik toks – kaip tarpusavyje bendradarbiaujame ir išnaudojame jos turtus?"

Šiandien akivaizdu, kad žmonės nėra beteisiai. Jie turi savo nuomonę ir jėgą, jeigu susijungs ir reikalaus egzistavimui būtinų dalykų. Tačiau tai tikrai turi būti rimti, būtini dalykai, o ne naudos siekimas tam tikriems sektoriams, kurie nedaugeliui užtikrintų gerovę, o kiti būtų palikti likimo valiai.

Tikrieji žmonių siekiai – normalus, saugus gyvenimas, visiems prieinamos švietimo ir sveikatos apsaugos sistemos – priklauso nuo to, ar mums pavyks sukurti tinkamą visuomenę.

Egoizmas: didėjimo ribos

Žmogus vienintelis kūrinys, kurio egoizmas per visą gyvenimą auga diena iš dienos, metai iš metų. Be to, mes visi labai skiriamės savo raidos forma, kuriai nėra atitikmenų gyvūnijos, o juolab augalijos pasaulyje. Iš esmės į egoizmo didėjimą, kaip ir į bet kurį kitą gamtos reiškinį, reikia žiūrėti teigiamai.

Tačiau žmogus linkęs tai išnaudoti savo labui ir kitų negerovei, ir šitai turime sustabdyti. Kaip? Ugdant aiškiai parodome žmogui, kad galiausiai tai jam neatneš naudos. Juk aplinka nesutinka kęsti jo veiksmų daromos žalos dar ir todėl, kad galiausiai jis kenkia pats sau.

Mūsų egoizmas – teigiama jėga, gera savybė, kuri padeda mums vystytis. Kažkada tam, kad galėtum išmaitinti šeimą, reikėjo triūsti žemės lopinėlyje nuo ryto iki vakaro, prižiūrėti avis, karves, vištas. Šiandien dėl egoistinės pažangos naudojame mašinas, trąšas, žemdirbystės įrenginius, ir iš principo man pakanka dirbti porą valandų, kad pasirūpinčiau maistu, drabužiais, pastoge ir pan.

Žemės gyventojų skaičius peržengė septynis milijardus ir auga toliau. Todėl pakanka dirbti porą valandų, kad visa žmonija gautų tai, kas būtina ir, žinoma, kad niekas neliktų žemiau skurdo ribos. Kiekviena šeima turės būstą, atlyginimą, drabužius, šildymą, saugumą, sveikatos apsaugą, pensiją, atostogas, ugdymą vaikams – viską, kas būtina žmogui, norint patenkinti pagrindines, esmines jo reikmes. Tai įmanoma.

Iki šiol pirmyn mus vedė egoizmas, už tai jam šlovė ir garbė. Ačiū mūsų norui už tai, kad jis skatino mus vystytis. Tačiau šiandien susiklostė tokia situacija, jog galime išnaudoti savo potencialą visuotiniam sunaikinimui, kad visiškai valdytume kitus žmones, tautas. Jau baiminamės rytdienos, nuodijame patys save, griauname Žemę, ir todėl atėjo laikas nubrėžti tą ribą, kur mūsų noras teikia naudą, o kur prasideda neigiami reiškiniai.

Kitaip tariant, problema ne mūsų augantis noras, o tai, kaip jį išnaudojame. Jeigu norą nukreipiu artimų žmonių naudai – tai jis besąlygiškai taps gėriu. Tokiu atveju savo norą išnaudosiu tik iki tam tikros ribos – kol tai gerai pasauliui. O pasauliui gerai tada, kai jis išlaiko pusiausvyrą su gamta, kai neima iš jos pernelyg daug, kai neteršia planetos, taip atimdamas iš savęs geriamąjį vandenį ir tyrą orą.

Priemonė, būdas, galintis padėti mums siekti gėrio, o ne blogio, yra ketinimas dėl kito žmogaus gerovės.

Sakykime, auginu sūnų. Jo kambarį apstatau taip, kad vaikas nenukristų, neatsitrenktų į aštrius kampus ir nesusižeistų; ant grindų patiesiu kilimą. Perku tik saugius žaislus – minkštus ar plastikinius. Trumpai tariant, sukuriu tokį „kevalą", kuris leistų jam užtikrintai ir gerai vystytis.

Kuo daugiau jis supranta, kuo labiau pagal paskirtį taiko įvairias priemones, tuo labiau jam leidžiu, nes esu tikras, kad tuos daiktus naudos savo labui. Lygiai taip pat reikia ruošti visuomenę, kad ji tinkamai naudotų, dalytų gamtos išteklius – ne tam, kad praturtėtų, o kad visiems būtų gerai.

Jau suprantame, kad egoizmas pakreipė mus nepageidautinu vystymosi keliu. Grąžinti mus į tikrąjį kelią gali tik ugdymas, kuris suteiks žmonėms ketinimą – galvoti apie artimų žmonių gerovę, apie aplinkinių naudą. Tada kiekvienas galės visiškai atsiskleisti.

Aštuntasis skyrius

Kurgi ta riba, skirianti „gerąjį" ir „blogąjį" egoizmą? Ją brėš kiekvienas žmogus, remdamasis gautu ugdymu. Žmogui reikia nuolat rodyti geros raidos pavyzdžius, kad jis pakiltų virš savo egoizmo, kol įstengs tinkamai ir užtikrintai jį valdyti visų gerovei.

Kaip dykuma virsta žydinčiu slėniu

Dauguma žmonių terminą „ugdymas" įprastai priskiria vaikams. O mes kalbame, kad ugdyti reikia būtent suaugusius žmones.

Kas gi tas suaugęs žmogus, žvelgiant iš integralaus požiūrio taško? Ogi egoistas, pasiklydęs, neturintis krypties gyvenime, nežinantis, kaip užsitikrinti gerą gyvenimą ir įgyvendinti savo gausius reikalavimus; vargšelis, neįstengiantis išlaikyti šeimos, susirūpinęs savo vaikais, kurie ilgainiui vis labiau tolsta, o tėvų poveikis vaikams praslysta it pro pirštus; nevykėlis, netekęs šviesaus rytojaus vilties, nelaukiantis nieko gero nei iš savęs, nei iš artimųjų, nei iš pasaulio, tiesiog atsiribojęs nuo šios minties ir dėl to galintis iškęsti už mirtį baisesnį savo gyvenimą.

Be to, tas žmogelis įsuktas į daugialypę, visuotinę krizę, apimančią visas gyvenimo sritis: aplinką, visuomenę ir netgi ekologiją. Jis nemoka deramai formuoti savęs ir savo aplinkos, jis palūžęs, bejėgis, netekęs kelio.

Pastaruoju metu griūva netgi tai, kas laikė jo kasdienę rutiną: jis buvo pasinėręs į darbą, tiksliau, vergavo viršininkui. Jis buvo hipnotizuojamas TV kultūros ir papirktos žiniasklaidos. Ir štai šiandien mato, kad yra netekęs krypties: nebeturi darbo, atsidūrė akligatvyje. O ką daryti toliau? Juk jis liko tuščiomis rankomis, bet dabar jau pasirengęs klausyti ir išgirsti.

Žinoma, niekas neketina žmogui taip apibūdinti esamos padėties. Kieno ausiai miela tai girdėti?.. Ne, sakome taip: „Tu žmogus ir dabar gali pakeisti savo gyvenimą. Pažvelkime į susiklosčiusių reikalų esmę." Ir tada pamažu kalbamės apie šiuolaikinio pasaulio trūkumus, aiškiname, kad juos galime įveikti tik sukūrę tinkamą aplinką. Šis „kevalas" pakeis mus ir mes panorėsime gyventi kitaip. Bet kaipgi užtikrinti saugumą, sveikatą, taiką šeimoje, tinkamą vaikų švietimą, darbą, negana to – patirti malonumą gyvenime, turėti viltį, jausti gerumą ir patikimumą? Kaip to pasiekti?

Reikia keistis. Vienintelis laisvas žmogaus pasirinkimas, vienintelė priemonė, leisianti pakeisti save ir žmonių visuomenę – tai geros aplinkos sukūrimas. Nauja visuomenė – tai kiekvienas iš mūsų bei ryšiai tarp mūsų.

Kokia turėtų būti ta aplinka, kad ji reikiamai ugdytų žmogų? Niekas nepasakinės, kur kiekviename žingsnyje dėti koją, niekas neįkalbinės ir neauklės išdykusių „vaikų". Patys turime brandžiai, išmintingai prieiti prie situacijos ir sukurti visa tai, kas būtina. Gamta tikslingai viską sukūrė taip, kad mes, žmonės, pasikeistume ir suformuotume deramą visuomenę. Pasitelkę aplinką, mes patys keliame save, patys ugdome save ir visiškai nepasitikime jokiais pašaliniais „gero linkinčiais auklėtojais".

Sakykime, aš esu tavo auklėtojas, bet iš tikrųjų mes kartu aiškinamės problemą, ją aptariame, ieškome tų veiksnių, kurie mus pakeis sukūrus naują aplinką. Jokiu būdu nežiūriu į tave kaip į žemesnį – priešingai, kliaujuosi tavo blogio įsisąmoninimu, tavo analize, tavo gebėjimu išaugti iki tokio lygmens, kur suprasi visą pasaulį ir Visatą. Drauge išsitaisysime patys ir ištaisysime visą žmoniją, kad ji irgi eitų pirmyn.

Niekas nenusileis iš dangaus, neateis iš nepažintų tolybių, kad įsteigtų vaikų darželį žmonijai ir taptų jos auklėtojais. Pirmąsyk istorijoje pasiekėme tokį vystymosi etapą, kai žmogus pats formuoja save. Štai kodėl dabartinė krizė nepalieka mums nė menkiausio šanso išsikapstyti, jei neimsime budinti Žmogaus kiekviename iš mūsų. Kiekvienas (sąmoningai ir apgalvotai) turi pakilti į lygmenį, kur karaliauja atjauta, švelnumas, jautrumas, tarpusavio laidavimas, meilė artimui kaip sau.

Iš pradžių, dar nieko nežinodami, pradedame dalyvauti pamokose, pokalbiuose, renginiuose. Kaskart daryte darome išvadas ir po truputį judame pirmyn, tampame sumanesni, protingesni. Pamažu visos tos išvados susidėlioja į tam tikrą paveikslą: galutinę reziumė, skelbiančią – mums reikia aplinkos. Mokydamiesi klasėje, grupėje ar būrelyje (kad ir kaip tai pavadintume), mes patys kuriame aplinką. Ne šiaip mokomės ar žaidžiame žaidimus nelyginant vaikų darželyje – ne, mes žinome, ką, kam ir kodėl darome. Kiekvienas iš mūsų tampa psichologu, sociologu ir supranta, kokius jo ir kitų pokyčius turi paskatinti mokymasis. Kiekvienam teks pakilti į eksperto lygmenį žmonijos, žmogaus prigimties klausimais.

Mes primename paklydėlius dykumoje. Mums reikia rasti teisingą kryptį į gerą gyvenimą ir dabar kartu ją bandome išsiaiškinti. O kai rasime, tai dykumos viduryje patys sukursime ištisą visokių gėrybių kupiną pasaulį.

Aštuntasis skyrius

Aplinka – instruktorė

Mums reikia įsivaizduoti būsimą laimingą gyvenimą, net jeigu jis šiandien atrodo utopija. Galiausiai visi gyvensime vienu lygmeniu, kitaip tariant, kiekvienas gaus tai, kas būtina normaliam gyvenimui ir rūpinimuisi kitais užtikrinti. Mūsų laukia naujas, itin įdomus, įtraukiantis darbas: išmokti išnaudoti pavydą, aistrą, garbės ir valdžios troškimus, didžiulį žinojimą ir gudrumą (jie niekur nedings, netgi mūsų egoizmas išliks) taip, kad atneštume naudą visai žmonijai.

Niekas nekalba, kad turėsime visam laikui apsiriboti tik pagrindinių poreikių tenkinimu: maistas, seksas, šeima, pastogė, saugumas, sveikata, švietimas ir pan. Ne, mes galime pamažu pakelti gyvenimo lygį visame pasaulyje, bet išlaikydami pusiausvyrą su gamta, tada nesulauksime jos smūgių ir galėsime įgyti begalinį pasisekimą. Niekas nesako, kad žmogus turi tenkintis vien „gyvūniniais", minimaliais poreikiais, kurie šiandien yra pagrindiniai. Visuotinis pakilimas virš skurdo ribos – tai ne svajonės.

Be to, būtina atsižvelgti į ypatingus asmeninius žmogaus poreikius. Siūlome sukurti specialią kompiuterizuotą tarnybą, kuri rinks informaciją, ko žmonėms reikia atsižvelgiant į jų charakterį, įpročius ir pan., kad visi gautų jiems pritaikytą rinkinį. Galų gale niekam nereikės rūpintis būtinais dalykais.

Įdomu sumodeliuoti teisinių organų darbą ateities visuomenėje. Juk teismas – tai pačios aplinkos dalis, kuri padeda žmogui ugdytis, tačiau skirtas tik ypatingiems atvejams. Kaip teisime žmogų, pagal kokius kriterijus ir normas?

Iš esmės apie deramą ar nederamą savo elgesį žmogus sužinos iš aplinkinių, kurie arba pritaria jam, arba ne, reakcijos. Jeigu žmogaus ketinimas – visuomenės labui, jis yra visuotinai gerbiamas, o jeigu ne, tai socialinis spaudimas pažadins jį, kad pakeistų savo požiūrį, elgesį. Tačiau mes neprispaudžiame žmogaus, nesodiname jo į kalėjimą. Vienintelė poveikio priemonė – draugų, artimųjų, aplinkinių smerkimas.

Kaip valdysime šią visuomenę? Galbūt mums prireiks naujų sistemų, kurias kontroliuos ir kurioms įtaką darys visuomenė. Vienaip ar kitaip, mums reikia mokytis, kaip pagerinti save ir visuomenę. Tai svarbiausia. Mes nuolatos kuriame aplinką ir per ją – save. Kaskart ji turi būti „fanatiškesnė", t. y. pažangesnė nei aš, lenkianti mane žingsniu pirmyn ir veikianti mane.

Taip kylu į naują vystymosi pakopą. Nuolatos ieškau to instruktoriaus, kuris dabar gali geriausiai ugdyti mane.

„Koks šis pavidalas turi būti mano akyse, kad mokyčiausi tinkamai? Kaip jis mane veiks? Kaip suformuoti jį priešais savo nosį? Kaip rasti tinkamą ryšį su tuo pavidalu – su pačiu savimi, esančiu ant aukštesnės pakopos?" – taip įsivaizduoju aukštesnę būseną ir jos siekiu, siekiu savybėmis supanašėti su tuo pavidalu. Jis kupinas gailestingumo, meilės, atjautos, šilumos mano atžvilgiu – kaip auklėtojas ir auklėtinis, ir aš noriu jam atsakyti tuo pačiu.

Kaip įsivaizduoti kažką ne itin iliuzinio, o šiek tiek aukštesnio? Tikrinu šiandieninį save. Iš pradžių įsisąmoninu blogį savyje, matau, kuo kenkiu aplinkiniams. Paskui klausiu savęs: „Kokį norėčiau save matyti?" Noriu ištaisyti savo požiūrį į kitus ir įsivaizduoju savo kitą pakopą – „aš +1", t. y. besirūpinantis kitais aš. Tai ir yra mokančios aplinkos pavidalas, ištaisytos visuomenės pavidalas.

Taip kiekvienąsyk renkuosi geresnę aplinką. Įsivaizduodamas ją perimu įspūdžius ir siekiu jos principų, jos vertybių. Būdamas tokios būsenos, jau esu pasirengęs judėti pirmyn, bet nežinau, kaip, ir todėl prašau aplinkos veikti mane – smerkiant arba giriant. Tegu ji skatina, ragina mane eiti to vaizduotėje nusipiešto paveikslo link.

Pokyčių paveikslas

Norėdamas išsitaisyti, pirmiausia atpažįstu gerą aplinkinį požiūrį į mane ir savo blogą požiūrį į juos. Šis atotrūkis ir yra blogio įsisąmoninimas.

Veikiamas aplinkinių pastebiu, koks esu menkas, palyginti su jais. Jie geresni už mane, tai suduoda smūgį mano egoizmui, skatina kompensuoti trūkumą, t. y. rasti pusiausvyrą su aplinka, kaip atsaką suformuoti gerą požiūrį į ją. Aš jaučiu egoizmo trūkumus, tačiau, nesant išeities, tai mane stumia į aplinką, verčia susijungti su aplinkiniais žmonėmis viduje, tapti tokiais, kaip jie.

Kaskart aplinka man rodo reikiamus pavyzdžius ir neturėdamas kitos išeities imu stengtis, kad juos atitikčiau. Tačiau iš tikrųjų tai ne mano jėgos – tiesiog kartu mes pažadiname vienas kitą natūraliai susivienyti, dėl ko kiekvienas iš mūsų keičiasi.

Aštuntasis skyrius

Svarbiausia čia – nuolatos tikrinti bendrą nusiteikimą, vyraujantį tarp mūsų: jis visada turi vilioti į vienybę, atjautą, bendrumą, meilę. Tada kiekvienas pasikeis – nori jis to ar ne.

Iš prigimties žmogus, žinoma, nenori vienytis, ir tai supranta. Tačiau neturėdamas kitos išeities jis vis dėlto įsijungia į sistemą, kuri jį keičia, nepaisant pirminio egoistinės prigimties šauksmo. Šie pokyčiai nėra gadinimas – sistema keičia tik egoizmo pritaikymo formą, nukreipdama jį į kūrybą, į artimo žmogaus, aplinkos, žmonijos gerovę.

Galiausiai kiekvienas ugdymo procesą išgyvenantis asmuo keičiasi ir taip kuria naują pasaulį.

Devintasis skyrius

Kodėl manęs nebemyli?

Per integralaus švietimo užsiėmimus kalbame apie gamtos, kurioje gyvename, dėsnius. Apsiginklavę protu ir mokslu, pastebime tam tikrą mus veikiančių dėsnių sistemą, išsiaiškiname, kas mums naudinga, o kas žalinga, taip pat tai, kaip pagerinti savo gyvenimą ir parūpinti sau užtikrintą ateitį.

Iš gyvūnų pasaulio žmogus išsiskiria intelektu. Gyvūnai paklūsta vidiniams instinktams ir savo prigimčiai, o žmogus turi tam tikrą veiksmų laisvę ir pakyla virš gyvūninės esaties.

Devintasis skyrius

Tačiau gyvūnai neturi „blogojo prado", t. y. nekenkia vieni kitiems ir tuo mėgaujasi, o žmogus turi „norų perteklių", kuriems gamtos dėsniai nesuteikia tikslaus vektoriaus. Šis perteklius duodamas, kad žmogus laisvai juo naudotųsi: „daryk ką panorėjęs..."

Galiausiai matome, kad tampame blogesni už žvėris, kad nemokame tinkamai išnaudoti savo savybių, pranokstančių gyvūninį lygmenį. Vietoj gero, laimingo gyvenimo gauname atvirkščią rezultatą.

Tą patį pastebėsime pažvelgę į savo asmeninį gyvenimą. Sėklos lašeliui gamta paruošė saugią vietą motinos įsčiose, o paskui po šių „šiltnamio" sąlygų kūdikis atsiranda pasaulyje, ir tėvai kartu su visuomene atsargiai juo rūpinasi suprasdami ir atjausdami.

Taip buvo per amžių amžius, nors pastaruoju metu šis mechanizmas liaujasi veikęs. Vienaip ar kitaip, kol žmogus atsistoja ant kojų, jį palaiko artimieji ir netgi tolimi žmonės. Toks požiūris į augančią kartą mums įskiepytas pačios gamtos.

Tačiau įžengę į suaugusiųjų gyvenimą, sakykime sulaukus dvidešimties, ima veikti visai kiti dėsniai ir atitinkamai kitos bausmės. Dešimties man aiškina, kad taip elgtis neverta, o dvidešimties jau be išlygų baudžia – kaip ir visus kitus.

Norėčiau ir toliau elgtis kaip vaikas, nejausti tos atsakomybės ir įsipareigojimų naštos, norėčiau gauti atleidimą už savo „išdaigas" ir mėgautis iš pat pradžių geru santykiu. Tačiau taip nėra – priešingai, iš manęs visąlaik kažko laukia ir tikisi: „Kur rezultatai? Kodėl neatlikai to, ko reikia? Jei nieko nepadarei – tai nieko ir negausi..." Daugiau neberandu to nuolaidumo, prie kurio pripratau vaikystėje ir paauglystėje.

Šis perėjimas toks pat smarkus ir kardinalus tiek gyvūnų pasaulyje, tiek žmonių visuomenėje.

O juk atrodytų, kad turėtų būti atvirkščiai. Mes pakankamai protingi žmonės, pasitelkiame savo žinias, kad keistume pasaulį ir padarytume jį geresnį ir patogesnį. Kodėl negalime jo padaryti tinkamiausio suaugusio žmogaus atžvilgiu? Tegu po dvidešimties jį supa draugiška, maloni aplinka, kurioje visi gražiai vieni su kitais elgiasi.

Tačiau matome, kad gamta, vedanti mus evoliucijos keliu, vis dėlto nusprendė, jog turime kentėti, keistis būtent patirdami spaudimą, bausmes, sunkiai gyvendami.

Ko gi ji iš mūsų nori? Kas mums neleidžia teigiamai ir gražiai vystytis? Ir ar apskritai taip kada nors buvo?

Jei pažvelgsime į senuosius laikus, pamatysime, kad mūsų protėviai iš tikrųjų gyveno kaip viena gentis, viena bendruomenė, kur visi rūpinosi visais. Galima tai pavadinti komunistine ar primityvia santvarka – nesvarbu. Vienaip ar kitaip, vyrai ėjo kartu medžioti, kad parūpintų bendruomenei maisto, o moterys kartu ruošė maistą ir rūpinosi vaikais. Netgi šiandien kai kuriuose pasaulio kampeliuose galima rasti kažką panašaus.

Kas gi nutiko vėliau? Kodėl ir toliau taip nebesivystome – tik didesniais mastais? Kodėl tai netapo būsimų technikos, kultūros, švietimo pasiekimų pagrindu? Kodėl neišsaugojome tos puikios aplinkos? Kas blogo tokiuose santykiuose? Kas pasikeitė?

Esmė ta, kad augo asmeninis žmogaus egoizmas. Ir dėl to nutolome vieni nuo kitų, matydami aplinkiniuose jau ne brolius, o konkurentus, varžovus. Žmogus panoro juos pranokti, valdyti, nusipirkti juos kaip tarnus ar vergus. Bendro turto, šeimininkavimo pabaiga atvėrė kelią prievartai ir plėšimui.

Štai taip būtent egoizmas „sugadino" pirminius draugiškus santykius pirmykštėje bendruomenėje. Bet bėda ta, kad būtent nuolatos didėjantis ir stumiantis mus ieškoti ko nors naujo egoizmas skatina tirti gamtą, naudotis jos turtais ir yra pažangos variklis.

Egoizmas – pažaboti, bet ne sunaikinti

Iš esmės augantis egoistinis noras būtų naudingas mūsų raidai, jeigu jis didėtų ne vien dėl savo, bet ir dėl aplinkinių naudos. Ar tai įmanoma? Istorija rodo, kad ne, priešingai, augantis ego pamažu virsta neapykantos, pavydo, aistrų, garbės ir didžiulio valdžios troškimo kalnu.

Galiausiai atsidūrėme didžiulėje krizėje: mums blogai, turime problemų, susijusių su saugumu, sveikata, savo konkurencingumu griauname gamtą ir pan. Išnaudodami savo egoizmą blogiems tikslams, instinktyviai negalime to suvaldyti ir todėl gyvenimas suteikia mums vis baisesnių pojūčių.

Devintasis skyrius

Gamta per savo dėsnius elgiasi su mumis dvejopai: viena vertus, ji vysto mūsų egoizmą, kita vertus, rodo, kad ši bloga, nuolat auganti jėga yra visų mūsų bėdų šaltinis. Juk ji atskiria, supriešina žmones. Būtent dėl jos ir gauname bausmes. Ar esame pajėgūs pakeisti savo egoizmo taikymo formą? Ir jei taip, tai kaip? Gamta – tai vientisa, visą tikrovę veikianti jėga, verčianti mus paklusti vienam dėsniui. Tai vienybės, atjautos ir meilės – davimo dėsnis. Kaipgi tokiu atveju gamtoje rasti tai, ko nerandame savyje – jėgą, pažabosiančią mūsų egoizmą ir leisiančią tinkamai ją išnaudoti? Nekalbame, kaip nusileisti iš didžiulių egoistų pakopos – juk būtent egoistinė motyvacija, egoistinis impulsas leidžia mums vystytis. Ir jei jau egoizmas atnešė mums tokius pasiekimus moksle ir technikoje, tai pažiūrėkime, kaip jį panaudoti geriems tikslams.

Šiandien kiekvienas rūpinasi savo nauda, o mes turėtume suteikti žmonijai naują gebėjimą – imti paisyti visos visuomenės apskritai. Nūnai mano instinktyvi kryptis – asmeninė nauda, trokštu pavergti visą pasaulį savo valdžion, nors nieko doro iš to neišeina, o vien tik kenčiu. Tad jei dabar riečiu nosį prieš artimus žmones, ateityje turėsiu jausti būtinybę rūpintis jais bent jau taip, kaip rūpinuosi savimi ar net savo vaikais, juk jų gerovė man svarbiau už savo paties gerovę.

Naujo gyvenimo teatras

Atėjo laikas suprasti, kad mes patys gadiname pasaulį, kuriame gyvename. Kaip jį ištaisyti? Jei sukursime mūsų tarpusavio santykius, grįstus gailestingumu, atjauta ir vienybe, tai paskatinsime ir gamtą šitaip atsakyti.

Dauguma pastarojo meto tyrimų rodo, kad gamta integrali ir mes darome blogą įtaką negyvajam, augalijos ir gyvūnijos pasauliui. Tad ar gali būti, kad užmezgę gerus tarpusavio santykius paskatinsime didesnę harmoniją ir gamtoje, kurią šiandien taip griauname? Juk žmogiškieji santykiai – tai irgi gamtos jėgos. Ne veltui sakoma, kad minčių, norų jėga – galingiausias veiksnys visoje tikrovėje, ši jėga yra bendrame jėgų lauke, kuris persmelkia mūsų pasaulį ir valdo visą šią pasaulio sistemą.

Esmė ta, kad negalime reikšti žmogui pretenzijų ir iš kiekvieno reikalauti vidinių pokyčių. Niekam negrūmojame pirštu: „Nagi, tu, tu ir tu – pradėkite keistis!"

Galime veikti tik netiesiogiai, per aplinką, ir veikti taip, kad žmogus be pastangų gautų visa, kas būtina. Jis augs it šiltnamyje, įgis reikiamą formą, atitinkančią išorines sąlygas. Jam bus gera ir malonu žaisti tokį žaidimą, visai kaip vaikai, kurie žaisdami mokosi, įgyja proto.

Nereikia manyti, kad kiekvienas iš mūsų pats vienas gali pasikeisti. Tam reikia teatro, bet tai viso gyvenimo teatras, kurio esmė – žaidimas. Scenoje lemtinga pjesė – „Geros aplinkos kūrimas". Per tai mes augsime kaip vaikai – žaisdami, o pokyčiai vyks kaip iš pypkės. Tereikia žinoti, kaip tinkamai išnaudoti laisvą laiką ir pritaikyti savęs keitimo metodiką.

Kodėl anksčiau taip nedarėme? Kas trukdė mums taip elgtis dar prieš tūkstančius metų?

Mes dar negalėjome įsisąmoninti blogio savyje. Manėme, kad egoizmas padeda mums vystytis, o visi neigiami dalykai atsidurdavo „už kadro"... Taip egoizmas mus atskyrė, bet mes užtai kūrėme šeimas, visuomenes, šalis, net nenutuokdami, kad jis galiausiai atves mus į tokį žlugimą. Tik paskutiniaisiais metais pradedame įsisąmoninti situacijos kritiškumą.

Išeitis viena – sukurti naują aplinką, kuri formuos naują žmogų. Šis žmogus visas savo jėgas, pranokstančias gyvūninę pakopą, nukreips ne į blogį, bet į gėrį.

Aplinkoje (nesvarbu, ar tai bus grupė, visuomenė, ar visa žmonija) slypinčią galią išnaudojame reikiama kryptimi. Tada kiekvienas žmogus pajaus, kad jis visa širdimi ir dvasia yra kartu su kitais, kad palaiko vieną sumanymą; kiekvienas supras ir jaus pasklidusias po pasaulį mintis ir norus; kiekvienas tarsi apims savyje visą žmoniją.

Taip žmogus atsisveikins su savo trumpu gyvenimu ir aprėpdamas visą žmoniją pajaus mūsų integralų pasaulį.

Taip realizuojame savo ego, kuris išskiria mus iš gyvūnų, pakelia virš gyvūninės pakopos. Jis iš tiesų pakelia mus, užuot nuleidęs į nelaimingą, varganą gyvenimą, persmelktą baimių, nuolatinių rūpesčių, bejėgiškumo, o tai dar blogiau nei gyvūninė pakopa.

Todėl mes kartais ir pavydime savo naminiams augintiniams...

Devintasis skyrius

Egoizmas – bedugnė statinė

Mes, žmonės, skiriamės nuo gyvūnų tuo, kad norime išnaudoti panašius į save siekdami asmeninių, savanaudiškų tikslų. Krizė, sukelta mūsų vartotojiškų tarpusavio santykių, atėmė iš mūsų gyvenimo džiaugsmą, ir mes pasineriame į mechaninę būseną be išeities. Viena, kas lieka – girtuoklystė, narkotikai arba visų prieš visus karas. Siaubinga situacija.

Tokia dabartinė padėtis. Esame nepatenkinti savo gyvenimu, patenkintą žmogų sunku rasti. Geriausiu atveju mėgaujamės mažesne blogybe iš dviejų.

O jeigu pakeistume tarpusavio santykius į priešingus...

Moksliniai apskaičiavimai rodo, kad vien tuo gamybos pertekliumi, kurį išmetame, galima išmaitinti visą pasaulį ir kad pasitelkus tas lėšas, kurios dabar leidžiamos ginklams, galima kone kiekvienam pastatyti po namą su baseinu; ir kad galėsime vystytis išsaugodami mus supančią aplinką, ištaisyti viską, ką sugadinome.

Ne per seniausiai dauguma žavėjosi, kad žmonija pagaliau surinko pinigų ir pastatė didįjį hadronų kolaiderį – elementariųjų dalelių greitintuvą, turintį mums atskleisti gamtos paslaptis. Dešimt metų prireikė idėjai patvirtinti, septynerius metus ieškota lėšų, pradėtos penkerius metus trukusios statybos; greitintuve sumontuota naujausia įranga, dirbo daugiau ne dešimt tūkstančių specialistų iš viso pasaulio... O greitintuvas kainavo tiek, kiek amerikiečių armijos savaitė Irake.

Mūsų egoizmas ryja didžiulius turtus, neleisdamas jų panaudoti geram gyvenimui. Jei liautųsi ginklavimosi varžybos, jei apribotume išlaidumą, nors šiek tiek paisydami būtinųjų žmonijos poreikių, tai paaiškėtų, kad keletas procentų pasaulio gyventojų gali patenkinti visus poreikius.

Tačiau laisvalaikis netūrėtų virsti dykaduoniavimu, kai šildomės prieš saulutę vartydamiesi nuo vieno šono ant kito. Kad mūsų būsena visuomenės atžvilgiu būtų derama, teks kasdien rasti laiko išties būtiniems socialiniams renginiams.

Išsivadavęs iš išorinių rūpesčių dėl savęs žmogus turės išsilaisvinti iš jų ir viduje, kad iš tikro galėtų perimti visus naujo pasaulio ir naujų santykių pranašumus.

Todėl šiuos santykius reikia nuolatos kurti, plėtoti, kylant virš savo egoizmo.

Visata su žydru apvadėliu

Palaikyti gerus santykius su kitais – gana banali idėja, čia nėra jokios revoliucijos. Tačiau mums būtina pamatyti, kad iš tikrųjų neturime kitos išeities – tik tada žmogus su tuo sutiks.

Gyvename tokiu metu, kad milijonai lieka be darbo, kai tėvai bijo leisti vaikus į mokyklą, kur keroja prievarta, prekyba narkotikais, prostitucija; kai neaišku, ar rytoj sulauksiu sveikatos apsaugos paslaugų, saugumo garantijų; kai atsilieka kultūros raida – juk mes ir patys nebegalime pakęsti savo „kūrybos"...

Tai juk ne gyvenimas. Naujoji karta nemato ateities sau, o be šito žmogus negali tobulėti. Todėl depresija pirmauja paplitusių ligų sąraše. Netgi naminiams gyvūnams gaminami antidepresantai.

Tik dabar natūraliai atsiranda galimybė įžvelgti blogio šaltinį egoizme. Anksčiau to nesuprasdavome, neįsisąmonindavome. Žmogus ir pagalvoti negalėjo, kokia tamsi jo ego prigimtis.

Pavyzdžiui, vaikystėje mėgau mokslą, techniką, lankiau sporto ir kitus būrelius, paskui įstojau į universitetą, įgijau profesiją, įsidarbinau mokslo tyrimų institute... Mano egoizmas nuolatos stūmė mane, sakytum, gerų dalykų link. Norėjau pažinti pasaulį, o tai irgi tam tikras valdžios troškimas, tik, užuot valdęs kitus, svajojau pakilti dar aukščiau. Manęs visai nedomino žmonija, net žiūrėti nenorėjau į tuos visus „nelaimingus žmogelius" – troškau pažinti visa, kas vyksta, pakilti į lygmenį, kur yra valdantys pasaulį dėsniai ir aukščiausios gamtos savybės. Manęs netenkino paprastas gyvenimas, primenantis didžiulį žmonijos turgų.

Toks buvo mano požiūris į gyvenimą: „Kam man visas šis pasaulis, kai noriu aprėpti visą Visatą."

Nors toks požiūris egoistinis, tačiau tuomet jis mane vedė pirmyn. Tik vėliau jį analizuodamas įsisąmoninau blogį ir supratau, kad jeigu tikslas ne žmonijos gerovė, tai tada negerai.

Šis supratimas taip pat turi tam tikrus lygmenis. Ar nusprendžiau būti naudingas žmonijai neturėdamas išeities, kad kaip atsaką gaučiau didžiulę naudą sau? O galbūt laukdamas naudos staiga imu įsisąmoninti: meilė kitiems – tai gerai, netgi nesulaukus teigiamo atsako? Pasirodo, čia slypi ypatinga jėga, ypatinga savybė. Ir tada imu mėgautis pačia meile žmonėms, o ne tuo, ką iš jų gaunu.

Devintasis skyrius

Žmogaus jausmuose, sąmonėje atsilapos tokios durys, apie kurias šiandien nė nenumanome. Pamažu įsisąmonindamas priežastis ir pasekmes, žmogus savyje atskleidžia naujas savybes, slypėjusias nuo pat pradžių, tačiau tik šiandien pritaikomas. Tad negalima sakyti, kad staiga nusprendėme griebtis banalių dalykų. Teisingai, jėgos ne naujos, tačiau anksčiau neįsisąmoninome blogio ir todėl negalėjome rūpintis savimi padedami visuomenės.

Be tikslo nepagyvensi

Norai skirstomi į du lygmenis: kaip ir visi gyvūnijos pasaulio atstovai, noriu patirti malonumą iš maisto, sekso, šeimos; norai, esantys virš gyvūninio lygmens: turtai, garbė, žinios; turtai ir šlovė – tai mano tarpusavio santykiai su aplinka, o žinių siekis jau priskiriamas gamtai apskritai.

Norai, priklausantys žmogiškajai pakopai – irgi egoizmas: aš noriu gauti patį didžiausią pasitenkinimą ir randu tam vis daugiau galimybių. Tarp daugybės galimybių yra vadinamasis „blogasis pradas", kai tenkinu savo norus kenkdamas aplinkiniams.

Galime išnaudoti vienas kitą, kad patirtume abipusį pasitenkinimą patogiai, gerai nusiteikę. Taip vyksta šeimoje, tarp draugų ir pan. Tai irgi artimojo išnaudojimas, tačiau jam nekenkiant, ir todėl toks noras, toks egoizmas nėra blogas.

Tačiau jeigu siekiu patirti malonumą, negalvodamas apie artimą žmogų, arba jam kenkiu, arba mėgaujuosi jam padaryta žala, tai vadinama blogiu. Mūsų blogasis pradas išsivystė tiek, kad jau visos žmonijos mastu mėgaujamės kenkdami aplinkiniams, mėgaujamės savo pranašumu, gebėjimu išnaudoti juos. Tai byloja apie blogojo prado išsikerojimą.

Nekalbame tiesiog apie praturtėjimą. Kas iš to, kad būsiu turtingas? Kas, be banko, apie tai žinos? Ir todėl perkuosi prabangią mašiną, jachtą, vilą... Man malonu engti, žeminti, niekinti kitus, nes patys pinigai jau neteikia jokio malonumo.

Tačiau jausdamas savo pranašumą žmogus jau nebeįstengia išpešti džiaugsmo... Tai, kas skatino mus eiti pirmyn, šiandien nuveja į akligatvį. Blogasis pradas daugiau nebeteikia mums pasitenkinimo. Neatsitiktinai turtingose šalyse savižudybių skaičius palyginti didesnis.

Susidarė nepaprasta, daugiasluoksnė situacija. Tačiau iš aplinkybių visumos mums aišku, kad sprendimą rasime tik žmogaus santykiuose su aplinka. Jeigu santykiai bus geri, galėsime susitvarkyti savo gyvenimą, siekti naujų tikslų... Kas su mumis vyksta? Iki šiol kokybiškai ir kiekybiškai vystantis mūsų noras vedė mus į sėkmę, pergales. Tačiau staiga sustojome, nematydami, dėl ko ir kur link eiti. Mūsų egoistinės jėgos išseko ir daugiau nebeatsinaujina.

Šiandien žmonijai reikalinga nauja jėga, vesianti ją pirmyn. Savyje žmogus jos neras, nes visi jo norai išsisėmė. Anot išminčių, negimęs laimingesnis už gimusį. Tik susivienijęs su kitais žmogus įgis papildomų jėgų. Juk jis turi dar septynis milijardus norų, iš kurių gali gauti įkvėpimą, kuriuos gali įgyti, kuriems gali atsiduoti ir kaip atsaką gauti malonumą.

Žmonijos raidos procesą galima įsivaizduoti kaip vieno žmogaus gyvenimą.

Iš pradžių gamta elgėsi su mumis kaip su vaiku: gyvenome gentyse, santykiai buvo geri, broliški. Paskui prasidėjo ne pats mieliausias laikotarpis, po kurio, tarsi baigę trečiąją ir ketvirtąją dešimtį, padarėme išvadą, kad gyvenimas niekam tikęs. Ir štai dabar, gyvenimo viduryje, įsisąmonindami nueitą kelią, klausiame: „Kaip sergančiai žmonijai išsikapstyti iš depresijos, bejėgiškumo, sumišimo – kaip išeiti iš akligatvio?"

Savo naująjį gyvenimą žmogus turi įgyti iš aplinkos. Tada jis pastebės, kad mes visi – viena visuma. Iš esmės aš susigrąžinu savo paties dalis, kurias anksčiau laikiau pašalinėmis. Tai panašu į gimusius anūkus, kurie močiutėms ir seneliams tarsi suteikia naują gyvenimą. Jie juos myli kur kas labiau nei savo vaikus, nes dabar tai kone vienintelis malonumas, likęs jų gyvenime.

Štai ir mūsų situacija tokia pati: jeigu žmogus iš aplinkos negaus papildomų norų, per kuriuos pajaus naujus didžiulius malonumus, jis užsiims teroru, pradės pasaulinį karą. Kam gyventi tokiame pasaulyje tokį gyvenimą, kuris blogesnis už mirtį, jei net neįmanoma atsakyti į klausimą: kam gyvenu? Apie tai sakoma, kad valgykime ir gerkime, nes rytoj mirsime.

Šiandien matome tik mažą šios padėties be išeities dalelę: žmonės vis dar ieško nepatirdami ramybės. Bet paskui savaime prasidės instinktyvūs „priepuoliai", pasireiškiantys per karus. Kol kas, nepaisant jau įsisąmoninto blogio, esame gana ramios būsenos – ir tai leidžia mums pradėti gydyti savo ligą.

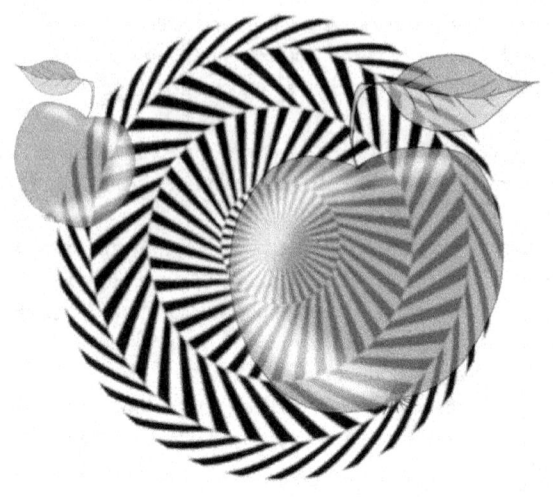

Dešimtasis skyrius

Sunki branda

Žvelgdami į save iš šalies matome, kad esame sugadinti: mums ne itin gera gyventi, mūsų savybės, įpročiai, charakterio bruožai ne tokie jau ir sugyvenami, esame nepatenkinti vieni kitais ir ne itin patenkinti savimi.

Šią situaciją galima palyginti su obuolio nokimu: mažas ir rūgštus obuoliukas pamažu virsta sultingu, kvapniu vaisiumi.

Tikėtina, kad ir mes vystomės panašiai... Galbūt tiesiog negalime to įžvelgti, nes užbaigiame savo gyvenimą taip ir „nesunokę", kai kiekvienas tampa išmintingu, nuostabiu, kilniu, kitaip tariant, geru žmogumi. Galbūt, skirtingai nei obuolys ar gyvūnas, mes vystomės ne per vieną gyvenimą, o iš kartos į kartą, ir kiekviena karta aukštesnė, pažangesnė už ankstesniąją...

Mūsų tūkstantmetė raida – tai lyg vieno vis labiau tobulėjančio žmogaus gyvenimas ir, matyt, galiausiai pasieksime puikią, „brandžią" būseną.

Akivaizdu, kad pagal tokią schemą vyksta mūsų vystymasis, todėl sakoma, jog neverta kvailiui rodyti nebaigto darbo. Juk protingas skiriasi nuo kvailo tuo, kad iš anksto mato, kaip užaugs „naujagimis" – žino, kas bus pabaigoje, ir gali pateisinti mūsų išgyvenamą procesą. Tačiau mes nematome pabaigos, todėl mums sunku pateisinti esamą būseną.

Iš tiesų mūsų kelias itin liūdnas ir sunkus, mes einame pirmyn tik gaudami smūgius per nelaimes, problemas ir savo pačių klaidas.

Neprekiauk išmintimi

Mums reikia mokytis iš gamtos, kurios dalimi esame. Gamta siekia pusiausvyros, o mums pusiausvyra su ja – tai savybių panašumas.

Galbūt mūsų raida iš tikrųjų gera. Mes įsisąmoniname savo blogį, savo egoizmą. Tapdami vis didesni egoistai, vis aiškiau suprantame, kaip tai blogai, kaip sau ir kitiems nuodijame gyvenimą – įsisąmoniname, kad visa tai bumerangu grįš kiekvienam iš mūsų. Galiausiai praregėjome ir pamatėme, kokią visuomenę sukūrėme, kaip atrodo žmonija su jos išmintimi, didingumu, turtingumu ir puikumu.

Nejaugi to norėjome pasiekti?..

Kokia viso šio blogio priežastis? Kodėl vaikydamiesi sėkmės kaskart klystame ir liekame be nieko.

Štai kur visa problema.

Tyrinėdami gyvūnus matome, kad jie visi gyvena pagal gamtos programą nenukrypdami nei į kairę, nei į dešinę ir todėl niekada neklysta. Gyvūnai turi savo vidinius dėsnius, ir jie sukurti taip, kad tų dėsnių laikytųsi.

Žmogus be perstojo daro klaidas, kurios tikriausiai turi paskatinti mūsų protinį vystymąsi. Juk esame pranašesni už gyvūnus tuo, kad mąstome. Iš kartos į kartą mūsų protas, švietimas, pasaulio ir savo paties pažinimas tobulėja.

Dešimtasis skyrius

Logiška būtų teigti, kad netinkamai išnaudojame savo intelektą, o tai ir yra problema.

Kaip taikyti žmogaus protą, suprato dar antikos išminčiai, tarkime, Aristotelis ir Platonas, laikomi šiuolaikinio mokslo pirmtakais. Jie ragino neatskleisti mokslo visiems norintiesiems, pasitikėti tik tvarkingais žmonėmis, kurie taikys jį vien kitų labui, vien dėl gerų santykių tarp žmonių, kad jie gyventų geriau ir patogiau. Perduodant mokslą kam tik šauna į galvą, kenkiama žmonijai.

Šiandien matome, į kur tai atvedė: beribes mokslo teikiamas galimybes išnaudojame darydami žalą sau. Tai tęsiasi šimtmečiais, po to, kai Aristotelis ir Platonas ragino mokslo žinias patikėti tik tiems, kurie mokės jas išmintingai pritaikyti...

Visada buvo mokslo veikėjų, kurie savo žinias naudodavo prestižui įgyti, asmeniškai praturtėti, nesusimąstydavo apie pasekmes. Daugumai iš jų tai baigėsi gana tragiškai.

Tikrąjį mokslininką veda meilė mokslui ir niekas kitas, pagal principą – „įgyk išminties ir neparduok".

Apie blogio naudą

Dairydamiesi aplink, matome savo raidos blogį. Aišku, kad buvo galima vystytis geruoju keliu, „žengiant abiem kojomis" – atskleidžiant šiek tiek blogio ir nedelsiant paverčiant jį gėriu, ir taip kaskart. Tereikia tinkamai pritaikyti įsisąmonintą blogį: eiti pirmyn nedideliais žingsneliais, stebint, kur suklydome, ir iškart taisyti klaidas.

Lygiai taip specialiai duodame mažyliui ką nors išardyti, sulaužyti, kad išmoktų surinkti, ištaisyti tai, kas sugadinta. Leidžiame jam daryti ką nors ne taip, kad suprastų, kaip reikia elgtis.

Turime suprasti, kad blogis mūsų gyvenime būtinas, turime įsisąmoninti, kad jo esmė – mūsų egoizmas, t. y. netinkamas tų mūsų savybių, kurios pakelia mus virš gyvūninio lygmens, išnaudojimas.

Jeigu tinkamai taikysime visus savo intelektualius turtus, kiekvienas tikrindamas, kas teisinga, o kas ne, tai remdamiesi šia analize kaskart galėsime nuo blogio atsigręžti į gėrį. Tobulėsime, paeiliui pereidami susitraukimo ir išsiplėtimo tarpsnius – panašiai, kaip veikia kvėpavimo sistema, širdis.

Bet kurią raidą visuomet sudaro dvi priešingos jėgos, darniai tarpusavyje veikiančios ir viena kitą papildančios.

Mūsų pasaulyje nieko nereikia griauti – juk iki šiol mūsų vystymasis buvo būtinas, priverstinio pobūdžio. Tik nuo šiol turime kritiškai vertinti tai, kas vyksta, daryti išvadas ateičiai. Tada blogis tampa gėrio atrama, ir mes eidami pirmyn pasitelkiame ir viena, ir kita. Tiesą pasakius, nėra nei gėrio, nei blogio – imame suprasti, kad visa mūsų egoistinė prigimtis – gera, mat jos padedami išsiugdėme gebėjimą analizuoti ir taisyti.

Žiūrėti pirmyn, o ne po kojomis

Tobulėjame veikiami dviejų jėgų: griaunančios mūsų egoizmo jėgos ir kuriančios žmonijos išminties jėgos. Tai suvokę įsisąmoniname, kad „gerasis" mūsų raidos kelias – viduryje tarp šių dviejų jėgų. Leidęsi šiuo keliu, pasieksime visišką harmoniją su visomis gyvenimo formomis, t. y. su gamta apskritai.

Čia ir yra mūsų laisvas pasirinkimas.

Taip visos mūsų patiriamos kančios – kvietimas pasinaudoti savo valios laisve ir tinkamai, harmoningai taikyti šias dvi mūsų turimas jėgas. Proto galia leidžia mums pažaboti savąjį egoizmą ir jį valdyti. Jo jokiu būdu nereikia sunaikinti, kaip tai praktikuojama kai kurių technikų ir tikėjimų. Turime suprasti, kad prigimtis nėra bloga. Bet jeigu neišnaudojame teigiamos jėgos, neigiama virsta blogiu, tad tereikia išmokti, kaip ją taikyti.

Nevalia spręsti apie rezultatą iš dabartinio etapo. Nėra ko sielvartauti kelio viduryje – juk taip mes tampame panašūs į tą jau minėtą kvailį. Priešingai, dabartinį etapą turime vertinti pagal jo kryptingumą, tikslingumą. Turime suprasti, kad kiekvienas kelio etapas būtinas, norint pasiekti tą nuostabų tikslą. Jis šviečia mums iš toli, o mes artėjame prie jo, vis labiau taisydami savo gyvenimą. Mūsų iš tikrųjų laukia gera ateitis.

Todėl nevalia blogai elgtis su gamta, savimi, kitais, nevalia kelti nepagrįstų reikalavimų ir pretenzijų, nevalia be pagrindo kritikuoti, niekinti, nekęsti. Reikia suprasti, kad mes visi pereiname šio proceso etapus ir reikia padėti kits kitam.

Būtent bendras taisymasis, tarpusavio pagalba atves mus į puikų tikslą.

Dešimtasis skyrius

Norų mozaika

Kiekvienas iš mūsų turi trejopus norus:
1. Kūniškieji norai, būdingi visai gyvūninei gamtai. Rūpinamės savo sveikata, maistu, ilsimės, trumpai tariant, siekiame išsaugoti save sveikus ir gyvus. Gyvūniniu lygmeniu veikia savisaugos instinktas.
2. Žmogiškieji, egoistiniai norai: valdžios ir garbės troškimas, siekimas bet kokia kaina pakilti virš kitų. Šie norai būdingi tik žmonėms, gyvūnai tokių norų neturi.

Čia dažnai prikišame, kad gyvūnai ėda vieni kitus. Bet juk tarp jų nėra neapykantos – jie ryja auką tik tam, kad prasimaitintų, o ne tam, kad jai padarytų ką nors blogo. Tokius instinktus jie gavo iš gamtos.

Mes ir patys panašiai elgiamės su maistui naudojamais gyvūnais – visiškai nejausdami jokios neapykantos jiems. Mums reikia valgyti, ir nieko čia nepadarysi.

Ir tik santykiuose tarp žmonių kiekvienas įkinko savo egoizmą: kieno žolė žalesnė, kieno automobilis geresnis, kieno vaikai talentingesni, kieno atlyginimas didesnis... Būtent lygindamiesi su kitais tikriname, kiek mums gerai.

Apie tai yra itin įdomių statistinių duomenų. Pavyzdžiui, žmonės linkę uždirbti mažiau, jei jų atlyginimas bus didesnis nei kaimyno ar kolegos, užuot sutikę gauti padidintą algą, jeigu ir aplinkiniai gaus daugiau. Juk mes viską vertiname gretindami. Kitaip tariant, apie savo gyvenimą sprendžiu ne pagal kūno padėtį, o pagal asmeninę padėtį – kiek mano asmuo aukščiau už kitus.

Tokie norai būdingi tik žmogui, gyvūnai nelygina savęs su kitais, jiems tereikia patenkinti savo natūralius poreikius.

3. Virš kūniškų ir žmogiškų norų – žinių, išminties siekis. Tai irgi būdinga tik žmogui. Noriu žinoti, kodėl ir kam gyvenu, kaip veikia gamta, kas vyksta aplinkui, kaip viena susiję su kitu... Mane žavi gamtoje glūdinti logika, išmintis, kurią nuolatos tiriame.

Iš esmės esu tam tikroje srityje, kuri vadinama „gamta", pamažėle susirankioju iš jos dalinę informaciją, o paskui tikrinu sukauptą medžiagą. Tai ir yra mano „mokslas". Ryt atskleisiu naujus gamtos dėsnius. Ar jie egzistuoja ir šiandien? Žinoma, tiesiog aš nepakankamai protingas, kad juos atrasčiau. Žingsnis po žingsnio plėtodami mokslą atveriame vis naujus gamtai būdingus dėsningumus.

Visus šiuos trejopus norus turime kiekvienas iš mūsų pačiais įvairiausiais deriniais. Vieną labiau traukia mokslas, kitą – turtai ir jėga, o dar kitam visiškai pakanka vakare pasėdėti priešais televizorių su buteliu alaus... Kiekvienas sukurtas savaip, ir nėra nei gerų, nei blogų žmonių. Žmogų traukia tie norai, kurie vyrauja tarp kitų. Galiausiai kiekvienas visuomenėje užima tą vietą, kuri atitinka jo savybių visumą:
– besirūpinantieji tik kūno poreikiais dažniausiai sudaro didžiąją visuomenės dalį;
– siekiančiųjų valdžios ir galios yra mažiau, jie kyla aukštyn, tačiau lieka sociume, kad patirtų iš jo pasitenkinimą;
– jei mane traukia mokslas, tai siekiu pakilti virš kūniškųjų ir žmogiškųjų norų. Vertinu norus, leidžiančius suprasti gamtą, pamatyti, kodėl ir kam viskas taip sukurta. Mane traukia filosofija, išmintis, man jau nesvarbu, kuo maitintis, nelyginu savęs, savo pasiekimų su kitais, galiu užsidaryti savo kampelyje, kukliai maitintis ir beveik nebendrauti su aplinkiniais – man svarbu rasti tą ryšį su gamtos dėsniais.

Galiausiai skirtingi žmonės randa visuomenėje tinkamus sau užsiėmimus ir pagal tai kuria šeimą, aplinką, buitį.

Pusiausvyra su visais

Jeigu norime teisingai taikyti mokslinę prieigą, tai mums būtini protingi žmonės, išmanantys prigimtį ir suprantantys, kad joje pagal atitinkamą programą vyksta atitinkami procesai. Pati evoliucijos teorija rodo, kad mūsų vystymasis paklūsta dėsningumams, o ne atsitiktinumui.

Kas kad dar neperpratome tų dėsnių, bet jau galime įžvelgti bendrą įvykių tėkmę. Mums dar neaišku, į kur visa tai veda, tačiau apytiksliai darome išvadą, kad visa krypsta pusiausvyros link. Panašiai kaip gamta subalansuota visuose lygmenyse, taip ir mes galiausiai turime pasiekti pusiausvyrą žmogiškojoje pakopoje.

Tačiau žmogus pats turi rasti pusiausvyrą. Mūsų viduje glūdi geroji ir blogoji jėgos, turime žinias, kurios leidžia subalansuoti šias dvi jėgas, suderinti jas su bendrąja gamtos darna.

Dešimtasis skyrius

Gyvūniniu lygmeniu tai reiškia, jog turime balansuotai, protingai vartoti ir rūpintis, kad visi pasaulyje vartotų būtent taip.

Ant žmogiškosios pakopos, visuomenėje visi turime būti lygūs, kaip broliai ir seserys vienoje šeimoje.

Mokslinių žinių lygmeniu turime siekti pažinti bendrąjį Visatos dėsnį.

Taip išlaikydami pusiausvyrą materialiame, kūniškajame, žmogiškajame ir žinių lygmenyse pasieksime tobulą būseną.

Lygybė, nuo kurios koktu

Žmogus turi neišmatuojamų galimybių ir gali puikiai susitvarkyti savo gyvenimą Žemėje. Kodėl jis to nedaro? Kas jam trukdo? Jam trukdo jo egoistinė struktūra: visas savo jėgas ir turtus jis nori išnaudoti, kad pakiltų aukščiau už kitus. Su tuo visi sutinka. Blogiausiu atveju žmogus nepriskiria blogio sau, o primeta jį kitiems, žmonijai.

Ar galiu įsivaizduoti, ką reiškia gyventi valdant gerajam pradui? Juk tai bendras standartas visiems. Ar tai įmanoma? Kuo tada mėgausiuosi? Kai visi lygūs, kai nėra didelių ir mažų – nejaučiu prasmės gyventi.

Šiandien mūsų gyvenimas verda, nuolatos ko nors siekiame. Kaskart pasąmoningai skaičiuoju, tikrindamas, kiek pralenkiau kitus, ir tai gyvenimui suteikia skonį, skatina mane siekti, verčia suktis. Nesibaigiantis varžymasis, konkursai...

Jei visi lygūs, tai kaip pasitenkinsime? Nejaugi gamta nori mus paversti marionetėmis?

Ar yra dar koks nors tikslas? Dabartinėje savo pakopoje jo neįžvelgiu. Kiekvienas visada stengiasi savaip pasireikšti: sakykime, aš mokslo baruose, tu publicistikoje, o jis švietimo srityje. Būtent šis poreikis skatina mus vystytis.

Tačiau šiandien situacija pasaulyje tokia, kad mums pakanka dirbti keletą valandų per dieną, idant visiems parūpintume normalų pragyvenimo lygį – jei tik liausimės žeminę vieni kitus ir nesistengsime vieni iš kitų ko nors gvieštis.

Jei nedirbsime tiek daug valandų, ką gi veikti likusiu laiku? Juk nuo tos laisvės galima iš proto išsikraustyti. Nejaugi gamta nesumąstė ko nors geriau?

Gamta kaip visada neprilygstama. Jos tikslas – atvesti mus į tarpusavio bendradarbiavimą virš egoizmo. Mes pasitelkiame egoizmą, bet tik kitaip – ne tam, kad pakiltume virš kitų, o tam, kad kiekvienas pakiltų virš savo savimeilės ir rastų pusiausvyrą su kitais.

Tokiu atveju patiriu pasitenkinimą dėl to, kad stipriau susivieniju su aplinkiniais. Juk mano egoizmas išaugo, vadinasi, galiu daugiau atiduoti jiems, atvesti visus į dar didesnę vienybę ir pusiausvyrą – ir kuo glaudžiau esu su visais susijęs savo ištaisytu egoizmu, tuo man mieliau.

Tada mano patiriamas malonumas vadinsis abipuse meile, ir jis bus gerokai didesnis už turimą šiandien.

Egomobilis – kas prie vairo?

Būtina suprasti, kad turime tik dvi galimybes: arba pasitelksime mokslą ir protą tenkindami blogojo prado interesus, arba juos naudosime išsitaisymo tikslais – siekdami, kad tarpusavio laidavimas taptų gyvenimo norma.

Kalbame ne apie dviejų pradų pusiausvyros būseną, o apie pusiausvyrą su žmonių visuomene, su gamta apskritai. Gamtoje vystomasi balansuojant dvi jėgas – gerąją ir blogąją. Jų derinys atveda į klestėjimą.

Tai kaip galiu subalansuoti savo blogąją jėgą, savo egoizmą, kuris griauna man gyvenimą? Man reikia kažko, kas jį atsvertų. Tai ir yra protas. Štai todėl virš kūniškųjų ir žmogiškųjų norų – žinių siekis. Šį siekį turi kiekvienas iš mūsų.

Protas turėtų būti tam tikras „egomobilio" vairuotojas. Protas gali mane nukreipti. Žmogumi mane pavers būtent veikiantis protas, o ne besiliejantis per kraštus egoizmas.

Bet, užuot taip darę, mokslo pasiekimus nukreipėme egoistinio vystymosi keliu, ir štai šiandien padėtis nepavydėtina. Atėjo metas suvokti, kas vyksta, ir imti vystytis priešingai – racionaliai, įsisąmoninant savo blogį. Juk išmintingas žmogus iš anksto mato galutinę būseną, paskyrimo vietą – tai subalansuota būsena, kurią pasiekti ir yra mūsų tikslas.

Ir tada pastebėsime, kad blogasis pradas, veikdamas tarsi prieš tikslą, suteikia energijos, ragina eiti pirmyn į tiksliai užbrėžtą tikslą.

Dešimtasis skyrius

Lenktynės virš bedugnės

Šiandien jau galima išvysti niūrią ateitį, kuri laukia mūsų egoistinio vystymosi kelyje. Kažkada turėjome šeimas, vaikus, gyvenome visi kartu su broliais ir seserimis, tėvais ir viskas buvo puiku. O šiandien nieko nenorime matyti šalia, net pats save žmogus sunkiai pakenčia... Kai kurie netgi pasirengę vartoti narkotikus, kad tik atjungtų savo sąmonę.

Mūsų raidos vektorius aiškus. Nebegaliu išeiti į gatvę būdamas užtikrintas, kad su manimi nieko nenutiks. Naujienų antraštės mirga pranešimais apie chuliganizmą, prievartavimus, narkotikų prekybą ir prostituciją netgi mokyklose! Mano vaikas nenori į mokyklą, o ir aš pats netrokštu, kad jis ten eitų, tačiau išeities nėra.

Visa bėda ta, kad mes netinkamai nukreipiame savo norą, savo prigimtinį pradą. Sakykime, jei žiūriu į kaimyną ir mokausi gerų dalykų, aš noriu, kad turėčiau tuos gerus dalykus kaip ir jis, tai geras pavydas. Bet jeigu, atvirkščiai, nematau prasmės stengtis, kad save su juo palyginčiau: „Tegu jis nieko gero neturi. Geriau jau jam sugriausiu gyvenimą. Tada, neturėdamas dingsties pavydėti, jausiu palengvėjimą ir negraušiu savęs."

Štai čia ir visa esmė: geras pavydas veda mane pirmyn, nes noriu augti, o blogasis pataria kenkti kitam žmogui. Arba noriu, kad visi būtų turtingi, arba trokštu, kad visi, išskyrus mane, būtų vargšai. Viskas priklauso nuo to, kaip pažiūrėsi. O patikrinti paprasta: ko linkiu artimam žmogui – gero ar blogo.

Tačiau galima situacija, kai mano noras nei kito žmogaus labui, nei ne labui, o tik mano naudai – ir tai jau žingsnis pirmyn.

Sakykime, pamačiau, kad kaimynas nusipirko gerą mašiną, ir užsigeidžiau geresnės. Neketinu niokoti ar vogti jo mašinos – aš sunkiai dirbu ir galiausiai įsigyju naujausio modelio automobilį. Iš esmės kaimynas man buvo lyg sėkmės akstinas.

Ar šiame siužete yra kas nors taisytino? Be abejo. Kol žiūrėjau į kaimyno mašiną ir degiau noru, ar buvau pusiausvyros būsenos su žmonija ir gamta?..

Dėl to ir patiriame krizę. Juk gamta reikalauja iš mūsų, kad kitame etape mes ne vystumėmės ir lenktume vienas kitą, o kad pasirūpintume normaliu, subalansuotu materialiu gyvenimu ir tobulėtume kaip žmonės – megztume tokį tarpusavio ryšį, kai kiekvienas pasitenkina tuo, kad yra susijęs su kitais.

Žmogus turi jausti malonumą mylėdamas, o ne siekdamas brangių, madingų žaisliukų. Dabartiniame etape jaučiame, kad užklydome į akligatvį ir daugiau nebėra kur eiti. Pasaulinė ekonomika, šiuolaikinės technologijos nebesusitvarko su mūsų užklausomis, o ir Žemė negali tiekti išteklių visam šiam nesibaigiančiam varžymuisi. Gamtos programa – tai ne beprotiškos lenktynės paskui laimę, kaip mums atrodo. Susidariusi situacija verčia pažvelgti tiesai į akis: daugiau taip nebegalime vystytis.

Neleistina samprotauti, paisant tik asmeninių interesų: „Kas čia blogo? Pamačiau puikią mašiną ir užsinorėjau tokios ar dar geresnės."

Bet gali būti ir kitaip: gyvenai sau ramiai, ir štai kaimynas vietoj arkliais kinkyto vežimo nusipirko automobilį. Imu jaustis antrarūšis, nieko neturintis. Sakytum, ir aš turiu užsidirbti mašinai. „O gal tiesiog nugalabyti kaimyną, kad nerodytų blogų pavyzdžių, verčiančių mane taip sunkiai plušti? Ko jis nuodija sąžiningiems žmonėms gyvenimą..." Kitaip tariant, žiūriu ne tik į mašiną, bet ir į jos šeimininką, o jam toli gražu nesu abejingas. Vienaip ar kitaip, gamta nebeleis mums tokių lenktynių.

Geros konkurencijos staigmenos

Žmogus – socialinė būtybė, todėl jam būdinga konkurencija. Varžymasis būdingas mums iš prigimties – toks mūsų pradas. Pati konkurencija savaime nėra nei gera, nei bloga – viskas priklauso nuo to, kaip ją išnaudosime.

Jeigu varžausi su tavimi, kad duočiau visuomenei, nes noriu suteikti jai tiek pat gero, kiek ir tu, tai tokia konkurencija konstruktyvi, ji išlaiko pusiausvyrą su gamta, turi tikslą.

Žvelgdamas į kitą žmogų, mokausi iš jo – mokausi pavydėdamas: jis didis, aš mažas, jam sekasi, man ne. Svarbu, kokių savybių pavydžiu. Jei šios savybės jam ir pasauliui neša pusiausvyrą, nusiraminimą, jei tai veda mus į bendrą tikslą, tai šis pavydas geras, varžymasis – taip pat. Tokią konkurenciją turime paskatinti medaliais, prizais, reklamuoti žiniasklaidoje – tegu visi mato gerą pavyzdį.

Bet jeigu konkuruodami neartėjame prie gėrio, o vis giliau pasineriame į bėdas ir problemas, nutolstame nuo tikslo, tai tokia konkurencija niekam tikusi.

Dešimtasis skyrius

Viską vertiname tikslo atžvilgiu – kitos išeities neturime. Juk būtent tą galutinę – subalansuotą – būseną ir reikia pasiekti.

Visus mano polinkius galima išnaudoti ir teigiamai, ir neigiamai. Sakoma, kad pavydas, aistra ir garbės troškimas išveda žmogų iš pasaulio, kitaip tariant, jeigu noriu pajudėti iš esamos būsenos, jei noriu būti dar naudingesnis sau, aplinkai ir pasauliui, tai turiu pasitelkti pavydą, aistrą ir garbės troškimą, bet juos teks išnaudoti taip, kad čia dalyvautų ir mano protas, kuris vestų mane nuo blogio į gėrį. Tam protas ir duotas žmogui.

Sakykime, einame kartu į sporto salę treniruotis. Aš matau, kad užsiėmimai tau naudingi: tu tiesiog akyse tvirtėji, pavydžiu tau, o tai padeda man įsitraukti į procesą. Tai geras pavydas. Galbūt man bus malonu, jeigu pasieksi šiek tiek mažiau nei aš. Galbūt noriu būti sveikesnis ir stipresnis nei tu. Ir vis dėlto negalima sakyti, kad tai blogai. Šiame procese yra varžymosi elementų, nes lyginuosi su tavimi, bet tai atitinka bendros raidos dėsnius. Taip, tai egoistiška. Taip, mane valdo pavydas, aistra ir garbės troškimas. Taip, noriu būti toks, koks tu ir netgi šiek tiek geresnis, bet apskritai šitai į naudą.

Tačiau tarp mūsų gali būti ir kitokia konkurencija, kai matydamas tavo pasiekimus, kurie ne mano nosiai, jaučiuosi blogai. Kam man prieš akis toks pavyzdys? Jis kaip ir geras, bet iš tikrųjų nieko vertas. Tarkime, nusipirkai limuziną, apie kurį galiu tik pasvajoti. Iš pykčio naktį jį padegu ir tuo mėgaujuosi. Dabar tu ne tik netekai limuzino, tu netekai daug pinigų kainavusio daikto. Aš trinu rankas: „Tai puiku!" Štai toks santykis gali būti su bet kuo.

Kas gi „gera konkurencija"? Tai tokia konkurencija, kuri naudinga tik abiem žmonėms drauge, ir ne kiekvienam atskirai. Galiausiai mes susiję vieni su kitais ir negalime vieni pasiekti sėkmės. Mes – partneriai.

Pavyzdžiui, mes kuriame bendrą verslą: tu investuoji pinigus, aš – žinias. Dabar mes partneriai – tu man reikalingas, tu man brangus, juk be tavęs neužsidirbčiau nė cento. Kaip gerai, kad veikiame išvien.

Ar yra vietos neapykantai? Žinoma, taip: „O kodėl gi man neturėjus ir pinigų, ir žinių? Gal kaip nors gudriai tavęs atsikratyti, kad visas verslas atitektų man?" Pasirodo, net priklausant vienam nuo kito, visada galima manyti, kad vienam bus geriau.

Yra tik vienas konkurencijos tipas, kai priklausome vieni nuo kitų ir negalime konfrontuoti, nes tampame viena visuma. Tai – konkurencija meilėje, duodant kits kitam. Tada tarp mūsų nebelieka nesantaikos obuolio – jokių prekių, kurias galima pirkti ir parduoti. Mes patys esame norimas varžymosi rezultatas – du kaip vienas, ir tas vienas neskyla į du. Niekas neužima kito vietos, niekas nėra aukščiau ar žemiau – mes vieningi, ir ši vienybė kyla vien iš mūsų tarpusavio susijungimo, kitaip tariant, kai susivienijame visomis savybėmis, visur, kur tik galime vienas kitą papildyti. Nė vienas iš mūsų negali būti vienas ir pats sau gvieštis sėkmės. Neišsiversime be abipusės meilės ar bent jau be tarpusavio laidavimo kaip pasirengimo jai.

Taip prieiname prie vienintelio galimo, nors ir neįprasto sprendimo; kad ir ką mėgintume, reikalas visada baigsis tavo egoistinio prado pritaikymu. Tik esant tokioms sąlygoms galime varžytis, pasitelkti pavydą, aistrą, garbės troškimą, neapykantą ir meilę kartu – ir viskas tarpusavyje papildys vienas kitą.

Mes su tavimi susivienysime, išsitaisysime save, mūsų tarpusavio ryšį, kol kartu jame atskleisime meilę – mūsų vienybės rezultatą. Mes „pagal liniuotę" išlyginame savo materialųjį gyvenimą: kiekvienas gauna tiek, kiek būtina jo kūnui; be to, atskleidžiame visą žmogiškajai pakopai būdingą blogį.

Viena vertus, gyveneame įprastinį kūniškąjį gyvenimą, kita vertus, perkeičiame savo nuolat atsiskleidžiantį blogąjį pradą į gerąjį, kol pasieksime meilę. Tai ir yra žmogaus paskirtis.

Tai didelis ir nepaprastas darbas. Gyvenimas mums duotas, kad daugių daugiausia keletą valandų per dieną dirbtume, kad patenkintume fizinius poreikius, o visas likęs laikas turėtų būti skirtas blogajam pradui ištaisyti. Taip atskleisime gamtoje slypinčią tobulybę.

Vienuoliktasis skyrius

Draugystė draugyste, o boksas nepakenktų

Gamtoje, be žmogaus, nėra jokio kito kūrinio, kuris nuolatos vystytųsi ir keistųsi. Apskritai žmogus sunkiai nuspėjamas, nes jo viduje kaskart užgimsta nauji norai, traukiantys tai ten, tai šen. Žmogus ir pats nežino, kas su juo nutiks po minutės, o ką jau ir sakyti po kelerių metų. Tai matome ir iš savo patirties, ir žvelgdami į kitus.

Kartais susitinkame su pažįstamais, draugais, kurių seniai nematėme, ir girdime: „Jau seniai tuo neužsiimu. Dabar gyvenu jau visai kitaip." Tai galioja kalbant apie profesiją, šeimą, gyvenamąją vietą, interesus. Žmonės pasakoja, kur jie pabuvojo, kuo domėjosi, su kuo susipažino... Be to, matome, kaip stipriai viena nuo kitos skiriasi kartos. Charakteris, kultūra, auklėjimas, mokymas, šeima, socialiniai santykiai, valstybinė santvarka – viskas bėgant metams kinta.

Visa tai prieštarauja gyvūnijos pasaulio prigimčiai, nes ten visada tas pats tempas, tie patys standartai.

Rūpinantis savo kūniškais poreikiais žmogaus požiūris turi būti protingas, rimtas, subalansuotas. Juk savo kūnui duodame daugybę nepagrįstų užduočių. Netgi teigiami dalykai, vartojami be saiko, neša vien tik žalą, ir, priešingai, šiek tiek sumažinę vartojimą ir nekimšdami į kūną dirbtinės gausos, liausimės jį nuodiję, tad bus tik geriau.

Dar senovės gydytojai sakė, kad geriau šiek tiek blogo nei daug gero. Tai nereiškia, kad turime save riboti ir varginti nepritekliumi – tiesiog suprasime, kur sustoti, kad viskas būtų mums naudinga.

Visur kitur žmogus pasirengia svarbiausiems dalykams – kad suformuotų iš savęs žmogų, kurdamas tą savo dalį, kuri virš gyvūninio lygmens. Mes tartum priklausome dviem pasauliams: gyvūniniam ir žmogiškajam, o žmogiškasis lygmuo auga jungdamasis su kitais.

Palaikydami tarpusavio ryšį su aplinkiniais turime atlikti didžiulį darbą, kad pakiltume į žmogaus pakopą – juk tas žmogus dar negimė. Jeigu mes nesikištume į jo augimo procesą, jei nesukurtume atitinkamų sąlygų, jis netaptų žmogumi – priešais mus augtų gyvūnas. Būtent ugdymas formuoja žmogų.

Bėda ta, kad mūsų ugdymas egoistinis – mokome vaiką, kaip išnaudoti pasaulį savo naudai.

Žinoma, suprantame, kad geri santykiai su kitais iš dalies apsaugo nuo atsakomųjų smūgių. Todėl visas mūsų auklėjimas šiais klausimais apsiriboja paprastomis tiesomis: „Nekenk kitiems, būk geras vaikas, neatiminėk daiktų iš kitų, nusileisk, duok draugui, kaimynui pažaisti, taip bus geriau, – mokome savo vaikus. – Kam tau, kad jie su tavimi blogai elgtųsi ir norėtų pakenkti?"

O kad būtų dar saugiau, sakome vaikui: „Užsirašyk į bokso ar kovos menų būrelį. Kad tavęs neapgaudinėtų ar kad pats galėtum apgauti, mokykis iš advokato...

Vienuoliktasis skyrius

Trumpai tariant, nepaisant gerų tarpusavio santykių, turi žinoti, kaip apsiginti. Toks tad mūsų pasaulis." Galiausiai matome, kad nors ir vyksta bendras bei asmeninis žmonių tobulėjimas, jie, deja, tarpusavyje nesutaria. Kiekvienas sąmoningai ar ne siekia sėkmės gyvenime kito sąskaita.

Susivienyti, kad išgyventume

Nūnai po visos evoliucijos, po viso to, ką patyrė ankstesnės kartos, mus užklumpa krizė. Matome, kad neturime išeities. Mūsų rankose – griaunantis ginklas, mes beveik išvaistėme visus gamtos išteklius, pražūtingai veikiame gamtą, ekologiją, klimatą, žlugdome save ir visą žmoniją. Netgi erdvė aplink mūsų planetą užteršta kosminėmis šiukšlėmis, kurias ten palikome.

Ir svarbiausia – gyvenimas nebeteikia mums malonumo. Pasaulyje išsikerojusi depresija, nusivylimas, griūva mokyklinio švietimo sistema ir pan.

Galiausiai nusprendžiame, kad privalome pakeisti žmogų – nėra kitos išeities. Kažkada tėvai mums kalbėjo: „Būk geras vaikas, nemušk kitų, nusileisk – tada turėsi daug draugų. Būk su gera kompanija, nesivalkiok su blogais vaikais..." Lygiai taip pat turime auklėti save ir dabar. Juk susiklosčiusi situacija kelia grėsmę mūsų gyvenimui.

Viena, ką iš tiesų turime pakeisti, tai suteikti sau žmogiškąjį pavidalą. Kitaip tariant, virš gyvūninio lygmens, subalansuotai ir racionaliai suteikdami savo kūnui visus būtinus dalykus, privalome formuoti Žmogų, o ne laukinį. Visas mūsų darbas – asmeninis ir bendras, socialinis, grupinis ir pasaulinis – tai ugdyti save.

Abipusę neapykantą, abipusį atstūmimą, išdidumą, pavydą, garbės troškimą, kuriais persmelkti mūsų tarpusavio santykiai, reikia nukreipti tokia linkme, kai imame paisyti bendrų interesų, abipusio laidavimo ir meilės.

Juk tolesnis vystymasis reikalauja susivienyti, o prie to mus veda mūsų ego. Tačiau jis trukdo geriems santykiams, širdingai atjautai, tarpusavio supratingumui.

Mes nepajėgiame taip ir tai matyti iš Europos pavyzdžio, kur šalys ir žmonės vaidijasi. Nebėra sienų, viena bendra valiuta, sukurta bendra rinka, vis dėlto

Europa sensta ir silpsta, mat nesugeba susijungti į vieną didžiulę šalį, netgi egoistiškai neįstengia...

Pernelyg didelis kultūros, ugdymo skirtumas, dar nepamiršti istoriniai konfliktai – europiečiai nepajėgia išsilaisvinti iš visų šių pančių.

Ar galima kažkaip nutiesti tiltus virš šių skirtumų? Juk iš esmės pagal egoizmo taisymo metodiką nuošalyje paliekame visus kultūrinius, auklėjimo, religinius, netgi valstybinės santvarkos nesutapimus ir virš visų norime išskleisti meilės skėtį.

Kaip pavyzdį pateiksiu savo šeimą.

Mano tėvai – gydytojai, žmona – inžinierė, aš pats užsiimu ontologija, anksčiau – biokibernetika, viena dukra – biologė, kita – filosofė, sūnus leidžia knygas. Be kita ko, visų mūsų charakteriai labai skirtingi...

Tačiau mes visi – viena šeima, ir priežastis ta, kad meilės jėga suvienija mus, nepaisant visų skirtumų.

Kyla klausimas: "Ar galime tą pačią schemą pritaikyti siekdami gero gyvenimo, vengdami karų, griovimų, saugodamiesi nuo cunamių, uraganų, vulkanų, nuo griūvančių rinkų ir ekonomikos? Nejaugi nepajėgsime sukurti tokių pačių santykių tarpusavyje? Juk sakoma: žmogus viską atiduos, kad išsaugotų savo gyvenimą, o dabar didžiausias iššūkis mums – būtent grėsmė gyvenimui.

Neišvengiamas meilės poreikis

Turime suprasti, kad bet koks mokslas, metodika vertinami pagal tai, kokią naudą gali atnešti. Šiuo atveju kalbame apie vienijimosi metodiką, apie išgelbėsiančią nuo savižudybių metodiką. Žinoma, ji svarbesnė už bet kurį mokslą, ir reikia tuo rimtai užsiimti.

Integralaus ugdymo metodika ne tik neutralizuoja kilusią žmonijai grėsmę, ne tik saugo mus nuo blogų dalykų, bet ir kelia gėrio link. Ji leidžia pajausti gyvybinę energiją, esant ant naujos pakopos. Santykiuose tarp mūsų atskleidžiame pakopą, kur esame susiję su vidine gamtos esme, pradedame jausti amžinybę ir tobulybę.

Štai ką mums suteikia integralaus ugdymo metodika, o jeigu lygintume rezultatus, tai niekas kitas net nepriartėja prie jos. Ir jeigu jau suprantame jos

Vienuoliktasis skyrius

reikšmingumą, be abejo, mums reikia ne tik patiems jos mokytis, bet ir perduoti kitiems – juk aš veikiu kitus žmones, o jie savo ruožtu mane. Taip vieni kitiems duodame pavyzdį, aktyvuojame pozityvų dirgiklį ir šitaip judame pirmyn. Šiame auklėjime nėra mažų ir didelių – žmogus mokosi iš visų. Todėl kiekvienas iš mūsų turi didžiulę atsakomybę, kiekvienam būtina elgtis taip, tarsi nuo jo elgesio priklausytų žmonijos likimas.

Tai ne gražūs žodžiai – tai mūsų prigimtis. Kas kad tai vyksta pasąmoningai, bet netgi ne itin gerbdamas žmogų vis tiek persiimu jo įspūdžiais.

Turime suprasti, kad žmonija laukia būtent šios ugdymo metodikos, kad ji jam reikalinga ir kad mes turime šią metodiką įdiegti pačiu tinkamiausiu būdu – švelniai, atsargiai, su meile, taip, kaip kadaise mus augino tėvai.

Mums reikia sukurti nuostabų pasaulį, kad paskui tėvų meilę žmogų lydėtų draugų meilė, kad megztųsi draugiški santykiai mokykloje, darbe, visuomenėje – visur. Tėvų meilė lydės mus visą gyvenimą, plėsdamasi, apimdama visą pasaulį, galiausiai jausiu ją kaip aukščiausią, universalų Gamtos dėsnį ir joje mums atsiskleis bendros sistemos harmonija.

Pusiausvyra meilės kely

Savo tarpusavio santykiuose turime sukurti vientisą sistemą – formuoti tinkamą „apvalkalą", gerą aplinką ir taip ugdyti kiekvieną. Taip auginame tikrąjį Žmogų, auginame iš tų „laukinių", kokie šiandien esame kits kito atžvilgiu.

Kuriant tokią sistemą yra dvi elgesio formos:
- geri tarpusavio santykiai žmogiškojoje pakopoje, mūsų plotmėje;
- pusiausvyra su Gamta, su jos bendru abipusio davimo ir meilės dėsniu.

Abiem šioms kryptims galima sėkmė ir klaidos.

Pavyzdžiui, žalieji rūpinasi tik augalais ir gyvūnais, ir mes matome, kad tai ne itin jiems padeda saugant gamtą. Negalime jos išsaugoti be atitinkamų santykių tarp žmonių. Viena priklauso nuo kito. Mūsų pakilimas į žmogaus pakopą teigiamai atsilieps visiems gamtos lygmenims, nes visus jos išteklius naudosime tik tam, kas būtina, ir ne daugiau. Visa, ką sunaikinome, atgims mūsų akyse ir gamta grįš į harmoningą būseną.

Todėl renkantis iš dviejų krypčių (žmogus ir gamta) pirmiausia reikia pasirūpinti žmogumi, jį ugdyti. Nuo meilės žmogui pereisime prie meilės, nukreiptos į gamtą apskritai. Toks teisingas raidos vektorius.

Taip priešais save piešiu proceso schemą: pirma pamilti žmones, o paskui pasiekti visa apimančią, gamtoje slypinčią meilę. Tuo mano asmeninis taisymasis ir baigsis.

Mintis – Kalba – Veiksmas

Taisymas, kurį reikia atlikti iš gyvūninės pakopos kylant į žmogiškąją, tai ne mano kūno, o vidinių savybių taisymas. Tačiau tai vyksta per kūną, nes jis ir yra mano taisymosi priemonė.

Savo tiek teigiamo, tiek neigiamo pobūdžio santykiuose su aplinkiniais veikiu per mintis, kalbą ir veiksmus.

Kalbant apie mintį reikia pasakyti, kad ji pirmiau už kalbą ir veiksmą. Iš pradžių turiu suformuoti būtent ją. Ji kyla iš vidinio išskaičiavimo, kurį perimu iš savo esaties, taip pat iš visuomenės, iš savo ugdytojų.

Tad pirmiausia reikia suformuoti mintį, o paskui ją pervesti į kalbą. Tai gali būti vidinė kalba, nes žmogus nuolatos su savimi kalbasi, taip pat kalba, nukreipta į pašnekovus – apie tai, kaip ir kokia kryptimi turime keistis. Juk būtinybė duoti, kol pasieksime visuotinę meilę, tai procesas, kurį neišvengiamai teks pereiti.

Bet kalba taip ir lieka gražiais žodžiais, kol jai suteikiame „teisėtą jėgą", sustiprindami veiksmu. Veiksmas toks: visas laisvas valandas, likusias po būtino rūpinimosi gyvūninėmis reikmėmis, privalau skirti mokymuisi – integraliam švietimui, ugdymui arba jo skleidimui.

Tokiu būdu mintis, kalba ir veiksmas turi būti nukreipti į naujos, darnios visuomenės kūrimą, visuomenės, kurioje visi gyvena oriai, nesijaučia užgauti.

Toks iš esmės mūsų darbas. Taip mes pasiekiame pusiausvyrą su gamta ir užbaigiame evoliuciją. Mūsų raida, prasidėjusi su gyvybės atsiradimu Žemėje, pasiekia galutinę darnią būseną. Tai nereiškia, kad tada viskas baigsis ir Saulė užges. Iki to dar milijardai metų, galima luktelti...

Vienuoliktasis skyrius

Kalbame apie žmogaus raidos pabaigą – kai jis pasiekia pusiausvyrą su Gamta, kai nebejaučia jos spaudimo ir gyvena tobulą gyvenimą.
Tikėsimės, kad jau priartėsime prie šios būsenos. Ir neabejotinai paruošime viską savo vaikams ir anūkams. Tai mūsų rankose.

Kuriame aplinką visiems

Nėra tvarkaraščio ir tikslių laiko intervalų, skirtų vystytis, analizuoti ir taisytis, kad iš egoistų taptume altruistai, jaustume meilę ir atjautą vieni kitiems. Pokyčiai gali įvykti per vienos kartos gyvenimą. Viską lemia žmogaus pasirengimas, tai, kiek jis nori pasikeisti.

Kaip žinome, mūsų noras visiškai priklauso nuo aplinkos. Žmogus negali dirbti pats su savimi ir įtikinti save dėl kažko – tai niekada neduos gerų rezultatų. O jei aplinka mus veiks stipriai, tai pokyčiai vyks veržliu tempu. Juk jie nepriklauso nuo mūsų laiko apribojimų.

Negyvasis, augalinis, gyvūninis gamtos lygmenys evoliucionavo milijardus metų. Toks egoizmo vystymosi procesas; mes už tai neatsakingi, tik įgyvendiname jį...

Tačiau šiandien vystymosi sparta mūsų rankose. Viskas priklauso nuo aplinkos, ir aš galiu sukurti ją, nuolatos ją gerindamas, kad jos poveikis taptų vis platesnis, stipresnis. Tam mums reikia meno atstovų ir mokslininkų; reikia išnaudoti visa, ką turi žmonija, kad poveikis būtų kuo didesnis ir veiksmingesnis.

Tuomet dar šioje kartoje pažinsime gerą gyvenimą ir išvysime visą tą gerovę, kurią paliksime savo vaikams.

Jeigu šiame kontekste dalysime žmogiškuosius norus, tai jie gali būti skirstomi į asmeninius ir į visuomeninius norus.

Taisydamasis savo asmeninius norus žmogus turi apriboti iki būtinų normaliam gyvenimui. O savo socialinius norus, priešingai, turi išplėtoti kuo labiau, pradedant artimais draugais ir plečiant iki tokio lygio, kol veikiamas aplinkos pasieks gerų tarpusavio santykių, abipusio laidavimo ir meilės visam pasauliui.

Reikia suprasti, kad šiuose etapuose išeidamas iš savo ego ir vis labiau įsitraukdamas į tarpusavio santykius su besiplečiančias žmonijos ratais, aš įgyju didesnę išmintį, daugiau potyrių, apimu visus ir dėl to jaučiu visą tikrovę, visą gamtą.

Taip atlapoju sau naują tikrovę ir gyvenu joje. Tai ir yra būtis žmogiškajame lygmenyje, kurį mums paruošė Gamta. Taip mes tinkamai realizuojame save čia, šiame pasaulyje.

Visa apimantis požiūris

Neįmanoma vien mokyti žmonių gerų tarpusavio santykių, reikia ir mokyti, kaip žvelgti į pačią sampratą „gamta". Tai reiškia, jog gyvenu joje ne tam, kad ją iki galo išnaudočiau: „Nagi susprogdinkime kalną, išdžiovinkime jūrą, elkimės kaip tinkami..." Ne, į viską turime žiūrėti išlaikydami pusiausvyrą.

Ekologams nesiseka, o mums pasiseks, nes sakome: „Gamta yra pusiausvyros būsenos. Tad pirmiausia savimi patikrinkime, ką tai reiškia. Pajauskime savimi, kas tai yra – saugoti gamtą ir imti iš jos tik tai, kas būtina mūsų egzistencijai. Panašiai, visai natūraliai elgiasi ir gyvūnai."

Mes vystomės ir kažkas juk mus išjudina, stumia. Iš kur tai? Kokios jėgos mus vysto? Gal aš jų nepažįstu, tačiau yra žmonių, kurie jas atskleidė ir jaučia.

Priešais save matome nepertraukiamą priežasties ir pasekmės procesą; matome, kad gamta tolydžiai vystosi ir kiekviena detalė priklauso nuo kitų. Kažkada A. Einšteinas labai norėjo prisikasti iki bendros, universalios gamtos formulės, tad mokslui šie norai žinomi, žinoma ir apie visų gamtos dalių tarpusavio įtaką.

Mes irgi ne išimtis. Todėl jeigu mokomės susivienyti, tai ši vienybė apima ir visą gamtą apskritai, drauge su jos visa apimančiu raidos dėsniu – juk vystosi ne tik žmonija, bet ir visa Visata. Kur link ji nukreipta? Mes nežinome, bet faktas lieka faktu: Visata plečiasi, joje vyksta įvairiausi procesai, jie nėra atsitiktiniai, nors dar daug ir nesuprantame.

Galiausiai matome, kad visi dėsniai sujungti į vieną, nors pro mus prasprūsta ryšys tarp biologijos, zoologijos, botanikos, mineralogijos, žmogaus, žvaigždžių ir t. t. Neįstengiame įžvelgti siejančių gijų, tačiau visa tai – vientisa gamta, ir ji nesidalo į segmentus. Tad mūsų požiūris į ją turi būti holistinis, visuminis. Be to, ir mes patys – jos neatsiejama dalis. Tai mums diktuoja pats gyvenimas, tyrimų rezultatai, o ne kažkieno prasimanymai.

Vienuoliktasis skyrius

Bet koks kišimasis į gamtą atsispindi jos dalyse. Tad ir mes turime suprasti savo vietą sistemoje ir atitinkamai elgtis.

Prasibrauti iki esmės

Žmogus siekia suprasti, kur esąs. Vidinis impulsas šaukia jį pažinti gyvenamos tikrovės esmę, atskleisti jos tikrąją formą ir ją judinančią jėgą. Juk nuo to priklauso mano praeitis ir ateitis, mano likimas. Iš to aš suprasiu, kaip savo reikaluose pasiekti sėkmės. Jeigu jie atitiks mano raidą, man seksis, tikėtina, kad netgi paspartinsiu procesą. O kiek eisiu priešinga kryptimi, į priešingą pusę, tiek prarasiu.

Mokslininkai nori ištirti bozoną – ypatingąją dalelę, „kamieninę ląstelę" Visatos struktūroje. Jie nori išvesti formulę, aprašančią visą Visatos prigimtį. Jie jaučia, kad formulė yra, kad be jos Visata negalėtų egzistuoti.

Tokia tad ir yra mokslo raidos prasmė. Esmė ne naujausi mobilieji telefonai ar planšetiniai kompiuteriai, kalbame apie tai, kaip suprasti mūsų gyvenimo esmę – kam ir kodėl. Juk žmonija su visomis savo galimybėmis atsidūrė ant bedugnės krašto.

Tai ne mano asmeninė nuomonė – apie tai kalba garsiausi pasaulio mokslininkai. Globalumas ir nepertraukiamas tarpusavio ryšys jau nekelia abejonių. Faktas – mus ištiko visuotinė krizė, nors ir netikėjome, kad tai nutiks. Mums atrodė, kad galime elgtis kaip sumanę, ir staiga paaiškėjo, kad toli gražu ne taip. Šiandien pasekmes jaučiame kiekvienas, savo kišenėje, tai atsiliepia sveikatai, veikia situaciją pasaulyje...

Žinoma, visada atsiras žmogus, pareikšiantis: „Netikiu, nenoriu apie tai girdėti." Ką gi, su tokiu žmogumi aš ir nesikalbu.

Maitinimasis: natūralus racionas

Integralus ugdymas turi įtraukti visas mūsų gyvenimo sritis, tarp jų maisto produktų pasirinkimą, kad užtikrintume fizinę kūno sveikatą.

Pavyzdžiui, aš sergu lengvos formos diabetu. Jį sukėlė tai, kad mėgstu saldumynus, cukrų. Gamtoje esama vaisių, medaus, bet nėra cukraus. Jei nebūčiau vartojęs pernelyg daug cukraus, dabar nesirgčiau.

Yra gausybė maisto, kurį gaminame tik tam, kad papildytume kieno nors banko sąskaitą ir galiausiai parūpintume ligoninėms pacientų. Žmonija turi atlikti didžiulę savo veiklos reviziją, kokius maisto produktus auginti ir gaminti, pamažu stabdant viso to, kas kenkia sveikatai, vartojimą.

Gamtoje esama įvairovės: daržovės, vaisiai, mėsa, žuvis, vanduo... Tuo ir reikėtų apsiriboti. Ko nėra gamtoje – tas, be abejo, kenkia, ir, priešingai, tam, kas paplitę gamtoje, galima rasti tinkamų pritaikymo būdų.

Žinoma, šiandien taip maitintis atsieis gerokai brangiau nei įprasta. Bet aš ir nesakau, kad primygtinai reikia grįžti prie vegetarizmo, grynos biologijos, netaikyti genetikos. Kol kas neturime išeities – juk tokiu atveju nepajėgsime išmaitinti žmonijos. Tačiau reikia atlikti tyrimus ir parengti būtinas technologijas. Pavyzdžiui, turiu draugą, kuris Aravos dykumoje augina vaisius ir daržoves be cheminių priedų – jis pasitelkia tam tikras kenkėjus naikinančias bakterijas.

Trumpai tariant, yra skirtingi būdai, bet pirmiausia reikia visus aprūpinti maistu – tai aišku. O tuomet pamažu galima judėti naudingos, subalansuotos mitybos link.

Ši sąmonės revoliucija vėliau atsispindės technikoje, ekonomikoje, žemės ūkyje ir kitur.

Aplinka kaip mokytoja

Integralaus ugdymo ir mokymo procese suaugusieji mokytoja laiko aplinką, kuri jiems – kita pakopa. Ir tada, leisdamiesi jos veikiami, žmonės keičiasi.

Pavyzdžiui, girdėjau, kad gerai būti architektu. Ši profesija manęs nė kiek netraukia, bet mane atkakliai tikina, kad ją pasirinkus lauks užtikrintas rytojus. Tada mezgu pažintis architektūros fakultete, lankausi architektų simpoziumuose, perimu jų pažiūras, interesus...

Dabar aš jau nebe abejingas, turiu savo nuomonę ir štai jau mąstau, kaip pačiam suprojektuoti pastatą. Kitaip tariant, viduje keičiuosi ir galiausiai einu mokytis, kad tapčiau architektu.

Vienuoliktasis skyrius

Galima ir kitokia įvykių eiga.

Mano tėtis taip troško, kad mokyčiausi muzikos, jog net neleido žiūrėti vaikiškų filmukų ir rodė tik filmus apie didžius muzikantus ir kompozitorius. Tiesą pasakius, jų gyvenime daug gero nebuvo, bet aš suvokiau tų žmonių didybę, ėmiau jausti pagarbą tam, kuo jie užsiėmė... Nepanorau tapti muzikantu, mano prigimtis buvo kita, tačiau šis įspūdis išliko.

Taip aplinkos poveikis atsiliepia kiekvienam – savaip, bet atsiliepia.

Apibendrinant galima sakyti, kad galiausiai iš mūsų reikalaujama tik vieno veiksmo, apie kurį sakoma, jog visus nusižengimus uždengs meilė. Mes visi nusikaltėliai, ir virš visų reikia išskleisti „meilės pastogę". Taip pasiekiame pusiausvyros būseną su visa gamta pakopoje, kuri visa – meilė ir tobulybė. Ir tai paliksime savo vaikams.

Dvyliktasis skyrius

Mes – vaikai, nepanašūs į savo motiną Gamtą

Jeigu pažvelgsime į savo vystymąsi, tai pamatysime, kad pirmąją savo gyvenimo pusę nuo gimimo žinias apie pasaulį gauname iš savo tėvų ir artimųjų, stovinčių prie mūsų lopšelio ir ugdančių mus vaikystėje. Vėliau, paauglystėje, žinias ir pavyzdžius, kaip elgtis, kaip kurti gyvenimą, gauname iš auklėtojų, mokytojų. O suaugę ir išėję į gyvenimą toliau gauname žinias ir mokomės gyvenimo meno šiame pasaulyje per aplinką, taip pat iš visų išgyventų įvykių patirties.

Dvyliktasis skyrius

Kai mums gimsta vaikai, lygiai taip pat juos auklėjame, ruošiame gyvenimui. Žmogus visuomet taip vystėsi. Ir mums aišku, kad be žinių apie šį pasaulį neįstengsime išgyventi. O kuo daugiau žinosime ir galėsime tas žinias veiksmingai pritaikyti savo gyvenime, tuo daugiau pasieksime.

Bet po visos tūkstantmetės raidos per paskutinius penkiasdešimt ar šešiasdešimt metų staiga imame pastebėti, kad baigiasi mūsų egoistinis augimas, kai valdė vienas noras, viena jėga – gauti, užgrobti, pasiimti sau visa, kas gera, nekreipiant dėmesio į kitus, į gamtą. Galiausiai taip mes tik griauname ir save, ir mus supančią gamtą.

Tokia forma neįmanoma ilgai vystytis, be to, mes vis labiau norime suprasti ir pajausti mūsų pasaulį, giliau į jį prasiskverbti. Todėl vis dažniau klausiame savęs apie antrąją jėgą, kurios mums aiškiai trūksta – davimo ir meilės jėgos.

Ir iš ties tai ta visą pasaulį valdanti jėga – didžiulė motinos gamtos jėga, kuri ir skatina vystytis. Juk vystomasi tik dėl davimo jėgos. Davimu vadiname pagalbą, dėmesį, atjautą iki pat meilės, pačios stipriausios jėgų iš visų kitų. Visas šias jėgas žmogus gali ugdytis pats pasirinkdamas, sukūręs aplinką, kuri visąlaik rodys jam pavyzdį ir taip keis žmogų.

Kaip elgiamės su savo vaikais, taip ir gamta elgiasi su mumis.

Išeitų, kad mums trūksta tos antrosios gamtos jėgos. Mes tik naudojamės gamta, viską iš jos gauname, bet patys visiškai į ją nepanašūs. Susimąstę apie save, apie savo gyvenimo prasmę, apie savo raidą, apie tai, kas vyksta su mumis, suprantame, kad tikriausiai turime pasiekti kažkokį tikslą – juk bet koks vystymasis gamtoje turi tikslą.

Ir jeigu norime jį sužinoti, turime pažinti prigimtį – tirti ją, suprasti joje veikiančias jėgas. Tada galbūt galėsime suprasti, kas su mumis vyksta ir kaip toliau vystytis, kad iš tikrųjų imtume gyventi gerai, vertingai.

Dvi Visatą pagimdžiusios jėgos

Nuo pat Visatos atsiradimo pradžios joje veikia tik dvi jėgos – davimo ir gavimo, jos susijungia viena su kita ir duoda pradžią materijai, t. y. išorinę savo pasireiškimo formą.

Duodančioji jėga – tai dovanojimo, nusileidimo, jungimosi, bendroji meilės jėga, kuri pasireiškia visais lygmenimis kaip geroji, dovanojanti gyvenimą, sauganti, tausojanti, skatinanti susivienyti ir palaikanti mūsų egzistavimą jėga. Besivystydamos šios jėgos sukuria teigiamas ir neigiamas elementariąsias daleles: elektronus ir protonus. Jungdamosi šios dalelės kuria atomus; šie savo ruožtu jungiasi į dar stambesnius darinius: molekules, kristalus ir pan.

Taip atsiranda negyvoji gamta.

Negyvoji gamta įgyja teigiamų ir neigiamų, duodančių ir gaunančių jėgų, kurios ima įsijungti viena į kitą, tarpusavyje keistis. Neigiamos jėgos nori gauti iš teigiamų, pastarosios duoda, bet tik su sąlyga, kad jos susijungs tarpusavyje. Ir taip tarpusavyje papildydamos viena kitą sukuria gyvas ląsteles – augalus, kurių viduje vyksta judėjimas, energijos ir maisto medžiagų pasisavinimas ir šalinimas.

Ir šįsyk matome, kaip tos pačios, viena priešais kitą veikiančios jėgos, iš panašaus derinio sukuria gyvybę.

Vėliau šios jėgos duoda pradžią biologinei gyvūninio lygmens materijai, kitaip tariant, jų derinys tampa kur kas sudėtingesnis, su itin aiškiomis sąlygomis ląstelės viduje, kurios paveldimos iš kartos į kartą. Toks paveldimumas yra ir negyvojoje gamtoje, ir augalijoje, bet tik gyvūnų pasaulyje jis įgyja visą jėgą.

Gyvas kūnas formuojasi iš viename sėklos lašelyje esančios energijos, atsirandančios iš dviejų priešingų jėgų, bei pagal sėkloje slypinčius informacinius duomenis, vidinius vystymosi genus.

Taigi matome, kad gamtos vystymasis – tai nuolatinė, instinktyvi raida pagal programą, įdiegtą kiekvienoje būtybėje, kuri vystosi pagal jai numatytus dėsnius, veikiamus supančios aplinkos. Aplinkos pokyčiai skatina jų raidos mutacijas. Bet įdomiausia, kad duodanti, palaikanti gamtos jėga – tai slapta, vidinė jėga, o aktyviai veikianti ir išoriškai pasireiškianti – gaunanti jėga. Kuo daugiau organizmas gauna, tuo labiau jis auga.

Visi gamtos lygmenys vystosi pagal vidinę programą. Lygiai taip pat, kaip gyvūnai žmogus vystėsi tūkstantmečiais. Tačiau akivaizdu, kad šiandien baigiasi ankstesnis vystymasis gyvūninėje pakopoje ir mes pereiname prie kitos tendencijos.

Išnaudojome visas mumyse veikusios gavimo jėgos galimybes ir pasiekėme būseną, kai daugiau nebegalima vystytis kliaujantis ja. Mums labai trūksta kitos

Dvyliktasis skyrius

jėgos – tos, kuri egzistuoja gamtoje, ir šiandien mums atsiskleidžia kaip visa apimantis davimas, netgi meilė.

Gamta vis akivaizdžiau atskleidžia save kaip visa apimančią, duodančią. Per tokį ryšį su ja jaučiame savo priešingumą jai, nes be saiko naudojamės visais jos ištekliais ir turtais. Mums būtina išlaikyti pusiausvyrą su gamta, tačiau neįstengiame to atlikti, nes mūsų elgesyje, žinojime, vystymesi trūksta davimo jėgos.

Kaip kažkada iš tėvų, auklėtojų ir aplinkinių gavome žinias, kaip tinkamai išnaudoti egoizmo jėgą, kad kuo daugiau gautume iš gyvenimo ir kad labiau sektųsi, taip dabar turime mokytis ir iš kažkur gauti žinių apie antrąją, pirmapradę gamtos jėgą. Gamtos šaltinis – davimo, meilės, vienybės jėga.

Mums reikia suprasti, jog ankstesnė gyvenimo santvarka visiškai rėmėsi egoistine jėga, o dabar turime tobulinti save ir sužinoti, kaip dirbti su davimo jėga, kad jas abi suderintume.

Aplinka ugdo kiekvieną

Iš savo santykių su aplinkiniais, iš jų poveikio sau galėsiu tirti davimo jėgą, vienybės jėgą, lygindamas ją su savo egoistine jėga.

Priešinuosi aplinkai, o gerai organizuota aplinka nori eiti pirmyn ir parodyti man, kas yra davimo jėga. Aš to nenoriu, bet aplinka veikia mane per savo vertybes, įteigdama, kad man verta tuo užsiimti, kitaip man bus gėda, paskatinsiu visuotinę panieką. Žaisdama mano pavydu, garbės troškimu, puikybe, aplinka ima dirbti su manimi, ir aš suprantu, jog neturiu pasirinkimo, man verta persitvarkyti, kad atitikčiau aplinką.

Taip visuomenė gerbs mane, užimsiu pagarbią vietą joje, o žmogui nėra nieko svarbesnio nei tai.

Aplinka ugdys mane, gailestingai atsižvelgdama į mano silpnybes, po truputį reikalaudama vis didesnės davimo jėgos, kad galiausiai kartu imtume kažkaip sąveikauti, keisti būsenas, tarpusavio santykius...

Pamažu toje visuomenėje tampu vienu iš veikiančių, kuriančių veiksnių, tampu visų jos narių draugu, ir mes pasiekiame tokią būseną, kai davimo ir gavimo jėgos mūsų tarpusavio santykiuose yra visiškai subalansuotos. Mes sukursime sveiką visuomenę, kur kiekvienas įgis tikrumo, saugos save ir rūpinimąsi kitais laikys savo pirmine užduotimi.

Be kita ko, imame jausti vidines gamtoje slypinčias jėgas, esančias anapus visos materijos.

Skaidrus jėgų pasaulis

Pajautęs davimo ir gavimo jėgas, esančias manyje pusiausvyros būsenos, jų padedamas pamažu suvokiu gyvenimą kuriančią ir į tikslą vedančią visa, kas gyva, Gamtą. Matyt, galėsiu atskleisti tą tikslą ir suprasti visą gyvenimą – pasaulį, kuriame dabar esu; galėsiu prasiskverbti į visko, kas vyksta aplink mane ir manyje, vidų.

Šių jėgų derinys ir iš jo gautos savybės formuoja mano vidinius suvokimo organus. Tai jau ne fiziniai, cheminiai ar kitokie moksliniai įrenginiai, kokiais apsiginkluodavau anksčiau, viduje pradedu jausti visą didžiulę gamtą, o save – kaip sudedamąją jos dalį. Ir tada persiimu ir gyvenu šiuo didžiuliu procesu, esu jame.

Save jau suvokiu ne šio biologinio gyvūninio kūno lygmeniu, o jame veikiančių jėgų lygmeniu. Jaučiu, kaip jo jėgos randa ryšį su bendrąja, globalia gamta, kaip su ja susivienija. Būtent tai ir turiu omenyje kalbėdamas apie integralią gamtą.

Žmogus, atskleisdamas savo vidinę, asmeninę jėgų sistemą ir savo aplinką, visą bendrą gamtą, ima matyti save bendra šios sistemos dalimi. Taip jis pažįsta gamtą, jaučia amžinybę ir tobulumą.

Žmogus pamažu atitolsta nuo savęs paties jautimo (savo fizinio, egoistinio kūno jautimo) ir dėl žinių, suvokimo tampa Žmogumi, egzistuojančiu bendros, amžinos ir tobulos gamtos erdvėje. Taip jis pakyla į Žmogaus pakopą – panašiai kaip visa ši didžiulė sistema.

Toks ir yra mūsų raidos tikslas – pradedant šia nauja epocha, į kurią įžengiame dabar, ir daugeliui metų į priekį.

Dvyliktasis skyrius

Kertinis naujo gyvenimo skirtumas

Bet kuris atomas, molekulė ar gyvas organizmas išlaiko pusiausvyrą. Pasiekę tokią būseną atskleidžiame papildomus norus ir atvedame juos į pusiausvyros būseną aukštesniame lygmenyje. Ir taip tobulėjame – nuo tobulo prie tobulesnio. Tokį procesą mums teks pereiti.

Svarbiausias šio proceso tikslas – išugdyti mūsų sąmonę: kam mes ir kokioje sistemoje esame. Tada pasinėrę į savo prigimties gelmes (subalansavę dvi vidines jėgas) pradedame jausti paslėptus nuo mūsų ir dabar mums nepasiekiamus erdvės klodus.

Tai jau ne aklas vystymas, kai paklusniai bėgau į tą pusę, kur stūmė egoizmas. Dabar vystausi suprasdamas, įsisąmonindamas, kritiškai vertindamas įvykius. Gaunančioji jėga nemiršta manyje, ji netgi nelieka kokia buvusi – ji toliau auga ir vystosi priklausomai nuo augančios davimo jėgos. Dabar abi šios jėgos papildo viena kitą žmogiškojoje pakopoje, ir tai suteikia man didžiules galimybes kurti.

Galiausiai prieiname jėgų sistemą, esančią virš laiko, judėjimo ir erdvės. Įgyjame tokį suvokimą ir vidinį pripildymą, kurie niekaip nesusiję su mūsų kūno egzistavimu – juk visa tai atsiskleidžia tik įgytoje naujoje, dvasinėje sąmonėje, o mūsų kūnas lieka pradinių, instinktyvių jėgų nešiotoju (tai būtina, kad pasiektume žmogiškąją pakopą).

Todėl turime vertinti tą laikotarpį ir tuo metu patiriamas būsenas, suprasdami, koks unikalus mūsų laikas ir kokia unikali padėtis. Pasiekėme metą, kai turėsime gimti kaip Žmogus, panašus į Gamtą. Priešais mus nuostabus ir geras tobulėjimo kelias, duodantis supratimą ir suvokimą, vedantis mus į puikų, niekuo neapribotą gyvenimą.

Žmonės, kas mes?

Visas mūsų vystymasis skirtas tam, kad įsisąmonintume, kas esą.
Kas gi mes tokie?
Pirma, mes nesame gyvūnai, besirūpinantys tik tuo, kaip pasotinti savo kūną.
Antra, mes ne šiaip egoistinės būtybės, turinčios numalšinti savo ego, žaidžiantį su mumis ir stumiantį mus į įvairius apgaulingus tikslus, kurie per visą gyveni-

mą iš esmės neša mums vien kančias. Sakoma, kad žmogus miršta nepasiekęs net pusės to, ko troško. Kitaip tariant, niekas nelieka patenkintas savo gyvenimu ir miršta nieko neišsinešdamas su savimi.

Mes – kūriniai, kuriuos gamta apdovanojo visiškai unikaliu tobulėjimo potencialu. Šis vystymasis (geru ar prievartiniu būdu) turi baigtis tuo, kad kiekvienas tapatins save su visa apimančia Gamta, pasieks su ja pusiausvyrą, sukurs tobulą ryšį – vadinamąjį susiliejimą.

Visos žmogaus savybės bus išnaudotos davimo labui, ir tada išvysime, kur mus atvedė raida – dar formuojantis Žemės rutuliui, negyvajai, augalijos, gyvūnijos gamtai, o paskui ir žmogui.

Visas ankstesnis vystymasis buvo vien tam, kad pasiruoštume žmogiškajai pakopai, kurią dabar turime išskleisti savyje.

Iš vartotojiško pasaulio į davimo pasaulį

Vystymasis iš vartotojiško pasaulio, kur davimo jėga buvo naudojama gavimui, į davimo pasaulį, kur gavimo jėga tarnauja davimo jėgai.

Pasaulis negali egzistuoti, jeigu jame yra tik viena jėga – visąlaik egzistuoja abi. Klausimas tik tas, kuri iš jų lemiančioji, kuri vyrauja...

Negyvajame, augalijos, gyvūnijos pasaulyje ir žmoguje (kaip gyvūnijos dalies) raida vyko gaunančiajai jėgai kontroliuojant duodančiąją jėgą. Tai itin akivaizdu žvelgiant į žmogų, kuris šią jėgą išnaudoja, kad pakenktų artimajam: „Esu pasirengęs šiek tiek duoti, kad daugiau gaučiau. Esu pasirengęs imtis ko nors, kad daugiau užsidirbčiau. Viską darau tik tam, kad gaučiau didesnę naudą sau."

Galiausiai taip hipertrofuotai išnaudojame gavimo jėgą, valdančią davimo jėgą, kad norime užsidirbti visų sąskaita be jokių skrupulų. Žmogus pasirengęs visus užmušti, visus parduoti, viską sugriauti, kad tik gautų gramą malonumo, gramą pasitenkinimo ir tuo pat metu nieko nepaisytų.

Gavimo jėga taip išaugo davimo jėgos atžvilgiu, kad jas siejęs ryšys nutrūko ir galiausiai atsidūrėme krizėje, nebegalime daugiau egzistuoti. Egoizmas išsikerojo tiek, jog daugiau neleidžia duoti kitiems, kad ką nors laimėtų. Noriu viską gauti sau!

Dvyliktasis skyrius

Tai matyti šiandieniniame pasaulyje, bet kur, visuose žmogaus gyvenimo lygmenyse: iškreipiame įstatymus, kad galėtume legaliai vogti; sukuriame korumpuotus santykius valdžioje ir visuomenėje; pasiekiame tokią būseną, kai žmogus su niekuo negali rasti bendros kalbos – nei šeimoje, nei visuomenėje.

Gamtos apskritai liovėmės paisę, ir ji, beje, atsimoka mums tuo pačiu... Mano ego neleidžia man daryti išskaičiavimų net dienai į priekį! Juk jis tikrina tik tai, ką dabar laikau rankose: „Nekalbėkite man apie rytojų – nieko nematau, nieko negirdžiu."

Kažkada prieš 50 metų ekonomistai ir finansininkai rengė perspektyvias valstybės raidos programas penkeriems, dešimčiai, netgi dvidešimčiai, dvidešimt penkeriems, penkiasdešimčiai metų. Šiandien – nieko panašaus, niekas nežino, kas nutiks rytoj. Dėl nenoro paisyti vieniems kitų netekome visų orientyrų.

Sprendimas – visuomenėje sukurti tokią sistemą, kuri padės mums, ragins mums, išmokys mus, kaip didinti davimo jėgą. Juk be jos nėra gyvenimo!

Davimo jėgą vertinantis egoistas

Davimo jėga – tai vienybės jėga. Be jos nėra ryšio šeimoje, su vaikais, nėra santykių tarp žmonių, nėra sąjungos visoje žmonių visuomenėje. Mes tiesiog žudome save ir savo visuomenę, nepasitelkdami davimo jėgos.

Todėl įgyti šią jėgą mums šiandien tampa gyvybiškai svarbu. Tai tiesiog gyvenimo ir mirties klausimas. Todėl ir pasireiškia krizė, rodanti mums, kur esame. Patys įvijome save į tokią būseną ir dabar mums reikia tik ją tirti, peržiūrėti, tikrinti, kad suprastume, ko mums trūksta. O trūksta davimo jėgos. Kaipgi ją gauti? Tik sukūrus gerą aplinką.

Tokios aplinkos gamtoje nėra! Mums reikia ją dirbtinai sukurti, kad ji būtų mums kaip pavyzdys, kad spaustų, ragintų mus ir padėtų tapti nors šiek tiek duodančiais. Tokia visuomenė su kiekvienu elgsis taip, tarsi perspėtų: „Jei neduosi – nieko negausi. Ir ne tik kad negausi, bet ir neteksi visos dabar turimos pagarbos, jausies kaip visų smerkiamas nulis, tuščia vieta."

Visuomenė tave veiks per tavo vaikus ir tuos žmones, kurių nuomonę brangini. Ji atims savivertės ir savigarbos jausmą iš kiekvieno, kas nesieks davimo, parodydama, koks jis menkas ir nedoras visuomenės akyse. Visi nuo jo tiesiog nusigręš ir nenorės su juo būti.

Taip įpareigosime žmogų susimąstyti apie davimo jėgos įgijimą – tegu mokosi, kas tai, tegu nori toks tapti. Ir tada iš visuomenės sulauks priešingo santykio – pagarbos ir aukštų vertinimų.

Neturime kitos išeities, juk visiems reikia mokytis, kad taptume duodančiaisiais. Ateidamas mokytis esu suinteresuotas tuo, kad aplinka dirbs su manimi dviem lygmenimis: auklėdama lazda, prieš mano egoizmą – bausdama mane savo niekinimu, ir girdama mane už davimą. Taip, savo egoizmo padedamas, pradėsiu vertinti davimo jėgą, kuri nukreipta prieš jį.

Jeigu duosiu, gausiu prisipildymą – visuomenės pritarimą. Visuomenė priartės ir neužgaus mano didžiulio egoizmo, negėdins manęs.

Kitaip tariant, taip veikiame išaugusį iki hipertrofuotų dydžių egoizmą. Būtent jo ir aplinkos padedami, galėsime auklėti žmogų. Tai vadinama integraliu ugdymu, juk mes mokome žmogų būti susijusiam su visais.

Žmogus pajaučia davimo jėgos vertę, ši jėga leidžia jam būti gerbiamam aplinkinių akyse, jam ima pavydėti, kiek jis išaugo, kaip jį vertina aplinka. Vadinasi, egoistas ima vertinti davimo jėgą – pažvelkite, ką galima atlikti pasitelkus gerą aplinką!

Aplinka veikia kaip ugdytoja – tarsi mama ir tėtis kūdikiui, auklėtoja ir mokytoja vaikui ar dėstytoja studentui. Taip ir visuomenė veikia kiekvieno suaugusio žmogaus atžvilgiu. Aplinkos santykis su žmogumi priklauso nuo jo vystymosi, ir tada, visuomenėje išnaudodamas šias dvi jėgas – gavimą ir davimą, – jis gauna priemonę, leidžiančią prasiskverbti gilyn į save, visuomenę, gamtą. Žmogus ima suprasti, kas vyksta jėgų lygmeniu – perpranta savo paties, aplinkos ir gamtos vidinę psichologiją.

Per tai jis ima jausti, kaip šios dvi jėgos veikia visoje tikrovėje: kaip jos dirba negyvame akmenyje, augaluose, gyvūnuose, žmogaus viduje, aplinkoje, šeimoje – visur. Jis dirba su šiomis dviem jėgomis kaip šeimininkas ir jų padedamas viską tiria, viską pažįsta.

Jis įeina į tinklą, siejantį visą tikrovę, tinklą, kuris kuriamas pinantis šioms dviem jėgoms. Todėl jis supranta visą kūrinijos programą, visą mūsų pereitą procesą ir jo kryptį.

Dvyliktasis skyrius

Juk viskas paklūsta atitinkamai procesui, bet dabar mes jo nematome, nes veikiame tik su viena jėga. Žmogui ėmus naudoti abi jėgas, tai suteikia jam mokslinius tyrimo instrumentus, kuriais jis gali patikrinti viską, kas vyksta gamtoje. Taip jis tampa tikruoju savo likimo ir visko, kas vyksta, šeimininku. Ir visa tai pasiekiama pakėlus sąmonę į naują lygmenį.

Gramas malonumo

Galbūt tai nuskambės perdėtai, bet žmogus iš tikrųjų pasirengęs užmušti kiekvieną, kad gautų bent gramą malonumo. Jei būtų tikras, kad gaus malonumą be jokių blogų pasekmių, jis nedelsdamas taip ir padarytų.

Tai nerodo, kiek geras ar blogas žmogus, tai tiesiog dėsninga mūsų egoistinio vystymosi pabaiga ir tai galioja kalbant apie kiekvieną žmogų.

Tačiau neverta laukti, kol tai nutiks. Jeigu jau matome vystymosi tendenciją (kaip ir dera „protingam žmogui" ar „išminčiui, matančiam naują, vos prasidėjusią būseną"), tai galime iš anksto teigti, kuo šis procesas baigsis.

Kam privesti žmoniją prie to, kai imsime kits kitą pjauti ir be gailesčio naikinti? Galime jau dabar, gavę nedidelį smūgį, kaip protingas vaikas suprasti, kad neverta taip elgtis, ir pakeisti savo elgesį.

Pusiausvyra minčių lygmeniu

Negebėdami darniai naudoti gavimo ir davimo jėgų (tai vadinama nepakankama tarpusavio atjauta), prarandame kelrodžius. Dėl savo nesubalansuotos vidinės būsenos regiu iškreiptą pasaulį ir nesuprantu, kas vyksta jame su manimi.

Tai matyti iš politikų, ekonomistų, finansininkų elgesio: jie negali rasti kelio mūsų pasauliui, ir neras. Jie užsiims viskuo, kuo tinkami, kad tik vilkintų laiką ir atitolintų galą. Taip jie smukdys mus į vis blogesnę padėtį, kol milijonai užtvindys gatves ir prasidės netvarka, kurios padariniai nenuspėjami...

Kalbama apie jėgų sistemą, o mes esame aukščiausioje visos sistemos pakopoje – žmogaus lygmenyje – ir galime atvesti į pusiausvyrą pačias subtiliausias gamtoje esančias jėgas – minčių jėgas, kurios išjudina visas kitas materialias, „žemiau" esančias jėgas. Todėl subalansuodami savo vidines jėgas, subalansuosime visą pasaulį visuose kituose gamtos lygmenyse: negyvajame, augaliniame ir gyvūniniame.

Suderinę šias dvi jėgas tampame aktyviu gamtos elementu: gyvu, judančiu, besivystančiu, suteikiančiu jai gyvybingumą. Galima tai įvardyti šviesos jėga, dėl kurios visa ši sistema ima gyventi.

Taip imame valdyti visą gamtą.

Taigi įgydamas davimo jėgą pakylu į žmogaus pakopą, kuri leidžia man pajausti, kad verta gyventi, tęsti giminę; jaučiu malonumą, pasitenkinimą gyvenimu tiek, kad pasiekiu visiškos laimės būseną. Jaučiuosi įsiliejęs į amžiną realybę, gaunu galimybę kiaurai permatyti pasaulį ir suprasti, kas ir kaip vyksta. Ir visa tai dėl to, kad padedamas geros aplinkos įgijau davimo jėgą.

Tryliktasis skyrius

**Kuo mažiau kančių,
tuo daugiau malonumo**

Pagal gamtos reikalavimus turime pasiekti visišką meilę septynių milijardų žmonių šeimoje.

Ar toks nepakeičiamas šis reikalavimas? Ar mes pajėgūs jį įvykdyti? Ar tiesa, kad jeigu pasieksime bent dalinės sėkmės, jeigu bent judėsime ta kryptimi, tai matysime, kad mums tai naudinga, kad tai keičia mus, visą aplinką ir visą mūsų gyvenimą į gera?

Jeigu išanalizuosime visus savo veiksmus, bus aišku, kad netgi pačiam paprasčiausiam judesiui, pavyzdžiui, perkelti ranką iš vienos vietos į kitą, mums reikalinga energija. Tačiau ši energija atsiranda tik su sąlyga, kad taip gausiu bent kokios naudos sau. Juk kiekvieno žmogaus prigimties esmė – rūpintis savimi.

Taigi sąlyga tokia: bet koks vidinis judesys atomuose ir molekulėse, bet koks judėjimas mano prote ir jausmuose, bet koks kūno krustelėjimas reikalauja, kad matyčiau tą gerą būseną, tapsiančią proceso pabaiga. Taip žiūriu į viską savo gyvenime.

Kai kuriuos veiksmus atlieku instinktyviai. Pavyzdžiui, sėdėdamas ant kėdės negalvoju, kokia poza įsitaisyti; kalbėdamas nesusimąstau apie intonacijas. Daugeliu atveju viską atlieku pagal vidinį išskaičiavimą, manyje išsikerojęs egoistinis noras jaustis gerai. Tai laikau visų savo veiksmų norimu rezultatu.

Vylimasis jaustis gerai kaskart veikia nukreipdamas mane į vieną ar kitą būseną. Kad ir kur eičiau, kad ir ką daryčiau, kad ir ką kalbėčiau, kad ir kaip laikyčiausi, viskas tik tam, kad paskui įgyčiau geriausias sąlygas gerai būsenai. Noriu valgyti, miegoti, vaikščioti, privalau dirbti, kad apsirūpinčiau, viskas tik tam, kad gaučiau naudos. Iš esmės toks ir yra mano gyvenimas – kaip pasiekti didžiausios naudos kuo mažiau stengiantis, kaip kuo labiau mėgautis, kad užpildyčiau save kuo tik galįs.

Kaip patirti malonumą? Tai priklauso nuo auklėjimo, aplinkos poveikio, gautos vertybių skalės, antrąja prigimtimi tapusių įpročių: prie ko mane pripratino, su tuo ir gyvenu, net jeigu tai nenatūralu. Daugybę dalykų darau ne dėl to, kad to norėjau iš pat pradžių, o todėl, kad visuomenė, tėvai, auklėtojai mane prie to įpratino. Galiausiai veikiu automatiškai, be minčių.

Yra ir priverstinių veiksmų, kuriuos atlikti reikalingos vidinės pastangos – kai įtikinėju save, kad verta. Sakykime, skamba žadintuvas, ir aš keliuosi (nors norisi miego), kad eičiau į sunkų ir neįdomų darbą. Tačiau žinau, kad po varginančios darbo dienos grįšiu į šiltą šeimos aplinką ir galėsiu pailsėti, išgyventi gerus potyrius. Už tuos pojūčius reikia sumokėti, todėl ir stengiuosi.

Visi mano veiksmai, bendravimas su vienais ir nutolimas nuo kitų, viskas galiausiai tam, kad sukurtų man mielesnę aplinką.

Taigi visąlaik rūpinuosi, kaip geriau jaustis. Tokia kiekvieno iš mūsų prigimtis, ir ji priskiriama gyvūninei pakopai. Iš esmės negyvoji, augalinė ir gyvūninė gamta

Tryliktasis skyrius

nuolatos siekia geresnių pojūčių, geresnės būsenos. Visiems kūriniams atrodo, kad ši būsena bus subalansuota, kad jie nejaus spaudimo, o patirs darną su tuo, kas jiems atrodo kaip geras gyvenimas.

Štai ir išeina, kad visą gyvenimą laikausi „geriausios savijautos dėsnio". Tokia egzistavimo sąlyga ir egoistinė prigimtis nuolatos kreipia mus to link.

Neskandink kitų šiandien, kad rytoj nenuskęstum pats

Visą gyvenimą rūpinuosi savimi – tiek viduje, instinktyviai, tiek ir sąmoningai, tikslingai, apgalvotai. Tokiu atveju kaip man pakeisti visą prigimtį į visišką jos priešybę – pamilti artimą? Juk mylėti artimą reiškia galvoti vien apie jį, visomis savo jėgomis, priemonėmis rūpintis juo be jokio atlygio, kad jam būtų kuo geriau.

Gamta suteikia mums panašaus elgesio pavyzdį – nenuilstantis motinos rūpinimasis kūdikiu. Viena, kas ją domina gyvenime – kad tas mažylis puikiai jaustųsi, kad jam būtų kuo geriau. Jokio kito rūpesčio ji neturi.

Tačiau kaip su tokiu atsidavimu visos žmonijos atžvilgiu? Tai juk nerealu!

Esame visiškai priešingos būsenos, kupini rūpinimosi savimi. Gyvūnai taip pat nuolatos rūpinasi savimi, tačiau žmogus nori rūpintis kitų sąskaita, išnaudodamas kitus, primesdamas jiems savo nuomonę. Negana to, jis mėgaujasi kildamas virš kitų, jam malonu, kai kitiems nors šiek tiek blogiau nei jam pačiam. Tik taip žmogus supranta, kiek jam geriau.

Nejaugi gamta iškėlė mums neišsprendžiamą užduotį?

Galbūt verta įsivaizduoti utopinę situaciją: rūpinuosi artimuoju ir taip patiriu malonumą. Tačiau nematau jokių priemonių, kad to pasiekčiau. Kas mane tam įpareigos?

Per visą istoriją šia tema prirašyta daug knygų, buvo imtasi įvairių bandymų įgyvendinti kažką panašaus, tačiau taip ir nepavykdavo šių sumanymų paversti tikrove.

Vystydamiesi tapdavome vis protingesni, vis geriau pažindavome žmogiškąją prigimtį ir dabar suprantame, kad nepajėgiame pakilti virš savo esaties. Todėl, kad pernelyg nekenktume kitam žmogui, apribojame save įstatymais, nustatome elgesio taisykles. Tam sukūrėme didžiulį aparatą: turime advokatus, buhalterius, sociologus, psichologus, politikus ir pan.

Vienijamės tarpusavyje, bet tam, kad gautume aptarnavimo paslaugas. Tarkime, savivaldybė rūpinasi tvarka mieste, šiukšlių išvežimu, vaikų darželiais, mokyklomis, kultūros namais ir kt. Už šias paslaugas kiekvienas moka palyginti nedidelę sumą. Tai mums aišku: taip gauname realią, išmatuojamą naudą.

Bet jei kalbėsime apie emocinius pokyčius mūsų tarpusavio santykiuose – kad širdies vedami rūpintumės vieni kitais – dėl to nieko negalime padaryti.

Ir štai šiame etape iš tikrųjų suvokiame tą krizinę situaciją, kurioje atsidūrėme, iš esmės ši krizė – tai santykių tarp mūsų krizė.

Jau išmėgintose egoistinėse santvarkose siekėme sukurti visiems patogesnę visuomenę, daugiau ar mažiau paisyti bendrųjų interesų. Supratome, kad pernelyg daug nepatenkintųjų sukels susidūrimus, nesutaikomus konfliktus, o tai gresia broliškais karais. Visais laikais suvokėme, kad mūsų egoizmą reikia pažaboti. Tačiau visi šie išskaičiavimai visada slypėdavo po „egoistiniu skėčiu".

Rezultatas – du pasauliniai karai, įvykę praėjusiame šimtmetyje. Jie vaizdžiai parodė mums, kad nugalėtojų nėra, kad galiausiai pralošia visi ir brangiai už tai moka...

Šiandien JTO, Pasaulio bankas, daugybė kitų tarptautinių organizacijų dirba glaudesnio bendravimo, visapusiškesnio interesų paisymo labui. Viena vertus, tai vis dar egoistinė prieiga, kita vertus, toks vystymas vis dėlto mus suartina.

Skurdūs Vakarai

Visai neseniai prasidėjo masinis egoistinio vystymosi etapas, kai remiamasi ryšiais, kilusiais iš pramonės ir tarptautinės prekybos. Išsivysčiusių šalių verslininkai ėmė suprasti, kad, perkėlus gamybą į trečiąsias pasaulio šalis, darbo jėga jiems atsieis keletą kartų pigiau.

Bet buvo apsiskaičiuota: viena vertus, tai padidino pelną, kita vertus, koks įmonės savininko reikalas, jei atleisti žmonės jo paties šalyje tapo bedarbiais.

Tegu politikai dėl to jaudinasi, mano užduotis – užsidirbti pinigų. Galiausiai valstybei teko rūpintis milijonais žmonių, likusiais be pragyvenimo šaltinio. Vakarų šalys ėmė skursti, lįsti į skolas, spausdinti niekuo nepadengtus pinigus. Anksčiau jie

Tryliktasis skyrius

buvo susieti su auksu, atspindėjo tikrąjį turtą, o dabar – ne. Be to, kadangi išsivysčiusiose šalyse ankstesnė visuomenės struktūra buvo sugriauta nuskurdinant ištisą gyventojų sluoksnį, tai neigiamai atsiliepė socialiniams santykiams.

Tuo pat metu tarptautinių korporacijų savininkai ir valdyba, turtėdami iš daug kartų padidėjusio pelno, tapo realia jėga, lemiančia ir Europos, ir Amerikos vyriausybių politiką.

Taip egoistinio turto matas, pinigai, pakilo į žmogiškosios piramidės viršūnę, o jų turėtojai ėmė viską valdyti.

Bet ar ilgai?..

Visa apimantis ryšys tapo toks būtinas kiekvienam, kad tiek šalys vartotojos, tiek šalys gamintojos atsidūrė bendrame, nepertraukiamame tinkle. Juk viskas, kas gaminama, turi pasiekti pirkėją, tačiau pirkėjų vis mažiau, nes Vakaruose žmonės likę be lėšų. Rezultatas – pasaulinė krizė plečiasi ir gilėja.

Štai į tokias būsenas šiandien mus atveda egoizmas.

Kai pinigai valdo

Ne paslaptis, kad mūsų globaliam, tarpusavyje susijusiam pasauliui gresia ekologinė katastrofa, kurią sukėlė nesibaigiantis įplaukų iš gaminamos produkcijos vaikymasis ir varžymasis dėl milijardų banko sąskaitoje. Manėme, kad tam nebus galo, bet jis vis dėlto atėjo: pirkėjų neliko, o ir nebėra kur toliau judėti.

Žinoma, gamintojai turi potencialą ir galimybių plėstis, bet kas pirks jų prekes. O tie lėšų netekę Vakarų pasaulio gyventojai nebeįstengia vartoti. Anksčiau jie gamino ir vartojo savo produkciją – šiame uždarame rate sukosi prekės ir finansai. Dabar ratas iširo.

Tai kapitalo turėtojams leido priimti apgaulingą sprendimą: jie ėmė žaisti vien su finansais, atsiedami juos nuo prekių. Taip išsipūtė didžiulis burbulas, prisidėjęs prie bendros krizės. Juk tokie burbulai tušti, jie išpučiami pasitelkus reklamą bei žaidimus tarp įvairių bankinių ir kitokių finansinių sistemų, ir visi tie jų turimi milijardai tėra simboliai kompiuterių atmintyje.

Krizinė situacija plečiasi visame pasaulyje, o sprendimo nėra. Juk kiekvienam rūpinantis tik savimi neįmanoma aprūpinti visų. Nesirūpiname vieni kitais, ir todėl, viena vertus, išmetame didžiulius kiekius perteklinės produkcijos, kita vertus, ta produkcija nepasiekia žmonių, kuriems jos tikrai reikia. Egoizmas nesuteikia mums jokio šanso rūpintis vieniems kitais. Užuot skatinę iš tikrųjų visiems naudingą bendradarbiavimą, Vakarai sąmoningai sugriovė ištisų regionų ekonomiką.

Tai matome iš Afrikos pavyzdžio. Prieš kurį laiką ji vystėsi savo tempu, gamino nemažai prekių, bet ten pateko Amerikos ir Europos bendrovių produkcija, kuri buvo pardavinėjama dempingo kainomis, sugriovė vietinę rinką, vietinę ekonomiką, žmonės liovėsi gaminę tai, kas jiems buvo būtina gyvenimui, paliko darbo vietas, profesijas. Tai padarė didžiulę moralinę žalą gyventojams: netekęs darbo žmogus netenka darbo įgūdžių ir netgi noro dirbti...

O tuomet tos pačios anksčiau kainas sumažinusios bendrovės ėmė jas kelti – juk konkurentų nebėra, bet pirkėjų irgi neliko... Galų gale turime skurdų žemyną, gyvenantį iš labdaringų organizacijų aukų.

Mūsų egoizmas bumerangu grįžta kiekvienam.

Europoje tai atsiskleidžia itin savitai: viena vertus, bendra rinka, bendra valiuta, bevizis režimas, kita vertus, kone visose šalyse kyla vis platesnių visuomenės sluoksnių palaikomi judėjimai, reikalaujantys palikti šią sistemą ir grįžti prie suverenios valstybės.

Deja, jie nesupranta, kad grįžti prie senos santvarkos neįmanoma, išėjimas iš šios sistemos veda į pražūtį. Tiesa, kad Europos istorija pilna karų ir konfliktų, tiesa, kad praeityje buvo nemažai tragiškų įvykių, tačiau šiandien gamta tiesiog reikalauja iš mūsų pereiti prie naujojo bendradarbiavimo.

Nepakanka tiesiog paisyti vieniems kitų – matome, kad tai neveikia. Aiškėja, kad bendroje rinkoje negalima veikti pagal senosios ekonomikos dėsnius, sukurtus remiantis egoistine prigimtimi. Ankstesnė sistema jau neveikia. Šiandien egoistinė užuojauta daugiau nepadės – mums teks pamilti artimą.

Sunku ištarti šiuos žodžius. Jie atrodo tokie nerealūs, tokie tolimi mums. Širdis jų nepriima...

Tačiau vis dėlto galime prie to priartėti, jeigu sužadinsime mus įpareigojančios jėgos poveikį. Šiandien gamta verčia mus norom nenorom pajausti meilę artimui, nes kita alternatyva – mirtis nuo alkio, ligų ir stichinių nelaimių. O kaip atsvarą turime suformuoti dar vieną jėgą, kuri įpareigos mus judėti abipusės meilės link.

Tryliktasis skyrius

Kokia gi tai jėga? Tai aplinka, kuri bus tokia stipri, kad atsvertų mūsų prigimtį, ji suformuos mums tokį požiūrį į artimą ir nuo neapykantos atves prie meilės.

Suvokti betikslingumą, kad įgytum tikslą

Mums teks nemažai paplušėti, kad suprastume, kokia turi būti naujoji visuomenė:
- ar ji turi skatinti mus teigiamu, geru požiūriu;
- ar ji turi bausti už nedalyvavimą tarpusavio suartėjimo procese;
- ar ji turi kelti atjautos, interesų paisymo, partnerystės, laidavimo vertybes, kol tarp mūsų įsiviešpataus meilė;
- kaip mums nuolatos tirti žmogiškąją prigimtį ir gerinti aplinkos poveikį kiekvienam, kad žmogus būtų įpareigotas keistis, kad žinotų, kam tai reikalinga, kad rastų tam jėgų ir gautų atlygį pagal įdėtas pastangas.

Turime sukurti tokią visuomenę, kad joje jaustume pačios gamtos palaikymą, kitaip tariant, kad neapykanta, varžymasis, atsiskyrimas, atstūmimas artimo žmogaus atžvilgiu sukeltų didžiulį mūsų pasipriešinimą ir būtų sunkiai įgyvendinami; ir priešingai, geranoriškumas, atjauta, laidavimas ir meilė turi iškart sietis su jėgų gavimu ir prisipildymu.

Visuomenė turi būti sukurta taip, kad užtikrintų mums du veiksnius: neigiamą jėgą kaip atsaką į egoizmą ir teigiamą jėgą kaip atsaką į meilę artimui. Kurdami tokią visuomenę turime atsižvelgti į kokybinius ir kiekybinius rodiklius, kad ji galėtų įtikinti ir įpareigoti, paskatinti ir spausti kiekvieną ir visus kartu. Drauge dalyvaudami šiose statybose, mes formuojame naują prigimtį, kuri darys mums poveikį. Mes žmogaus esybėje karaliaujančią egoistinę jėgą tarsi papildome altruistine, gera jėga, kurios patys neturime.

Viskas priklauso nuo to, kaip susiorganizuosime, kaip dirbsime su savimi, kaip įtikinėsime vieni kitus pasitelkę žiniasklaidą ir panašias turimas sistemas.

Štai čia ir bus išgirstas stebuklingas žodis – laidavimas. Jau dabar (kas kad egoistine forma) esame vieni kitų garantai: gerai ar blogai jaučiuosi, uždirbu daug ar mažai, su kitais elgiuosi gerai ar blogai, – visa tai veikia visus, o kiekvienas, gręžiantis po savimi skylę bendroje valtyje, egoizmo okeane skandina visus ir save.

Visa mūsų raidos istorija atvedė mus prie to, kad galiausiai pažįstame gamtoje viešpataujantį meilės dėsnį. Gamta būtent meilės jėga kuria negyvąją, augalinę, gyvūninę materiją ir žmogų. Meilės jėga ji dovanoja gyvenimą. Ir jeigu įgysime šią meilės jėgą pamildami artimą kaip save, tai šitaip atskleisime universalų visos gamtos dėsnį ir jį įgyvendinsime.

Norint tai atlikti, pirmiausia reikia būti priešingiems jam, pajausti, kaip tai blogai. Tai leis mums dabar, pakeliui į jį, suprasti, koks jis aukštas, stiprus, amžinas ir tobulas. Iš didelio egoizmo kildami į didelę meilę, įsisąmoniname nueito kelio didingumą.

Juk visas gyvenimo savybes, visus jo atspalvius suvokiame kontrasto principu: nėra gėrio be blogio, nėra saldumo be kartumo ir pan. Siekdami meilės, mes vertiname ją lygindami su ankstesniąja neapykanta ir tada jaučiame, kiek užsidirbome, kiek išaugome, koks didžiulis mūsų pasitenkinimas, palyginti su tomis per visą istoriją išgyventomis ir kolektyvinėje žmonijos atmintyje išlikusiomis būsenomis. Tada iš tikrųjų jaučiame visišką malonumą.

Energija, reikalinga tam, kad vestų mus iš egoizmo į meilę, yra dvejopa: gamtos spaudimas, grasinantis mūsų egzistavimui, verčiantis mus tai atlikti, ir pozityvi aplinkos jėga, kurią dirbtinai formuojame, kiekvieną vilioja eiti pirmyn, kad įsilietume į ją pagal abipusio laidavimo ir meilės principus.

O visi ankstesnieji kelio etapai, siekiant įgyvendinti šį dėsnį, mums reikalingi tik tam, kad įsisąmonintume jų negatyvumą, betikslingumą, didžiulį skilimą, kuriame esame. Iš to imsime kurti tą nuostabią konstrukciją, vadinamą Žmogumi.

Preliudija į Žmogų

Žmogus pats kuria aplinką, kuri keičia jo prigimtį iš neapykantos į meilę. Žmogus tikrina ir vertina save, tiria gamtos dėsnius, save ir visuomenę, ieško naujų formų sau, santykiams su kitais žmonėmis. Jis formuoja visuomenę, aplinką ir prilygdamas jai tarsi dresuoja save. Jis buvo šuns lygmens ir pakilo į šuns šeimininko, žmogaus, vietą. „Šuo" – tai mūsų egoizmas, kuris dabar įgyja priešingą, gerą pavidalą.

Kažkada šunys buvo vilkai, bet žmogus iš kartos į kartą juos prisijaukino, ir nuo tada jie ištikimi žmogui. Taip priešiškas kūrinys tapo kitoks. Štai dabar ir aš

Tryliktasis skyrius

laikau save „šunimi", kurį reikia pakeisti. Tam daliju save į dvi dalis: turiu naują sąmonę – Žmogų, ir egoizmą – šunį. Taip kuriu naująjį save. Čia visas fokusas. Juk žmogus mumyse – tai ne egoistinio vystymosi tęsinys: mes patys jį tęsiame, auginame savyje. Tam pasitelkiame visas būtinas jėgas ir priemones ir keliame save aukštyn meilės laiptais. Aš pats keičiu savo aplinką, o ji savo ruožtu keičia mane. Taip ir dirbame drauge.

Sakoma, kad nusikaltėlis pats vienas neištrauks savęs iš kalėjimo. Aš nepajėgiu ištraukti savęs už plaukų iš tos pelkės, kurioje grimztu. Tai įmanoma tik tuomet, jeigu suformuosiu išorinę jėgą, kuri neleis nukrypti iš kelio ir nori nenori mane ištrauks.

Kaskart tikrinu, koks turi būti geresnis aš, ištaisytas aš kitame etape, ir atitinkamu būdu kuriu aplinką, kad ji veikdama mane vystytų. Juk pats judėti pirmyn negaliu.

Todėl ir nurodome, kad pirmiausia reikia pasirūpinti žmogaus ugdymu, lygiai taip, kaip sakome vaikui: „Tau būtina mokytis, juk kitaip nesuprasi gyvenimo."

Šiandien, norime to ar ne, gimstame naujame pasaulyje ir jame turime būti kitokie – kiekvienas iš mūsų ir visa žmonija apskritai. Juk žmogus pakyla virš gyvūno lygmens būtent todėl, kad gali įsisąmoninti pasaulį, kuriame gyvena, suprasti savo vietą jame. Prie šio suvokimo turime prieiti patys. Tai ir reiškia formuoti Žmogų.

Meilė artimui – tai universalus gamtos dėsnis, ir mes privalome jo laikytis. Taip įgyvendiname bendrą gamtos programą ir atskleidžiame visą jos gelmę, jos gyvybinę energiją, jos amžinumą, jos didybę, harmoniją, kuria ji persmelkta. Pamažu pakilsime į žmogaus pakopą ir būtent su ja tapatinsime save tiek, kad mūsų kūnas, visas šis gyvenimas ir viskas, ką patyrėme per visą istoriją, taps preliudija, pasirengimu tam, ką pasiekiame dabar.

Todėl į savo dabartinę būseną žvelgiame kaip į gimimą, kaip į sąrėmius, po kurių išeisime į naują, šviesų pasaulį.

Keturioliktasis skyrius

Moteris ir XXI a. šeima

Pirmosios demografinės žiemos snaigės

Šis skyrius skirtas moterims ir pačiai svarbiausiai joms temai – šeimai, kuri mūsų laikais patiria sunkią krizę.

Skyrybų ir žmonių, nenorinčių kurti šeimos ir turėti vaikų, nuolat gausėja, įskaitant pačias moteris, kurios gyvenime teikia pirmenybę karjerai. Be to, vis daugiau moterų, sulaukusių 35–40 metų ir svajojančių turėti šeimą, vaikų, kankinasi

Keturioliktasis skyrius

negalėdamos rasti partnerio ir ištekėti. Tarp jau sukūrusių šeimas ir turinčių vaikų moterų vis populiaresnė nuomonė, kad skyrybos – pats lengviausias ir geriausias problemų sprendimo būdas.

Iš to matyti, kad stovime ant šeimos kaip visuomenės branduolio išnykimo slenksčio. Gimstamumas sumažėjo tiek, kad XXI amžiuje mūsų laukia demografinė žiema, o Žemės gyventojai nuolatos sensta.

Kokia susiklosčiusios situacijos priežastis ir ar yra išeitis?

Esmė ta, kad vystomės augant egoizmui. Per tūkstančius istorijos metų nuėjome ilgą kelią, vienas vertybes pakeisdami kitomis: siekėme turto, valdžios, žinių. O mūsų laikais žmogui kyla visiškai kitoks vidinis reikalavimas, sukuriama situacija, kai jis jau ne itin siekia pinigų, valdžios, žinių.

Depresija pasaulyje tampa labiausiai paplitusia liga. Žmonės nenori tuoktis, gimdyti vaikų. Vaikai nenori gyventi su tėvais; atsiranda toks didžiulis atotrūkis tarp kartų, kokio niekada nebuvo. Tai galima pavadinti šeimos saulėlydžiu, demografine žiema.

Taip vyksta visur, visose šalyse, ir akivaizdu, kad tai ne atsitiktinumas, o tam tikra programa, slypinti gamtoje, kuri mus taip ir vysto. Kiekvienas nori atsiskirti – turėti savo kambarį ar net butą, nori būti laisvas, išreikšti save. O ką padarysi, jei toks vidinis žmogaus siekis, pojūtis? Tai laiko šauksmas.

Matau, kaip anksti ryte mamos neša mažus vaikus į lopšelius ar darželius, kad palikusios juos ten visai dienai išskubėtų į darbą. Ir dažnai net ne dėl to, kad moteriai taip reikėtų užmokesčio, ji tiesiog trokšta jaustis laisva ir neužsidaryti vien šeimoje.

Mes jau tarsi išaugome iš ankstesniųjų biologinių šeimos rėmų, tarp kurių instinktyviai gyvenome kaip ir visi gyvūnai, dabar mums reikia naujo šeimos ryšio, atitinkančio žmogaus lygmenį.

Didžiulė šeima už apskrito stalo

Kad ir kokias lėšas valstybė investuotų, skatindama gyventojų prieaugį – niekas nepadeda. Tikriausiai nenoras turėti šeimą ir vaikų – tai vidinis žmogaus akstinas, prigimtinis mūsų raidos dėsnis, ir todėl nėra prasmės tam priešintis. Tereikia išsiaiškinti, kur mus stumia gamta, kam ji karta po kartos mus vystė, keldama vis aukščiau gyvūninės pakopos.

Gamta reikalauja, kad vieni su kitais integraliai susijungtume, verčia jausti visišką tarpusavio priklausomybę, tarsi mes – viena šeima. Viena vertus, gamta mums suteikia norą pabėgti iš įprastinės mažos šeimos, išsilaisvinti iš visų įsipareigojimų jos atžvilgiu, kita vertus, ji mus visus tarsi gniaužtuose spaudžia draugėn, versdama pajausti, kad jau esame ne maža, viename name gyvenanti šeima, o viena didžiulė, po visą planetą išsibarsčiusi šeima.

Daug keliauju ir matau, kaip skirtinguose Žemės kampeliuose žmonės, jų gyvenimo būdas, maistas, drabužiai supanašėja. Pamažu mažą šeimos ląstelę keičiame didele. Ir tam padeda žiniasklaida, internetas, socialiniai tinklai.

Negalime grumtis su šiais reiškiniais, net jeigu tai vyksta prieš mūsų norą. Priešingai, jei priešinsiuos šiam procesui, tik pritrauksiu nemalonumų – juk gamta vis tiek laimės. O kuo geriau suprasiu gamtos programą ir pats jai padėsiu, tuo greičiau ir maloniau judėsiu pirmyn it geras, tėvų klausantis vaikas.

Todėl, užuot priešinusis šeimos krizei tiesiogiai, reikia suprasti tą tendenciją ir pažvelgti, kaip geriausia veikti naujomis sąlygomis.

Jeigu visas pasaulis susietas bendra priklausomybe, tai mums pirmiausia būtina pakeisti savo prigimtį: liautis būti egoistais ir visus laikyti viena šeima, susėsti prie vieno apskrito stalo.

Išeitų, jog dabar žmogus turi didžiulę šeimą ir tikriausiai tam, kad galėtų šiek tiek pakilti ir nežiūrėti vien tik į savo paties šeimą (tą vienintelį dalyką, patenkantį į jo matymo lauką), gamta atima iš jo natūralų norą kurti šeimą. Būtent tai ir vyksta mūsų dienomis. Gal tai šiek tiek padės žmogui pakilti ir pažvelgti į visą pasaulį, padės po truputį suprasti, kad visas pasaulis – viena šeima.

Ilgas kelias namo

Gamta per dabartinę negailestingą krizę rodo mums, kad gyventi būtina kaip vienoje draugiškoje šeimoje, kuriai nereikia nesaikingumo, pakanka būtinų normaliam gyvenimui dalykų. Kitaip tariant, mums teks pereiti prie protingo, tinkamo vartojimo. Savaime suprantama, žmogui reikia drabužių, maisto, medicininio

Keturioliktasis skyrius

aptarnavimo, saugumo, darbo. Tačiau jis neturi laikytis reklamos idealų, mat jos tam, kad kas nors praturtėtų, įtikinėja įsigyti tai, ko iš tikrųjų nereikia.

Kada nors šis vaikymasis turi baigtas, ir jau dabar jaučiame, kaip visame pasaulyje mažėja gamyba. Bedarbių skaičiai siekia milijonus ir kasdien nuolat gausėja visame pasaulyje. Ir pabaigos tam nematyti...

Manding, tai atsilieps krizei šeimoje ir sukels atvirkščią procesą. Tiek moterys, tiek vyrai daugiau laiko leis namuose, jų gyvenimas taps labiau apgalvotas, baigsis beprotiškos lenktynės, kai siekėme praryti visą pasaulį. Ir tada pamatysime, kad mums grįžta noras gyventi šeimoje, bet ne taip, kaip anksčiau, – mes pasinersime į savo vidinį tobulėjimą.

Pirmiausia šeimoje turime sukurti tokį ryšį, kad visus prasižengimus uždengtų meilė. Tuomet tapsime kantresni vieni kitiems, gyvensime taip, kad šeimoje kiekvienas bus laisvas, tačiau tuo pat metu viduje susijęs su sutuoktiniu. Tokioje šeimoje norėsime turėti vaikų ir galėsime juos ugdyti naujos žmonijos dvasia.

Privalome tai atlikti, antraip tiesiog neišgyvensime.

Galbūt dar ne visi tai suprato, tačiau senojo pasaulio jau nebėra. O naujame pasaulyje malonumą patirsime ne lakstydami iš vienos vietos į kitą, viliojami pinigų, valdžios ar mados. Pajausime už viso to atsiveriančią tuštumą, o prisipildymas bus aukštesnėje, tobuloje, pakylėtoje pakopoje, kur galime jausti aukščiausią harmoniją.

Niekas iš mūsų dar niekada nepatyrė tikrojo malonumo. Argi mums kada nors pavyko pasitenkinti vaikantis turtų, šlovės, valdžios, žinių? Ar buvo tokia akimirka, kai sustoję pasakėme: „Štai dabar aš laimingas, man daugiau nieko nereikia!" Niekad taip nebuvo...

O dabar pajusime malonumą dėl to, kad užmezgėme gerus tarpusavio santykius, juk šiame ryšyje mums atsivers gamtos tobulumas. Mėgausiuosi savo gerais santykiais su kitais, savo meile jiems, noru jiems duoti. Ir jeigu kiekvienas taip elgsis su kitais, tai viską užpildys meilė.

Kad to pasiektume, būtina turėti atitinkamą metodiką. Ji sena, egzistuoja jau tūkstančius metų, tačiau atsiskleidžia tik mūsų dienomis, nes pasaulis pasiekė tokią būseną, kai tai jam tapo gyvybiškai būtina.

Žvilgsnis į šeimą
iš globalios gamtos aukštumų

Šiandien žmogaus laimė priklauso nuo jo santykių su aplinka, nuo to, ar jis ras savo vietą visuomenėje, todėl ir matome, kad žmogus iškrenta iš mažo šeimos lizdelio. Anksčiau visas gyvenimas (ir ne tik moterų, bet ir vyrų) buvo susijęs su šeima. Tačiau kartą ši idilė baigėsi. Išėjome iš namų, ėmėme keliauti, pažinti pasaulį, be to, per šiuolaikines komunikacines priemones pasaulis ėmė veržtis tiesiai į mūsų namus. Ratas užsidarė...

Baigiasi tam tikras pereinamasis, neaiškus laikotarpis, ir mums (tiek vyrams, tiem moterims) grįžta būtinybė susisieti šeimos saitais. Turime iš naujo sukurti šeimą, bet kito lygmens – žinant, kad viską uždengs meilė. O tam reikia suprasti, kur gyvename, kokiame pasaulyje, kokia mūsų būsena, kodėl pasaulyje vyksta tokie procesai ir ką mums daryti.

Galiausiai mes, kažkada išėję į atvirą pasaulį, atitrūkę nuo namų ir šeimos, nutraukę visus šeimos saitus, grįšime „po savo namų stogu". Grįšime į ramesnį, saikingesnį gyvenimą, sujungsime ryšius tarpusavyje, bet kita forma: kiekvienas liks laisvas, ir remdamiesi ta laisve, supratimu bei ateities matymu užmegsime ryšius sau: tiek visiems žmonėms Žemėje, tiek kiekvienoje šeimoje.

Pradedame suprasti, ką reiškia „susivienyti virš visų skirtumų". Būtent taip dabar žvelgiu į moterį, kurią išsirinkau partnere. Matau, kad skiriamės vienas nuo kito, bet su tuo reikia taikytis. Kuriame visiškai kitokią šeimą: mes vienodai suprantame, kam reikalinga šeima ir kaip ji turėtų atrodyti.

Pradėdami vienytis su visu pasauliu, pajausime kitą matmenį – vieną lauką, esantį už laiko ir erdvės (jungiančios mus viduje, o ne fiziškai) ribų. Tai ne fizinių kūnų, o norų, sielų sąjunga. Atsiribojame nuo savo kūno pojūčio taip, kad visiškai liaujamės jautę, jog mano kūnas priklauso man, visus, esančius ne manyje, pradedu jausti kaip save.

Žmogus patiria psichologinį perversmą, tikrą revoliuciją, keliančią jį į naują tikrovės suvokimo lygį – visiškai nustojame jautę materialų gyvenimą. Šis ryšys yra virš gyvenimo ir mirties, amžinos ir tobulos gamtos lygmenyje.

Auklėdamas savo vaikus mokau juos įsitraukti į šį bendrą tinklą. Perėję fizinę raidą, kuri būtina materialiam kūnui (sakykime, iki penkerių šešerių metų) jie ims

Keturioliktasis skyrius

iš šio tinklo gauti dvasinį ugdymą, mokysis vidinio ryšio su visais ir taip pratęs mano kelią.

Sąjunga, grindžiama sielų panašumu

Pradėję vienytis tarpusavyje, kurdami meilės ryšius virš visų atstūmimų ir nemalonumų, imame suprasti, kokia vidinė jėga slypi šiuose santykiuose. Pajusime, kaip apima noras duoti kitiems žmonėms...

Tada moteris panorės ir su vyru pasiekti tokių santykių – būtent su konkrečiu vyru, o ne per atsitiktinius ryšius, kaip dažnai vyksta mūsų laikais. Juk tada jie galės sukurti šeimą ne biologiniu, seksualinių santykių lygmeniu, o dvasinio ryšio lygmeniu.

Mes visada gyvenome remdamiesi egoistiniu pradu: egoistiškai gaudami ir egoistiškai duodami. Tačiau dabar visas pasaulis artėja prie altruistinio prado: iš pradžių duoti, kad duotum, o paskui gauti, kad duotum. Suprasime, jog verta pasiekti tokio gavimo, kad dar daugiau duotume.

Šie žodžiai skamba kaip kažkas itin aukšto, bet pagal mūsų vystymosi tempą tokia ateitis artėja labai greitai. Žinoma, neįmanoma to suvokti, kol žmogus nepasikeis, tačiau pamažu keisdamiesi pradėsime labiau suprasti tą pakopą, ant kurios stovime, ir tą, kuri šiek tiek aukščiau dabartinės.

Manding, žmogui taisantis ir tampant vis labiau susijusiam su aplinkiniais, žvelgiant į kitus su meile, atjauta ir supratingumu, pasikeis ir jo santykis su priešinga lytimi, ryšiais šeimoje, vaikais.

Juk dar niekada nejautėme, ką reiškia meilė. Veikėme vedami prigimtinių instinktų ir pagal juos rinkomės tinkamą porą. Bet dabar suartėsime skatinami vidinių jausmų, jau po to, kai išmoksime mylėti virš savo egoizmo. Santuoką sudarysime aukštesniu, dvasiniu lygmeniu, remdamiesi abipusiu davimu.

Šeima liks tokia pati – vyras, moteris, vaikai, tačiau jos egzistavimo prasmė ir tikslas taps visiškai kitokie.

Santuoka iš dvasinio išskaičiavimo

Jeigu nors trumpam dirstelčiau iš savo mažo kokono ir pamėginčiau pamatyti, kur mano vieta globaliame pasaulyje ir koks mano santykis su visa žmonija, kuri it viena bendra siela patiria įvairiausius pokyčius, artėdama savo tobulos būsenos link, tai visiškai kitaip suvokčiau savo asmeninį gyvenimą, į kurį neverta kreipti dėmesio, – įsiliek į bendrą, visuotinį procesą ir pasijusi esąs begalinėje gyvenimo tėkmėje.

O kol kas reikia mokytis, kaip pajausti gamtos amžinybę, kaip į ją įsilieti ir iš tų aukštumų spręsti visas savo asmenines problemas. Jei mėginsime jas spręsti įprastiniu, materialiu lygmeniu, iš to nieko neišeis. Apie tai liudija rezultatų neduodantys bandymai, kurių imasi skirtingų valstybių vadovai. Norint ištaisyti savo asmeninę būseną, nėra jokios kitos priemonės, išskyrus integralų švietimą.

Moteris, kuri šiandien nelaiminga negalėdama rasti gyvenimo palydovo, negalėdama sukurti šeimos ir gimdyti vaikų, turi suprasti, kad tokiu keliu gamta (per integralų švietimą ir veikiant aplinkai) nori ją atvesti į būseną, kur ji įsijungia į visą pasaulį kaip moteris. Taip ji pajaus, kiek gėrio ir tarpusavio šilumos slypi tame ryšyje su visu pasauliu.

Būtent toks pasaulio suvokimas įpareigos ir moterį, ir vyrą sukurti visavertę šeimą. O kad tarpusavyje palaikydami kits kitą pakiltų į dvasinę pakopą, jie norės būti susieti glaudesniais šeimos saitais.

Neįprastas būties lengvumas

Skyrybos šiandien – ypač paplitusios ir įprastos. Dauguma santuokų išyra dar per pirmuosius ar antruosius bendro gyvenimo metus. Manoma, kad santuoka išsisėmė, juk ji pilna pagundų ir nelengva atsispirti bandymams sukurti savo gyvenimą su nauju partneriu...

Turinti gerą šeimą (mylintį vyrą, vaikus) moteris staiga pajunta, kad nebemyli vyro. Jis puikus šeimos žmogus, nuostabus tėtis, bet tai nesvarbu – ji tiesiog jo nebemyli.

Keturioliktasis skyrius

Tai niekada nebuvo būdinga moteriai. Gyvendama šalia vyro, moteris prie jo prisirišdavo, jausdavosi priklausanti jam. Ir staiga visa tai išnyko, bet nevalia dėl to kaltinti moters, tai natūralus mūsų vystymosi rezultatas. Ir jeigu taip pasireiškia prigimtis, tai pirmiausia turime ją ištirti ir pažiūrėti, kaip elgtis tokioje situacijoje.

Kadangi dabar nuo gyvūninės pakopos kylame į žmogaus, panašaus į globalią gamtą, pakopą, tai šitai atriboja mus nuo asmeninių, individualių ryšių. Gamta nori atverti mums akis – išvesti iš šeimos apribojimų, kad paskui vėl susisaistytume šeimos saitais, bet jau kitu lygmeniu.

Kiekvienas prisimena tą meilės jausmą, kai užlieja ypač stiprūs pojūčiai, dėl kurių ir norėjome visada būti kartu, ir todėl nusprendėme sukurti šeimą. Bet paskui šis jausmas išblėsta...

Kodėl gi gamtoje esama įsimylėjimo būsenos, kuri dingsta ir verčia mus vėl visą gyvenimą jos ieškoti?

Gamta nori, kad pasiektume tikrąją meilę, kad atsisietume nuo ilgai netrunkančios gyvūninės, egoistinės meilės. Šį instinktyvų ryšį, kylantį dėl natūralios priešingos lyties traukos, turime pakeisti kur kas tikslingesniu ryšiu.

Paprastai pasibaigus meilei toks ryšys užsimegzdavo gyvenant dėl vaikų ar bendro ūkio, be to, mums patogu būti kartu – juk galime padėti vienas kitam, palaikyti senatvėje.

Tačiau šiandien norint išsaugoti šeimą reikalingas aukštesnis stimulas – panašiai kaip kad turime pasiekti taikos ir santarvės visame pasaulyje, kitaip neišgyvensime. Tačiau jungdamiesi su visu pasauliu, staiga pastebime, kad svarbiausias laimikis – visai ne materiali gerovė (ji tebuvo dingstis, stumtelėjusi mus į gerus santykius). Tiesą pasakius, mes atrandame šiame ryšyje slypintį visiškai naują pojūtį, kuris atjungia mus nuo materialaus gyvenimo: mums atsiskleidžia toks prisipildymas, kokio niekad anksčiau nejautėme, mes tiesiog plasnojame ore, išgyvendami neįprastą būties lengvumą, nejaučiame mirties.

Pasakok nepasakojęs žmogui apie tai – jis nesupras. Todėl gamta ir stumia mus iš užnugario kančiomis, versdama susijungti, kol dar vieni kitų nesunaikinome. Ir mes jungiamės neturėdami kitos išeities, kad galiausiai atskleistume visą savo gyvenimo grožį.

Tas pats vyksta ir šeimoje. Šiandien nekenčiame, nenorime kits kito, siekiame išsivaikščioti kas sau. Bet kai kiekvienas iš mūsų pasaulyje pajaus meilės trūkumą, poreikį bei norą mylėti ir supras, kokį stiprų pasitenkinimą teikia meilė, tai panorės tokius santykius užmegzti ir savo šeimoje.

Tada mums jau nebus svarbu, kad po kažkiek metų pasensime ir nebebūsime tokie gražūs kaip anksčiau. Mes to netgi nepastebėsime. Jausime tą pirminį įsimylėjimą, tik visiškai kitaip...

Bet visa tai tik po to, kai išmoksime kurti vidinius santykius, dėl to susijungdami su visu pasauliu.

Koja kojon su Gamta

Šiuolaikinės visuomenės problemų neįmanoma išspręsti jokiais kitais metodais – tik per švietimą, ugdymą, parodysiantį žmogui, kaip gyventi integraliame pasaulyje, padėsiantį žmogui megzti ryšius: šeimoje, darbe, su valdžia, su pasauliu, su visa gamta, taip pat su naminiais gyvūnais.

Mūsų ateitis priklauso nuo to, kaip išmoksime kurti gerus tarpusavio santykius, kad kiekvienas išsaugodamas savo unikalumą išmoktų išreikšti save visuomenėje.

Pirma, reikia liautis kaltinus gyvenimą ir gūžčioti pečiais dėl to, kas vyksta. Visi šiandien matomi neigiami reiškiniai visuomenėje, šeimoje – tai mūsų vystymosi priemonė. Reikia sustoti ir remiantis statistikos duomenis atlikti dabartinės būsenos analizę, atidžiai ją ištyrinėti.

Antra, reikia pastudijuoti istoriją, kuri mus atvedė į tokią būseną. Gavę tas žinias, toliau galėsime sekti raidos tendencijas. Reikia suprasti, kad raida nesustos, norime mes to ar ne. Jeigu priešinsimės, gamta per jėgą privers mus įžengti į šias vėžes. Jei patys to sieksime, pirmyn eisime greitai, lengvai ir maloniai.

Gamtos vystymosi tendencija – tai visa apimantis ryšys, integralumas, ir mums reikia išmokti patiems žengti šio ryšio link. Kaip ruošiame vaikus gyvenimui, taip dabar turime pasiruošti patys naujam, mus pasitinkančiam gyvenimui.

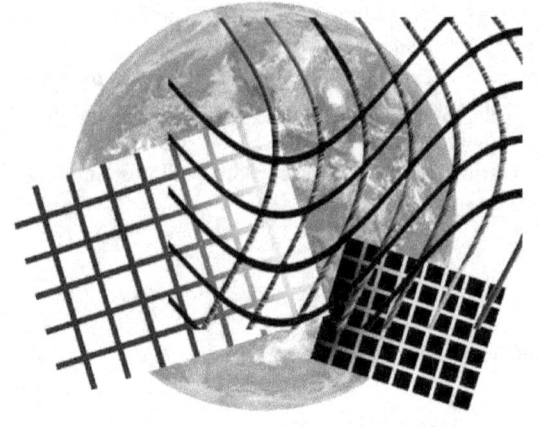

Penkioliktasis skyrius

Tai kurgi suklydome?

Daugybėje kriminologijos srities tyrimų reiškiamos abejonės dėl bendros nuomonės, kad kalėjime išbūtas laikas pateisina visus lūkesčius. Kalėjimų įtaka įkalintiesiems, ypač kalbant apie būsimus recidyvus ir reabilitaciją, tai tema, reikalaujanti kruopščios analizės ir plataus aptarimo.

Visame pasaulyje nusikalstamumas didėja tiek savo mastais, tiek įvykdomų nusikaltimų pobūdžiu. Be to, faktai rodo, kad prasikaltusieji, išėję į laisvę, prabėgus kuriam laikui vėl grįžta į kalėjimą dėl panašių į ankstesnįjį nusikaltimų.

Bėda ta, kad rengdami žmogų gyvenimui neskiriame reikiamo dėmesio jo ugdymui. Viena vertus, vaikai nuo mažų dienų prisižiūri nusikaltimų, prievartos, agresijos, konkurencijos scenų, kita vertus, mokslo įstaigos apleidžia ugdymą, vertybes. O mes, tėvai?.. Užsimerkiame, kai mokykloje vaikas yra stipriai spaudžiamas aplinkinių. Muštynes, varžymąsi ir netgi polinkį į narkotikus vertiname kaip tam tikrus neigiamus reiškinius, su kuriais nieko nepadarysi, ir labiausiai rūpinamės parneštais pažymiais, sėkmingai išlaikytais egzaminais. Nereikalaujame, kad jis taptų Žmogumi. Todėl augdamas vaikas nemoka elgtis visuomenėje, nežino, kas yra gerai, o kas blogai, kaip dera elgtis, o ko verčiau nedaryti.

Plintanti prievarta šiandien tapo viena sunkiausių visuomenės problemų apskritai, ypač mokykloje. Išeitų, kad mokykla ruošia potencialius nusikaltėlius. Tad kurgi klystame?

Esmė ta, kad pačių tėvų neišmokėme spręsti šeimos problemų, neišmokėme auklėti vaikų. Pažiūrėkite, kaip tėvai elgiasi su vaikais. Kiek daug žiaurumo! O kur dar šešėlyje liekanti, bet ypač paplitusi moralinė ir emocinė prievarta.

Galų gale tarp įkalintųjų ir likusiųjų laisvėje nėra didelio skirtumo. Pasaulio, gamtos dėsnių, tarpusavio santykių atžvilgiu visi esame nusikaltėliai. Nėra nusikaltėlių, nėra aukų – visi visiškai vienodai atsakingi tiek už gera, tiek už bloga. Todėl nėra ko kaltinti dėl savo bėdų – visi reiškiniai žmonių visuomenėje išprovokuoti kiekvieno iš mūsų. Turime atskleisti gamtą kaip integralią sistemą ir imti kitaip elgtis su visais.

Kalta būtent visuomenė

Žmogaus savybės priklauso nuo vidinių, paveldėtų veiksnių ir nuo išorinių veiksnių, kurie susiformavo ugdant, veikiant aplinkai, žiniasklaidai ir pan. Iš principo nei vieni, nei kiti veiksniai nepriklauso nuo žmogaus, nors būtent jie formuoja jo asmenybę ir nulemia jo likimą.

Nejau vaikas gimsta nusikaltėliu? Jis gali būti žiaurus, užsispyręs, turėti bet kurių kitų neigiamų savybių, tačiau visas jas galima paversti teigiamomis. Už-

Penkioliktasis skyrius

sispyrimą – atkaklumu siekiant tikslo, o žiaurumą, sakykime, nesitaikstymu su nusikalstamumu visuomenėje.

Kas daro įtaką vaiko raidai? Kino filmai, propaguojantys nusikalstamumą ir prievartą, negailestingas elgesys mokykloje, kur stipresnis laimi ir terorizuoja visus aplinkui; visuomenė, reikalaujanti iš jo tik pasiekimų ir nieko daugiau: „Būk pirmas, nepaisyk draugų, svarbiausia įgyti pasisekimą ir pranokti visus."

Todėl paveldėtas stipriąsias savybes naudoja blogiems dalykams: juk jis seka paplitusiais pavyzdžiais. O silpnesnysis naudoja savo savybes atsargiai, „inteligentiškiau". Bet juk jis auklėtas ne ką geriau – tiesiog jo galimybės ribotos ir todėl „daro blogai" nenusižengdamas įstatymams, o mūsų visuomenės įstatymai tai leidžia.

Tad būtent visuomenė kalta, kad auginame potencialius nusikaltėlius.

Savo gyvenime praleidžiame tai, kas svarbiausia, – kaip išugdyti gerą žmogų, kaip sukurti tinkamą, palankią aplinką. Kitaip tariant, žmogus nejaučia esąs integralios visuomenės dalis ir kad mes visi gyvename vienoje sferoje, kur visiškai priklausome vieni nuo kitų. Todėl kiekvienas vadovaujasi savo egoistiniais siekiais ir daro ką tinkamas, net jeigu tai ne pagal įstatymą ir jis žino, kad už pasekmes bus nubaustas. Ir viskas dėl to, kad nėra stabdžio, jis negavo gerų pavyzdžių, skleidžiančių šviesą jo karčiai ateičiai; jis nežino, kas yra bausmė ir kalėjimas.

Tinkamas ugdymas
saugo nuo įstatymų laužymo

Integralios visuomenės dėsnis – visuotinė atjauta, abipusis laidavimas. Privalai duoti kitiems, sąveikauti su jais, turi būti glaudžiai susijęs su visais ir tada vadinsiesi įstatymo nepažeidžiančiu žmogumi. Visi – vieni kitų garantai. Be to, integralus, visuotinis gamtos ir visko, kad joje vyksta, pobūdis skatina mus tapti tokiems, kaip ji.

Tinkamas ugdymas užkerta kelią visuomenės įstatymų ir gamtos dėsnių laužymui. Verta pabrėžti, kad, pradedant nuo vaikų darželio, mažieji kartu su auklėtojais turi aiškintis, kaip tarpusavyje bendrauti, kaip suprasti vieniems kitus, kaip pakilti virš savo ego, kad susivienytume ir sukurtume bendrą grupę ir bendromis pastangomis pasiektume sėkmės.

Reikia taip ugdyti žmogų, kad jis pats būtų sau prižiūrėtojas, kad tai taptų jo įpročiu. O įprotis – tai antroji prigimtis.

Jeigu mokykloje įvyksta kažkas, kas neatitinka priimtų reikalavimų, tai galima surengti teismo procesą, panašų į tikrąjį. Kol nepriversite vaikų viduje išgyventi to, kas nutiko, jie nesikeis į gera. Ugdymas – tai vaiko matomi pavyzdžiai iš gyvenimo. Didelę naudą gali atnešti nufilmuoto „teismo proceso" vaizdajuostė. Vaikai turės progą iš šalies pažvelgti į savo elgesį, savo aptarimą ir viską apsvarstyti. Kitąsyk galima pasikeisti vaidmenimis – tas, kuris buvo „prokuroru", dabar bus „advokatu" ir pan. Taip parodome vaikams, koks visiškai skirtingas gali būti jų elgesys. Tai leis vaikui suprasti kitą, net jeigu jų charakteriai visiškai skirtingi.

Jei nuo mažens pradėsime ugdyti asmenybę, tai sėkmingai judėsime kurdami gerą, darnią visuomenę, kur nebus baisu išleisti vaiką vakarais į gatvę ir nekils grėsmė, kad kaimynas staiga pasičiupęs ginklą ims šaudyti į praeivius.

Todėl daug jėgų ir lėšų reikia skirti ugdymui. Paklausius mokytojų, auklėtojų, psichologų, sociologų, taps aišku, kokius apribojimus teks taikyti visuomenėje. Šiandien jau yra bendra pasaulinė nuomonė, ir mes galime, turime uždrausti rodyti prievartą, plėšikavimą, žudymus per visus žiniasklaidos kanalus.

Demokratinė visuomenė – tai apie žmogaus naudą galvojanti visuomenė. Demokratija nereiškia, kad reikia viską be ribų leisti – tai jau anarchija. Demokratijai būdingos dvi kraštutinės ribos: anarchija ir diktatūra.

Tad iš visos visuomenių santvarkų įvairovės išrinkime tikslą, būtiną norimai visuomenei sukurti, tokiai, kurios link norėtume judėti. Demokratija reiškia gėrį tautai, o kadangi mes visi egoistai, tai visuotinę gerovę galime pasiekti tik apribodami savo egoizmą.

Kam statome kalėjimus?

Daugumoje pasaulio kalėjimų sąlygos yra apgailėtinos. Jie žemina įkalintojo žmogišką orumą, be to, nėra jokių realių bandymų nusikaltėlį paversti įstatymams paklūstančiu piliečiu. Todėl bausmė dažnai nepasiekia savo tikslo: atsėdėję skirtą laiką buvę kaliniai grįžta prie ankstesnės veiklos ir būtent taip supranta savo gyvenimo kelią.

Tad kam statėme kalėjimus?

Penkioliktasis skyrius

Biblijoje nėra kalėjimo sąvokos (matome, kad uždarymas kalėjime nepadeda), bet yra miesto prieglobsčio sąvoka. Jeigu žmogus kam nors pakenkė neturėdamas blogų ketinimų, tai slepiasi jame, kad išvengtų keršto; o jeigu kažką pavogė, tai privalo grąžinti. Bausmės yra, bet ne įkalinimo pavidalu.

Pakeisti padėtį galima tik taip: kalėjimas turi virsti mokykla. Kadangi kalėjimo prižiūrėtojai gali laisvai tvarkyti įkalintųjų laiką, tai mokslą galima organizuoti taip, kad šie žmonės būtų kuo labiau užsiėmę ir įpareigoti gerai mokytis. Tai turi duoti naudos, nes dabar buvimas kalėjime kalinius daro tik dar labiau kvalifikuotais nusikaltėliais. Bendraudami jie mokosi vieni iš kitų, kaip sėkmingai pritaikyti „profesionalius įgūdžius" išėjus į laisvę.

Visuose kalėjimuose ir pataisos namuose būtina įstatymais patvirtinti ir įdiegti integralų mokymąsi ir ugdymą. Tam nusikaltėliams reikia steigti klases, parūpinti kvalifikuotus dėstytojus, transliuoti paskaitas. Galiausiai prasikaltėlis išeis į laisvę ne vien kaip įstatymus gerbiantis pilietis, bet kaip gerą pavyzdį kitiems rodantis žmogus. Tai ir bus tikslas.

Nesvarbu, kuo šis žmogus anksčiau buvo – finansininku, pasigviešusiu didžiulę sumą, varguoliu, gyvenančiu iš aukų, ar vagimi, integralus švietimas padės iš jo sukurti žmogų. Jis išmoks visų dalykų, išlaikys egzaminą, pasipraktikuos perduodamas savo žinias deramo elgesio pavyzdžiais.

Pavyzdžiui, po išmokto integralaus kurso pamėginkite jį nusiųsti į vaikų koloniją ir pažiūrėkite, ar jis galės ugdyti prasikaltusius vaikus, nors ir už kolonijos ribų vaikai ne ką geresni... Jis turės praktiškai parodyti, ar galės juos pakeisti ir ištaisyti. Šis darbas taps jo diplominiu projektu, suteikiančiu teisę išeiti iš kalėjimo.

Kalėjimas gali būti socialinis pavyzdys visam pasauliui. Jeigu žmonės, palikę įkalinimo įstaigas, taps gerais visuomenės nariais – tai nė kiek ne menkiau už socialinio suvokimo revoliuciją. Tad jeigu pasiseks kalėjimuose, pasiseks ir „normalioje" visuomenėje.

Tam nereikia atskirų kriterijų pagal amžių, lytį ar nusikaltimo pobūdį. Žmogui tereikia įgyti naują potyrį, supratimą ir pažvelgti į save kaip į integralios aplinkos dalį, pamatyti, kad jis priklauso nuo aplinkinių, o aplinkiniai nuo jo. Tai bus daug žadantis tolesnio vystymosi pagrindas.

Sakoma, kad kiekvienas, didesnis už draugą, turi ir didesnį egoizmą, t. y. kuo labiau linkęs į blogybes, tuo daugiau gero gali padaryti.

Amerika kaip pavyzdys

Puikus pavyzdys, kur nepavyko bandymas sukurti visuomenę, teikiančią gerovę ir saugų gyvenimą, yra Amerika. Kaip valstybė ji seniai neteko to tikslo, kurį skelbė valstybės tėvai, įkūrėjai. Ji iš savo piliečių atėmė didžiavimąsi savo įnašu visuomenei.

Dabar Amerikos pilietis didžiuojasi ne tuo, kad pasiekė kokių nors aukštumų savo pastangomis, ne savo darbu, kaip tai buvo anksčiau, o tuo, kad jam pavyko pavogti. Šiandien prestižo reikalas kurti burbulus nekilnojamojo turto rinkoje ar finansų srityje, todėl tas, kas moka „daryti pinigus" tiesiog iš oro, yra labiausiai gerbiamas.

Demokratinėje Amerikoje piliečių, turinčių leidimą asmeniniam ginklui, skaičius nenusileidžia nacionalinės armijos dydžiui. Vienas iš trisdešimties suaugusiųjų šalyje – arba kalėjime, arba areštuotas.

Tokia statistika rodo, kad tauta palikta likimo valiai, ji pamiršta, niekas ja neužsiima. Už gražių amerikiečių šūkių slypi panieka žmogaus ir visuomenės formavimui. Vadinasi, Amerika negali tvirtinti esanti demokratiška šalis. Demokratijos tikslas – tautos gerovė. O kurgi čia gėris?

Visa tai byloja, kad tie principai, kuriais Amerika buvo stipri, šiandien prarasti. Todėl smunka Amerikos prestižas, o tiksliau, ji praranda galingosios valstybės, kuri akivaizdžiai pralošė savo viduje, pozicijas.

Kuo remdamasi Amerika visiems perša savo principus, savo vertybes? Iš kur jie? Kokia teise vadovaudamasi ji moko kitus? Matome, kaip pražūtingai pasaulį veikia Holivudo produkcija, skleidžianti amerikietišką gyvenimo būdą ir viską, kas su tuo susiję.

Per gerai išauklėtos kartos, geranoriškų žmonių, sumažėjusio nusikalstamumo lygio pavyzdį įrodykite, kad vystotės geriau. Tada, tapę pavyzdžiu visose srityse, galėsite perduoti savo vertybes visam pasauliui.

Amerikiečių visuomenei būdinga tai, kad ją sudaro žmonės iš skirtingų socialinių, kultūrinių, etninių sluoksnių, skirtumai tarp jų – didžiuliai. Kitose šalyse, pavyzdžiui, Prancūzijoje, yra pamatai, į kuriuos remiasi žmogus, – bendra kultūra, religija, šeima; jei piliečiai didžiuojasi savo šalimi, kurioje dėl tautinio vieningumo nėra priešų ir nepageidaujamųjų, o Amerikoje, kurioje įsikūrę įvairiataučiai gyventojai, šiandien nėra nieko, kas juos sietų ir laikytų kartu.

Penkioliktasis skyrius

Integralus ugdymas, formuojantis bendrą požiūrį į gyvenimą ir žmogiškąsias vertybes, pirmiausia būtinas Amerikai.

Mes esame ne vienos tautos ar vienos šalies, bet vieno pasaulio, vienos žmonijos atstovai. Vienybė virš visų skirtumų – tai mūsų skola, gamta mus įpareigoja.

Integraliame pasaulyje, globalioje visuomenėje, kur norom nenorom esame sujungti, neturime jokios kitos galimybės apsisaugoti nuo bėdų.

Priedai

Apie ARI
ariresearch.org

ARI institutas – nekomercinė organizacija, kurios tikslas – įgyvendinti pažangias auklėjimo idėjas, sprendžiant šiuolaikinio švietimo ir ugdymo sistemos problemas. ARI siūloma auklėjimo sistema, grįsta integralaus, tarpusavyje susijusio pasaulio dėsnių koncepcija, yra būtina, norint teigiamai pakeisti žmonijos gyvenimą.

Ši auklėjimo metodika paremta kelių tūkstantmečių senumo žiniomis, kurios gali padėti sistemiškai spręsti šiuolaikines problemas.

ARI reguliariai kviečia diskutuoti apie pasaulinę krizę, parodydama ją kaip teigiamų visuotinės sąmonės pokyčių galimybę.

Svarbiausias ARI keliamas tikslas – auklėti būsimąją kartą, siekiant padėti jai sėkmingai susidoroti su didžiuliais sunkumais, kylančiais keičiantis klimatui, ekonomikai, geopolitikai. ARI idėjos ir auklėjamojo pobūdžio medžiaga skirta visiems, neatsižvelgiant į amžių, lytį, tikėjimą, politinius įsitikinimus, kultūrines tradicijas ar pasaulėžiūrą.

ARI stengiasi stiprinti tarptautinį tarpdalykinį bendradarbiavimą. Prioritetinė kryptis – sukurti ir pateikti praktinius visuotinio, integralaus ugdymo principus.

ARI įgyvendina savo programas ir per prieinamus įvairialypės informacijos kanalus perduoda savo žinias visam pasauliui. Siekiama kelti žmonių sąmoningumą, kuriant abipuse atsakomybe grįstus tarpusavio santykius ir suvokiant būtinybę asmeniškai dalyvauti šiame procese. ARI siūlo būdą, kaip spręsti rimtas problemas, ištikusias šiuolaikinę visuomenę.

Šiuo metu pagal auklėjamąją ARI programą sistemingai mokosi tūkstančiai studentų iš Europos, Azijos, Pietų ir Šiaurės Amerikos, Artimųjų Rytų, Afrikos.
www.vospitanie.tv

Apie knygos autorių

Michaelis Laitmanas – integralaus ugdymo pradininkas, ontologijos ir pažinimo teorijos profesorius, ARI instituto įkūrėjas ir prezidentas, pasaulinio garso mąstytojas, kabalistas, daugiau nei 40 knygų, išverstų į 20 kalbų, autorius. Daugiau informacijos tinklalapyje www.michaellaitman.com.

www.ingramcontent.com/pod-product-compliance
Lightning Source LLC
Chambersburg PA
CBHW071438080526
44587CB00014B/1896